Märchen in unserer Zeit

Märchen in unserer Zeit

Zu Erscheinungsformen eines populären Erzählgenres

Herausgegeben von Hans-Jörg Uther

Diederichs

Wir danken herzlich den Verlagen, den Illustratorinnen und Illustratoren für die Abdruckgenehmigung der vorliegenden Illustrationen.

CIP-Titelaufnahme der Deutschen Bibliothek

Märchen in unserer Zeit : zu Erscheinungsformen eines populären Erzählgenres / hrsg. von Hans-Jörg Uther. – München : Diederichs, 1990
ISBN 3-424-01019-7
NE: Uther, Hans-Jörg [Hrsg.]

Umschlaggestaltung: Zembsch' Werkstatt München, unter Verwendung einer Illustration von Jiři Trnka zu »Rotkäppchen«.
Produktion: Tillmann Roeder, München
Satz: Uhl + Massopust, Aalen
Druck und Bindung: Kösel, Kempten

ISBN 3-424-01019-7

Printed in Germany

Inhaltsverzeichnis

Vorwort

Hatte Achim von Arnim 1812 in einem Brief an Jacob Grimm die Befürchtung geäußert, die schriftliche Fixierung der Märchen würde den »Tod der gesammten Märchenwelt« bedeuten, so ist eher das Gegenteil eingetreten. Noch nie war die »Märchenszene« so lebendig wie heute. Im deutschsprachigen Gebiet – wie überhaupt in Europa – verfügen wir zudem über einen recht homogenen Bestand von Buchmärchen. Der Begriff »Märchen« umfaßt dabei natürlich nicht nur das Zaubermärchen, sondern schließt – wie bei den Brüdern Grimm – in einem weiteren Sinne auch Tiermärchen, Novellen, Schwänke und legendenhafte Märchen ein.

Mit Recht wird in den letzten Jahren vielfach gar von einem Märchenboom gesprochen. Eine Flut von Märchenanthologien, Märchenbüchern und massenhaft vertriebene Märchenbilderbücher überschwemmen den Markt – gar nicht zu reden von den Nachdrucken berühmter Märchensammlungen des 19. und beginnenden 20. Jahrhunderts. Gleiches trifft für die beliebten Märchenschallplatten und Märchenkassetten zu. In den Bildmedien ist darüber hinaus eine starke Zunahme der Wiederholung von Märchenfilmen zu beobachten, die beliebtesten Märchen sind auch im Angebot der Videotheken gern gefragt. Angewachsen ist die Literatur über Märchen, insbesondere unter dem Aspekt »Märchen als Lebenshilfe«. »Mit Hänsel und Gretel den Sinn des Lebens finden«, heißt es in einem Bericht über eine Märchentagung (1988), und die in Märchen geschilderten »Seinsfragen« sind es denn auch, die landauf und landab in immer wieder neuen Seminaren und Symposien zu einer neuen Heilslehre stilisiert werden, wobei erfahrungsgemäß wenig Raum bleibt, um Ergebnisse literaturwissenschaftlich, sozialhistorisch und volkskundlich orientierter Erzählforschung einzubeziehen, geschweige denn überhaupt zur Kenntnis zu nehmen.

Daß Märchen »in« sind, mag auf den ersten Blick erstaunen. Vor noch nicht einmal zwei Jahrzehnten gab es kontroverse Debatten über die Inhalte der scheinbar althergebrachten und jahrhundertelang überlieferten Märchen. Insbesondere Pädagogen und Sozialwissenschaftler sprachen sich vehement gegen das Märchen aus und stellten dessen Inhalte in Frage. Von den Märchen der Brüder Grimm und

Ludwig Bechsteins hieß es, sie seien grausam, vermittelten bürgerliche Moralvorstellungen längst vergangener Zeiten mit einer insgesamt patriarchalischen Weltsicht und indoktrinierten dermaßen, daß für demokratische Auffassungen in dieser Art der Kinder- und Jugendliteratur kein Raum bleibe. »Wer hat Angst vor der bösen Geiß?«, hieß es damals programmatisch in dem von Werner Psaar und Manfred Klein herausgebrachten und vornehmlich für Pädagogen bestimmten Band über Märchen. Damit verbunden war die Forderung nach didaktischer Aufbereitung der Märchenthemen für Kinder im Sinne des sozialen Lernens, weil der Einfluß dieser »heimlichen Erzieher« (D. Richter) nicht gering geschätzt werden dürfe. In der Tat hat die Kritik an den Märchen unter anderem bewirkt, daß wir heute bei den negativ gedachten Handlungsträgern wie der Hexe nicht unbedingt im Text und in den bildlichen Darstellungen die Diskriminierungsattribute vergangener Zeiten wie Alter, Buckligkeit oder Gesichtsdeformationen (Warze, lange Nase) vorfinden. Die ursprünglich ›von Grund auf bösen‹ Hexen werden heute in Be- und Umarbeitungen zum Teil als außerhalb der Gesellschaft stehende Menschen dargestellt, die wieder sozial integrierbar erscheinen. Andererseits lassen sich die wohlbekannten Bösewichter des Märchens nicht durch solche Maßnahmen wegretuschieren. Sie scheinen auch notwendig zu sein, um in der extremen Darstellungsweise des Märchens den Kontrast zwischen Gut und Böse besser herausstellen zu können. Nicht zuletzt die allgemein akzeptierte Zielfunktion des Märchens mit dem Sieg des Guten über das Böse und der dem Märchen innewohnende Optimismus haben die Befürworter und Gegner des Märchens wieder zusammengeführt.

Die Wogen haben sich geglättet, wohl auch unter dem Eindruck der ungemein nachwirkenden Ausführungen Bruno Bettelheims »Kinder brauchen Märchen« (1976), in denen der amerikanische Psychoanalytiker den Wert von Märchen für die Entwicklung der Persönlichkeit des Kindes herausstellte. Daß Bettelheim bei der Propagierung seiner Ideen dem Märchen allerdings »ewige Werte« zumißt, vermag in dieser mehr mythologisierenden als historisch orientierten Betrachtung jedoch nicht unbedingt zu überzeugen, zumal Bettelheims Deutungsversuche jeweils nur auf *einer* gedruckten Fassung eines Märchens basieren, ohne die sich ständig ändernden Märchentexte und -funktionen zu beachten.

Ungebrochen erscheint die Begeisterung für Märchen, und es sind nicht einmal die Kinder, sondern vor allem Erwachsene, die sich für Märchen aller Art begeistern und für Interpretationsansätze gerade auch von psychologischer Seite offen sind. Durch ständige Neuinterpretation erreichen Märchen mit ihren Themen und Motiven ein breites öffentliches Interesse: Die sogenannte Fantasy-Literatur verwendet mythisch-zaubrische Märchenthemen und -motive, und mit diesen romanhaften Ausschmückungen erreichen Autor/innen wie Marion Zimmer-Bradley, John R.R. Tolkien oder Michael Ende mühelos die oberen Plätze der Bestsellerlisten in vielen europäischen Ländern und vor allem in den USA. Darüber hinaus sind es besonders die Märchenadaptationen im politischen Bildwitz wie im Cartoon der Männermagazine und in satirischen Zeitschriften und die Ausnutzung signifikanter Motive oder Handlungszüge des Märchens in der Werbung, im Comic etc., die das Märchen ins öffentliche Bewußtsein rücken.

Mit diesen Erscheinungsformen des Märchens in heutiger Zeit beschäftigen sich die folgenden Beiträge. Im Mittelpunkt stehen Märchen-Spielarten und ihre Vermittlung und Vermarktung in verkürzter Form in Medien (Höfig, Röhrich) und im Zuge von Werbestrategien (Richter). Am Beispiel der Oberammergauer Lüftlmalerei (Moser) wird Folklorisierungstendenzen zur Exemplifizierung christlicher Tugenden und Moralvorstellungen nachgespürt. Der Beitrag über Rotkäppchen (Verweyen) zeigt am Beispiel dieses berühmten Märchens eine historisch gewachsene Bildtypologie und setzt sich mit zeitgenössischen Illustrationen (Bild-Wandlungen) auseinander. Im Zusammenhang mit den Erzähler/innen interessieren vor allem die Ausführungen über Lieblingsmärchen (Holbek), welche Bedeutung einzelne Märchen für die jeweiligen Erzähler besitzen und welche autobiographischen Züge sich darin möglicherweise widerspiegeln. Angesprochen wird die Konfliktbewältigung des Einzelnen durch das Erzählen/Hören von Märchen (Scherf), mithin die Frage, welche Existenzberechtigung Märchen heute überhaupt besitzen. Dazu gehört eine kritische Bestandsaufnahme der heute populärpsychologischen Märchenrezeption mit ihrem oftmaligen Ausschließlichkeitsanspruch (Horn), der häufig auf einem einzigen gedruckten Märchentext basiert. In diesem Zusammenhang skizziert der Beitrag über die »Kinder- und Hausmärchen« der Brüder Grimm (Rölleke) die heutige Forschungsdiskussion der Entstehungs- und Wirkungsgeschichte dieser berühmten Märchensammlung und appelliert an alle Interpreten, bei ihren Deutungsversuchen Grundfragen der Textkonstitution und -redaktion nicht außer acht zu lassen. Aber auch die Form der Vermittlung interessiert, wenn wir an die professionellen Märchenerzähler heutiger Tage denken. Daß die Dominanz des Buchmärchens und Formen der Vermittlung in Ost- und Westeuropa in etwa gleichen Entwicklungen verlaufen, machen die Beiträge über das Märchen aus der DDR (Neumann), der Tschechoslowakei (Jech) und aus Polen (Simonides) deutlich.

Im ganzen geht es demnach nicht um tiefgründige Auseinandersetzungen mit den klassischen und oftmals kontrovers diskutierten Themen der Märchenforschung wie um die Frage nach dem Alter und dem Ursprung oder der Art weltweiter Verbreitung. Relevant ist auch nicht das Vorkommen gleicher Motive und Themen. Die Erzählungsgattung Märchen wird als historisch und unter bestimmten soziokulturellen Bedingungen entstanden betrachtet; seine Funktion zu unterhalten unterliegt dabei ständigem Wandel, was wiederum zu Neuentwicklungen und Weitervermittlungen führt.

Alle Beiträge dieses Bandes sind das Ergebnis eines in Mölln unter dem Thema »Märchen in unserer Zeit« veranstalteten Kolloquiums der Lauenburgischen Akademie für Wissenschaft und Kultur (6./7. April 1989). Die Vortragsform der Beiträge wurde weitestgehend beibehalten. Der Lauenburgischen Akademie ist für die großzügige finanzielle Unterstützung der Tagung zu danken, ein besonderer Dank gilt auch Herrn Dr. Werner Budesheim und seinen Mitarbeiter/innen für die hervorragende Durchführung und Betreuung während der Veranstaltung.

Der Band sei Felix Karlinger zu seinem 70. Geburtstag gewidmet. Er hat als einer der wenigen Feldforscher und in seinen Beiträgen über das Märchen immer über nationale Grenzen hinausgeblickt und in den »Wegen der Märchenforschung«, in der »Geschichte des deutschen Märchens« und an vielen anderen Stellen gezeigt, daß Erzählforschung nur in internationaler Zusammenarbeit betrieben werden kann. Während seiner langjährigen Tätigkeit als Herausgeber der »Märchen der Weltliteratur« sind zudem zahlreiche Bände von ihm betreut, nicht wenige von ihm selbst herausgegeben worden, die den Märchenliebhabern neue Einblicke in die Welt des Märchens verschafften.

Göttingen, im März 1990 *Hans-Jörg Uther*

Wandlungen des Märchens in den modernen Bildmedien Comics und Cartoons

Lutz Röhrich

Cartoons sind witzige Zeichnungen, Bildwitze – ursprünglich ohne Worte –, eine Kategorie von Karikatur, wie sie sich nach dem Zweiten Weltkrieg von England und Amerika ausgehend auch in Deutschland eingebürgert hat und sich bis heute großer Wertschätzung erfreut. Nun sind keineswegs alle Märchen im Bereich des Cartoons wiederzufinden, sondern nur etwa ein Dutzend der bekanntesten. Diese allerdings sind so verbreitet und allgegenwärtig, daß sie beständig, auf moderne Situationen bezogen, in Witz und Werbung hinüberwechseln können. Erzählmotive waren und sind ja nie gattungsgebunden gewesen.

Im Cartoon wird die vielepisodige Märchenerzählung in wenige Bildfolgen oder gar in eine einzige Momentaufnahme gerafft. Fast immer besteht die Pointe darin, daß das traditionelle Element des Zaubermärchens in einen unerwarteten Kontrast zu rationalen Überlegungen tritt. Das Märchen wird verkürzt und auf den Kopf gestellt. Dabei erlebt das naive Märchengeschehen eine psychologische Reflexion und Brechung. Komische Wirkungen treten ein durch Verfremdungseffekte, z.B. durch Vertauschung von Geschlechter-Rollen, durch Verkehrungen des Großen ins Kleine, des Schönen ins Häßliche und umgekehrt, Veränderungen des Milieus, durch die Vermischung unterschiedlicher Erzähltypen, vor allem aber durch die Abwandlung der Pointe, die zu einem Zusammenbruch des Erwartungshorizontes führt. Es macht Spaß, das Vertraute und schon allzu Bekannte verändert zu erleben. Oft gibt es einen komischen Konflikt zwischen der Wundergläubigkeit des Märchens und der Wirklichkeit. Der Cartoon korrigiert die Phantastik des Märchens; er stellt die Werte ebenso wie die Wahrheit des Märchens in Frage und spottet über den Optimismus märchenhafter Wunscherfüllung. Der Lustgewinn beruht nicht selten auf dem Prinzip der Schadenfreude. Sie setzt einen wirkungsvollen Kontrapunkt zum traditionellen ›happy ending‹.

Normalerweise identifiziert sich der Märchenleser oder -hörer mit dem Helden der Geschichte. Im Cartoon tut er das häufig mit dem Gegenspieler: Nicht Schneewittchen, sondern die Zwerge, nicht die Prinzessin, sondern der Frosch, nicht Rotkäppchen, sondern der Wolf geraten in den Mittelpunkt des Interesses und erlangen die Sympathie des Betrachters, wobei die Rezepte der Cartoonisten häufig auf einer Art Popularpsychoanalyse beruhen.

Obwohl jeder einzelne Cartoon die individuelle und unwiederholbare künstlerische Hervorbringung eines Zeichners ist, lassen sich Serien zusammenstellen, gibt es Varianten, was nicht nur damit zusammenhängt, daß ein bekanntes Märchen inhaltlich vorgegeben ist, sondern auch damit, daß sich bestimmte gesellschaftliche Probleme bestimmte Märchen suchen und umgekehrt.

Märchencartoons können für Zwecke der Unterhaltung ebenso wie für Zwecke der Werbung relativ leicht konstruiert und fabriziert werden, wenn man die Märchen auf ihre einfachsten Strukturen reduziert. Zu den simplen Bauformen des Märchens gehört z. B. die Polarisierung von Gut und Böse. Jeder gute, schöne und strahlende Märchenheld hat einen bösen, aber letztlich erfolglosen Gegenspieler. Dies läßt den Märchencartoon für die politische Karikatur besonders geeignet erscheinen, vor allem dann, wenn es um die ›Verteufelung‹ oder auch ›Verdrachung‹ des Gegners geht. Ebenso kann jeder Widersacher in die

Abb. 1

Rolle des bösen Wolfs verwiesen werden. Für den Wolf als politischen Gegenspieler bietet sich natürlich das Märchen vom *Wolf und den sieben jungen Geißlein* an. Aber noch ergiebiger hierfür sind die Cartoons mit dem *Rotkäppchen-Thema* (Abb. 1). Immer sind es Antagonistenrollen, die für die Rolle von Rotkäppchen und Wolf herhalten müssen. Jeder politische Gegner wird zum Wolf, der das Rotkäppchen bedroht. Oft symbolisiert das rote Käppchen eine Links-Partei: Die Roten. Aber es gibt auch eine Umkehr der Rollen. Das Rotkäppchen ist dann im

Abb. 2

Grunde viel gefährlicher als der Wolf (Abb. 2). Es hat den Wolf aufgefressen und beteuert nun heuchlerisch seine Unschuld.

Die Antagonistenrollen verlangen nach einer Identifikation. Zumeist ist es die mit der Heldin; aber der Cartoon kehrt die Verhältnisse psychologisch um: Der Wolf liegt auf der Couch des Psychiaters. Seinen Motivationen und Trieben wird nachgespürt, und der Wolf bekennt schließlich: »Ich schlüpfe gern in die Kleider alter Frauen und habe Mädchen zum Fressen gern.«

Cartoon bedeutet immer Anknüpfung an Gegenwartsprobleme. Dazu gehört auch die Modernisierung der Requisiten. Beliebt sind dabei vor allem Fernsehen (Abb. 3) und Computer. Rotkäppchen, Großmutter und Wolf sehen sich das Fernsehprogramm an. Das entspannt offenbar, denn alle drei sind friedlich im Bett vereint. Vielleicht wird gerade die Märchenkinderstunde gegeben. Alle Aggression ist jedenfalls aus dieser Story verbannt.

Auch in Abb. 4 wird der Computer eingeführt, denn der Haushalt der Großmutter ist up to date. Die bekannte Frage Rotkäppchens wird abgewandelt: »Und warum hast du einen so großen Computer, Oma?«, und die Antwort des Wolfes lautet: »Damit ich dich besser erfassen kann.«

Abb. 3

Abb. 4

Aus dem *Schneewittchen*-Märchen haften im Gedächtnis der Zuhörer am nachhaltigsten die Verse, mit denen die böse Königin ihren Zauberspiegel befragt:

> »Spieglein, Spieglein an der Wand,
> Wer ist die Schönste im ganzen Land?«

mit der berühmten Antwort:

> »Frau Königin, ihr seid die schönste hier,
> aber Schneewittchen hinter den Bergen bei den sieben Zwergen
> ist noch tausendmal schöner als Ihr.«

Abb. 5

Strukturell gesehen handelt es sich um eine simple Umkehrung des Überlegenheits-Unterlegenheitsschemas: Der Ältere und rangmäßig Höhere, der sich auch für den Schönsten, Besten, Stärksten, Beliebtesten etc. (Abb. 5) hält, wird durch einen Unparteiischen in die Rolle des Unterlegenen gebracht und damit nicht nur quantitativ und qualitativ disqualifiziert, sondern auch moralisch ins Unrecht gesetzt. Dies läßt sich nun leicht auf die unterschiedlichsten politischen Rivalitätskämpfe beziehen, egal, ob es sich um Kohl und Stoltenberg (Abb. 6), um Strauß und Kohl, um Barzel und Willy Brandt oder andere handelt.

Es ist natürlich kein Zufall, daß dieses Motiv eine solche Durchschlagskraft hat: Ein Spiegel, der mit uns redet, der mehr weiß als wir, den wir sogar als Richter über uns ansehen – hier liegt etwas Archetypisches, das von der Werbung nutzbar gemacht wird.

Schneewittchen und Dornröschen haben eine strukturelle Gemeinsamkeit: In beiden Fällen geht es um die Wiedererweckung eines Mädchens aus einem todesähnlichen Schlafzustand durch die Aktion eines Mannes. In der Metaphorik des politischen Cartoons ist die Erweckung des schlafenden Dornröschens ein sprachliches Bild für mancherlei Wiedererweckungen geworden: So weckt mit dieser Metapher etwa der ehemalige Wirtschaftsminister Karl Schiller die Kauflust oder der französische Ministerpräsident Giscard d'Estaing die eingeschlafene Europaidee wieder zu neuem Leben (Abb. 7).

Abb. 6

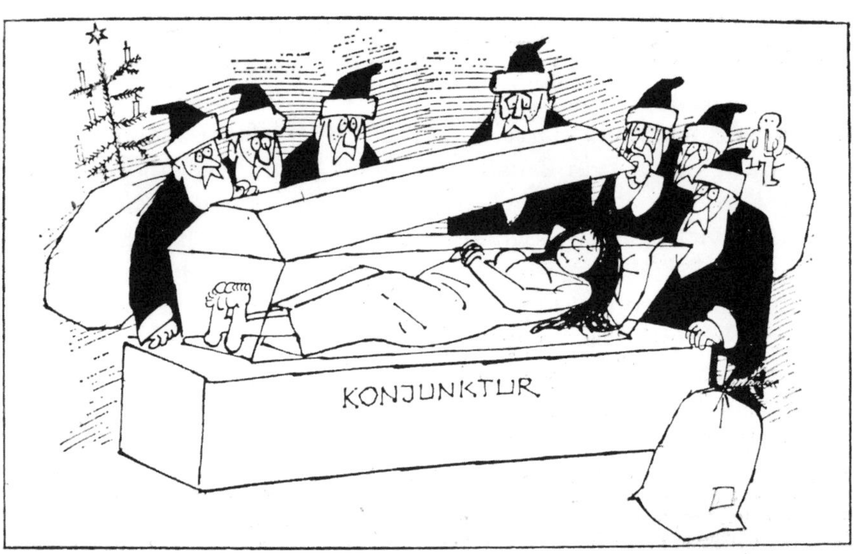

Abb. 7

Die deutsche Industrie, die angesichts internationaler Konkurrenz die Zukunft verschläft, wird ebenfalls als Dornröschen dargestellt.

Wie in *Dornröschen,* geht es auch im *Froschkönig* (KHM 1) um einen erlösenden Kuß. In knappen Umrissen wird das wohlbekannte Märchen wiedergegeben: Eine Prinzessin findet einen Frosch und küßt ihn. Da verwandelt er sich in einen schönen Prinzen, und sie leben glücklich und zufrieden; bis sich herausstellt, daß der Prinz im Grunde doch ein Frosch geblieben ist, der mit seiner langen Zunge – ein Relikt seiner Froschexistenz – noch immer den Fliegen nachstellt. Die Humanisierung des Frosches bewirkt zugleich eine ›Verfroschung‹ des Menschen.

In anderen Versionen findet die Prinzessin einen Frosch. Sie küßt ihn. Es gibt einen großen Knall, aber statt zweier liebender Menschen sitzen nun zwei Frösche im Gras. Die allzu große Annäherung an das Niedrige führt dazu, daß die Erlöserin (oder auch der Erlöser) selbst zum Frosch wird.

Froschkönig-Cartoons machen oft die unbewußt erotischen Vorgänge des Märchens bewußt. In Abb. 8 ist der Frosch nur halb erlöst worden, und er beklagt sich bei der Prinzessin: »Und sowas nennst du einen Kuß?!«

Abb. 8 »Und sowas nennst du einen Kuß!«

In anderen Fassungen möchte der Frosch doch lieber ein Frosch bleiben. Er springt entsetzt ins Wasser, als er feststellen muß, daß seine ›Erlöserin‹ dick, fett und alt ist. In einer weiteren Version bleibt der Frosch ein Frosch. Auch nachdem die Prinzessin ihn mit sich ins Bett genommen hat, verwandelt er sich zu ihrem Leidwesen noch immer

Abb. 9 »Du hast gelogen!«

nicht in den erhofften schönen Prinzen (Abb. 9). So denkt sich die moderne Karikatur einen völlig anderen als den gewohnten Märchenausgang. Mit dem Zusammenbruch des Erwartungshorizontes wird eine komische Wirkung erzielt. Die frustrierte Prinzessin, die sich in ihren Hoffnungen getäuscht sieht, ist Gegenstand unseres schadenfrohen Lachens.

Diese Witze sind einerseits Ausdruck einer Sehnsucht nach märchenhafter Liebe und echter Kommunikation. Sie spiegeln – wie das Märchen selbst – die dauernde Sehnsucht des Menschen, das Schöne an die Stelle des Häßlichen setzen zu können, den utopischen Wunsch nach Kommunikation im Sinne einer materiellen wie ideellen Phantasieerfüllung. Andererseits führt der *Froschkönig*-Witz die Erlösungssehnsucht ad absurdum. Er verrät eine desillusionierende, blasphemische Skepsis gegen das Wunder und gegen die romantische Idee der ›wahren Liebe‹. Der Witz korrigiert die Phantastik des Märchens. Witze sind eine massive Kritik an einer Zeit, die nicht mehr an das Wunder glaubt. Der Witz stellt das Märchen in Frage. Er zweifelt an dem, woran das Märchen noch glauben möchte. Der Witz rüttelt an dem Glauben, daß eine gelungene Erlösung gleichzeitig auch alle anderen Probleme glücklich löst. Er stellt die skeptische Frage. Ist es im Leben nicht oft so, daß der Wunschpartner, der sich anfänglich so vorteilhaft gezeigt hat, in der Ehe sein wahres, häßliches Gesicht wieder hervorkehrt? Sehr häufig entpuppt sich der Frosch dabei als ein unterlegener, schwacher oder impotenter Mann.

»Nun habe ich dich geküßt, mein lieber Genosse, doch warum wird aus dir kein Prinz?«

Abb. 10

Abb. 11

Abb. 12

Soweit es sich um politische Cartoons handelt, aktualisiert der Märchenwitz das zeitlos-ubiquitäre Märchen durch die Übertragung auf Personen der Zeitgeschichte. In vielen Cartoons verkörpert der zu küssende Frosch ein politisches Versprechen auf eine bessere Zukunft. So sind es insbesondere dicke, großsprecherische oder schleimige, vielschillernde Politiker, die in Karikaturen als Frösche oder Froschprinzen auftreten, die sozusagen nur vom Wähler geküßt zu werden brauchen, um sich in sympathische und attraktive Kanzlerkandidaten zu verwandeln (Abb. 10 und 11).

In neuen politischen Cartoons erscheint der Froschkönig nicht selten als eine Art Symbolfigur der ›Grünen‹. Ein Politiker, der eine Koalition mit den Grünen beabsichtigt, erklärt dem grünen Frosch: »Schluß mit dem An-die-Wand-Geschmeiße, jetzt wird einfach geheiratet!« (Abb. 12).

(Wahlweise I). Eine moderne englische Version *The Frog Prince* schildert den Anfang wie immer: Die Prinzessin findet den Frosch und küßt ihn. Aber nach dem großen Knall steht da zu ihrem Entsetzen: Prinz Charles (Abb. 13). Man hat das vermehrte Auftauchen von Bildwitzen vom Typ *Froschkönig* (auch *Cinderella*) oder auch von Schlagern vom Typ ›One Day Your Prince Will Come‹ in einen aktuellen politischen Kontext zur englischen Königsheirat von 1981 (Prinz Charles und Lady Di) gesehen. Das ist sicher eine Denkmöglich-

Abb. 13

keit. Aber es muß noch andere Gründe für die Beliebtheit von Märchenwitzen in unserer Zeit geben als nur der vorübergehende Anlaß einer Prinzenhochzeit. Vor allem muß es einen Grund dafür geben, warum der geliebte oder ungeliebte, geküßte, verwandelte oder auch nicht verwandelte Froschkönig so oft Gegenstand von Witzen, Kurzgeschichten, Gedichten, Comicstrips oder Cartoons geworden ist. Hier sei auf mein Buch verwiesen *Wage es, den Frosch zu küssen* (Köln 1987), worin dieser Frage näher nachgegangen wird.

Inbegriff märchenhafter Wünsche ist nicht nur Liebeserfüllung, sondern auch Reichtum und Geld. Da bietet sich als Bild immer das vom Goldesel an, zu dem man bloß zu sagen braucht: ›Esel streck dich!‹

Der Goldesel aus dem Märchen *Tischleindeckdich* kommt fast ausschließlich in Polit-Cartoons vor. Von ihm ist immer die Rede, wenn in der Politik von mangelndem Geld die Rede ist, das auf unrealistische Weise beschafft werden soll oder leichtsinnigerweise versprochen worden ist. Ein Politiker – häufiger aber der Wirklichkeit näher: der Steuerzahler – wird zum Esel gemacht. Auch der skatologische Touch mag dieses Märchen so beliebt gemacht haben. Schon Siegmund Freud hat bekanntlich auf diese fäkale Gleichung von Geld und Exkrementen hingewiesen.

Das Grimmsche Märchen (KHM 36) drückt sich in dieser Beziehung wertneutral aus. Von dem Goldesel heißt es dort: »Er speit Gold [...] wenn du ihn auf ein Tuch stellst und sprichst: Bricklebrit, so speit dir das gute Tier Goldstücke aus, hinten und vorne.«

Daß es gerade ein Esel ist, ist sicher auch kein Zufall. Ein Esel ist normalerweise mit Disteln und Heu als Futter zufrieden. Um so wunderbarer ist die Verwandlung dieser Billignahrung in Gold. Deutlich findet man hier wieder die Requisitenverschiebung ins Moderne: zum Computer. Dazu die typische Verwandlung des Organischen ins Mechanische und Maschinenhafte.

Bilder von Wohlstand, viel Geld und satter Zufriedenheit vermitteln Märchen wie das von *Tischleindeckdich, Sterntaler* (KHM 153) oder vom *Schlaraffenland* (KHM 158). Hierzu gehört auch das Knusperhäuschen der Hexe, worin Hänsel und Gretel hoffen, sich nach Herzenslust einmal sattessen zu können (KHM 15). Da heutzutage mit Süßigkeiten niemand mehr hinter dem Ofen hervorzulocken ist, denkt sich der moderne Cartoon andere Jugendbedürfnisse aus, mit denen die Hexe die Kinder verführt, wie z. B.: »Alle Tage Hasch und LSD, so viel ihr wollt!«

Den Bereich politischer Verführung bringt eine weitere Darstellung. Das Bild zeigt ein ausgehungertes Kinderpaar, offenbar in der afrikanischen Wüste. Schließlich – es ist keine Fata Morgana – stoßen sie auf das Haus der Welthungerhilfe e. V. Doch bei näherem Zusehen ist es ein Hexenhaus, das – wie der Bildbetrachter weiß – erst recht lebensbedrohend ist. Ein kritisches Blatt gegenüber der Entwicklungshilfe in der Dritten Welt.

Abb. 14

Ein Cartoon aus der Freiburger Uni-Presse zur Wohnungsnot der Studenten: Der Student fragt im Knusperhäuschen der Hexe an: »Haben Sie wohl ein Zimmer für mich frei?« (Abb. 14). Alles andere wird aus dem Märchen unausgesprochen vorausgesetzt, daß man nämlich bei einer Hexe nicht allzu gerne wohnt, aber auch, daß Hänsel und Gretel die unangenehme Hausbesitzerin schließlich in ihrem eigenen Backofen verbrennen, um sich für die unmenschliche Behandlung zu rächen, und daß sie schließlich zu ›Hausbesetzern‹ werden. Außer dem Pfefferkuchenhaus sind aber auch noch andere Motive des Märchens für den Cartoon fruchtbar geworden. Wie finden Hänsel und Gretel aus dem Wald ins Elternhaus zurück?

Das Problem regelt sich im Zeitalter der Umweltverschmutzung leicht: »Da nahm Hänsel Gretel an die Hand und ging den Plastiktüten und Cola-Flaschen nach; die zeigten ihnen den Weg – zurück in die Zivilisation!«

Angesichts des Umweltmülls von weggeworfenen Konservendosen und Plastiktellern sagt Gretel: »Du brauchst keine Kieselsteine zu streuen, Hänsel, wir finden auch so wieder nach Hause.« So finden

Cartoons immer wieder die Verknüpfung, den Kurzschluß – möchte man fast sagen – zwischen traditionellem Märchen und höchst aktuellen gesellschaftlichen Problemen. Für Hänsel und Gretel können dies sein: Wohnungsprobleme, Drogenszene und Umweltverschmutzung. Überall offenbart sich im Cartoon eine Auseinandersetzung zwischen dem schönen Märchenhaften und der meist unschönen Wirklichkeit.

Das Märchen ist allgemein bekannt, und der Karikaturist darf seine Kenntnis stillschweigend voraussetzen. So wird das Märchen vom *Wettlauf zwischen Hasen und Igel* (KHM 187), d. h. dem langsamen und dem schnellen Tier, als bekannt vorausgesetzt, beim Wettlauf zwischen Aufwertung und Preissteigerung.

Ähnliche Wettläufe kann es zwischen konkurrierenden Industriekonzernen geben, wie zwischen Bayer und BASF: Der Wettlauf zwischen Hase und Igel als Wettlauf der Konkurrenz.

Im politischen Cartoon ist es der Außenminister, der sich in seiner Reisehektik zu Tode hetzt; oder der Bundeskanzler, der mit seiner Katalysator-Gesetzgebung immer zu spät kommt, weil die Bäume ohnedies schon tot sind – so in dem Cartoon mit der Überschrift »Hase und Igel 1989«.

Die *Bremer Stadtmusikanten* symbolisieren z. B. auch den Zusammenschluß der EG zu einer Währungseinheit. In einer weiteren Darstellung wird die Konzernbildung und Konzentration innerhalb der europäischen Automobilindustrie als das Zusammengehen verschieden großer Tiere im Denkmuster der Bremer Stadtmusikanten gesehen. Das Märchenbild, die Vereinigung der verschieden Großen, bleibt das gleiche. Der Zusammenschluß der Schwachen lehrt die Mächtigen das Fürchten. Im Cartoon erscheint der amerikanische Kapitalismus als Räuber, dem gegenüber nur der Zusammenschluß der Kleinen und Schwachen das Überleben garantiert.

Mit einem Poster wirbt die Bundesbahn für billige Gruppenfahrten: »Grüppchen bilden zahlt sich aus.« Immer entspricht die Nutzanwendung des Cartoons der vorgegebenen Märchenstruktur: Einigkeit macht stark; Zusammenschluß – auch von verschieden Starken und verschieden Großen – ist praktisch und vernünftig. Gelegentlich kehrt der moderne Cartoon die Reihenfolge der Tiere einfach um, und damit bricht nicht nur die Pyramide der Tiere, sondern auch die innere Struktur des Märchens zusammen: »Wir müssen etwas falsch gemacht haben, die Basis rührt sich nicht mehr« – was immer als politische Anspielung zu verstehen ist. Oder der Cartoon verfremdet die aus den *Kinder- und Hausmärchen* wohlbekannten Tiere zu Schwein, Huhn, Fisch und Schmetterling. Die Unterschrift besagt: »Bremer Stadtmusikanten – B-Mannschaft!« (Abb. 15).

Abb. 15 Bremer Stadtmusikanten (B-Mannschaft)

Stellt man zum Schluß die Wertfrage, so muß zugegeben werden: Der Cartoon ist kein mündlich erzähltes Märchen mehr. Er zeigt das Märchen nicht mehr in einem primär-authentischen ›Naturzustand‹, sondern in einem pervertierten und zersetzten ›zweiten‹ oder ›dritten Dasein‹. Die Bildgeschichte bedeutet nicht nur die Zerstörung der Erzählung. In seinem Telegrammstil signalisiert der Cartoon eine bis aufs äußerste durchgeführte Reduktion und Schrumpfung. Der Zeichenwitz ist nur noch eine ›Schwundstufe‹ des Märchens. Gleichwohl bleibt die Grundstruktur des jeweiligen Märchens immer noch zu erkennen. Witz (was etymologisch zu ›Wissen‹ gehört) verlangt ein Vorwissen: die Kenntnis der Basiserzählung. Dieses Vorwissen kann aber allgemein vorausgesetzt werden, weil jeder die genannten einschlägigen Grimmschen Märchen kennt.

Im Cartoon werden Märchen vermarktet und manipuliert; sie werden ökonomischen wie politischen Interessen unterworfen oder dienen der bloßen Unterhaltung und Erregung von Lachen. Das Märchen wird entzaubert und weicht oft vordergründiger Ernüchterung, Rationalisierung und Materialisierung. Jede Gesellschaft hat die Märchen, die sie verdient. So wenden sich Cartoons mehr an ein intellektuelles und aufgeklärtes, d. h. an ein erwachsenes Publikum als das eher naive Märchen für Kinder. Im Cartoon haben Märchen ihre orale Unschuld verloren. Hinzu kommt: Die Rezeption von Cartoons ist ein individuelles Erlebnis der Zeitungslektüre. Es gibt da kein Gemeinschaftserlebnis mehr wie beim Erzählen von Märchen. Cartoons bürsten das Märchen gegen den Strich. Und die Wirklichkeit ist allemal härter als das Märchen.

Doch gibt es auch durchaus positive Aspekte der Märchen-Bildgeschichten: Phänomene und Probleme der modernen Gesellschaft, wie z. B. Arbeitslosigkeit, Wohnungsnot, Konkurrenzkampf, Umweltverschmutzung, Mangel an zwischenmenschlichen Kontakten finden im Märchen einfache Modelle und Strukturen, mit denen sie nicht nur illustriert, sondern auch kritisch aufgegriffen werden können. Cartoons bilden einen wirkungsvollen, witzig-spritzigen Kontrapunkt zur Verkitschung und Sentimentalisierung des Märchens, wie man sie gleichfalls als Gegenwartsphänomen z. B. in Kinderfilmen, im ›Weihnachtsmärchen‹ der Theater, in den Märchengärten oder in manchen süßlichen Buchillustrationen findet. Im Cartoon wird das Kindermärchen für die Erwachsenenwelt wieder aktuell gemacht, insbesondere durch die Entdeckung und Hervorkehrung erotischer Inhalte. Cartoons sind Zeugnisse von Phantasie, Kreativität, Witz und Innovationsfreude. Sie bieten Interpretationshilfe an vor allem für die vielen, die im Märchen mehr sehen wollen als die bloß faktische Story des erzählten Märchenablaufs. Cartoons wecken die Lust, einer altvertrauten Sache immer neue Reize abzugewinnen; und sie beweisen letztlich erneut Dauerhaftigkeit und Wandlungsfähigkeit des Märchens. Märchen-Cartoons beweisen, daß sozusagen alles schon einmal dagewesen ist und daß auch scheinbar zeitlose Märchen einem Problemwandel unterliegen. Wenn Cartoons die Langzeitwirkung der alten Märchen bis in die Gegenwart zeigen, kann man diese These auch umkehren: Die modernen Bildmedien tragen zur Kenntnis und Tradierung von Märchenvorgängen bei. Sie haben Märchen revitalisiert, neu verbreitet und etabliert, sie neu problematisiert und damit wieder interessanter gemacht. Insofern sind die Massenmedien letztlich auch ein Teil der Folklore, vielleicht sogar ihr größter.

Die »Bremer Stadtmusikanten« in Bremen

Zum Weiterleben eines Grimmschen Märchens

Dieter Richter

Das Märchen von den *Bremer Stadtmusikanten* – als der weltweit sicherlich bekanntesten Version der Erzählgruppe von den *Tieren auf der Wanderschaft* (AaTh 130) – findet sich seit der Zweitauflage (1819) in den *Kinder- und Hausmärchen* (KHM 27) der Brüder Grimm. Die Geschichte ist, wie die Brüder Grimm in den Anmerkungen mitteilen, »nach zwei Erzählungen aus dem Paderbörnischen« gearbeitet, d. h. sie stammt aus dem Kreis der Familie von Haxthausen; erwähnt wird eine dritte, teilweise abweichende Fassung »aus Zwehrn«, also aus dem Mund von Dorothea Viehmann (KHM ³1856, 47). In ihrer vorliegenden Form trägt die Geschichte sehr deutlich die Züge einer Gesindeerzählung: Mit den Figuren der im Dienst der Herrschaft alt gewordenen, abgearbeiteten und schließlich »nutzlos« gewordenen Dienstboten ist ihr ›Sitz im Leben‹ recht klar markiert. Und mit ihrer Botschaft – dem gemeinsamen Aufbruch der vier Abgehalfterten in ein neues Leben, der Überlistung der Räuber und der Aneignung des Hofes – bringt dieses Märchen so deutlich wie nur wenige andere der Grimmschen Sammlung die sozialutopischen Wünsche der Unterschichten der bürgerlichen Gesellschaft zum Ausdruck. Man hat sich die Geschichte in der Gesindestube oder in der Austragkammer erzählt vorzustellen, und in den Ohren der Herrschaft mag sie wenig schmeichelhaft geklungen haben. Wenn sie Iring Fetscher (1972, 157) »die erste gelungene Hausbesetzung durch ein Rentnerkollektiv« betitelt, dann hat er, ironisch zugespitzt, die ihr innewohnende soziale Botschaft durchaus auf den Begriff gebracht.

Was an der Grimmschen Version des verbreiteten Märchens von den *Tieren auf Wanderschaft* auffällt, ist die Erwähnung der Stadt Bremen. Nicht nur sind Ortsangaben in den *Kinder- und Hausmärchen* generell ausgesprochen selten. Im vorliegenden Fall springt zudem die Diskrepanz zwischen dem immer wieder erklärten Vorhaben der Tiere, nämlich nach Bremen zu gehen, und ihrem tatsächlichen Verbleiben im Räuberhaus sofort ins Auge. »Den vier Bremer Musikanten gefiel's aber so wohl darin, daß sie nicht wieder heraus wollten«, so endet die Geschichte.

Auch wenn man dieses blinde Motiv rein philologisch als Kontaminationsfehler beim Zusammenfügen zweier unterschiedlicher Fassungen der Erzählung ansehen wollte, bleibt das Problem der Erklärung: Warum wollen die vier Tiere ausgerechnet nach Bremen? Heinrich Schmidt-Barrien (1966, 278) meint, daß Wilhelm Grimm mit der Erwähnung Bremens der mit den Grimms befreundeten Familie des Bremer Bürgermeisters Johann Smidt eine Hommage habe angedeihen lassen wollen. Näher liegt, denke ich, die Vermutung, daß dort, wo die Geschichte zuletzt erzählt wurde, also im nordwestdeutschen Raum zwischen Weser und Ems, die Hafen- und Hansestadt Bremen das ›Traumziel‹ jedes Aussteigewilligen sein konnte, die Verkörperung der großen weiten Welt, wo man sein Glück machen konnte, wenn man es nur recht anpackte.

Die Profession, der sich die vier Tiere an diesem Ort widmen wollten, war zudem gut bekannt: Die »Stadt- und Raths-Musici« sind seit 1339 in der Hansestadt bezeugt. Sie mußten bei Festlichkeiten aufspielen und vom Turm der Liebfrauenkirche blasen (Kohl 1871, 269–289). Hintersinniger noch als auf dergleichen Faktisches spielt das Märchen auf einen Widerspruch im sozialen Selbstverständnis der Bremer Stadt- und Raths-Musici an: Als zünftig organisierte Handwerker mußten sie sich immer wieder mit der unliebsamen Konkurrenz der fahrenden Spielleute auseinandersetzen, die zu Festen und Jahrmärkten in die Stadt drängten – und aus deren Reihen sich die Bremer Raths-Musici doch gelegentlich rekrutierten. Daß es in Bremen jeder hergelaufene Esel zum Stadtmusikanten bringen könne – mit diesem schlechten Image mußten sich die Bremer Ratsbediensteten immer wieder auseinandersetzen (vgl. Herbst 1984).

Aber zurück zum Märchen: Die Tatsache, daß die vier wandernden Tiere entgegen ihrer erklärten Absicht dann doch nicht nach Bremen gekommen sind, hat schon in der nachgrimmschen Erzähltradition zu entsprechenden Korrekturen geführt: Alfred Cammann hat 1963 eine Version des Stoffes von der aus der Dobrudscha gebürtigen Erzählerin Theresia Erker aufgezeichnet, in der die vier Tiere ihr erklärtes Wunschziel tatsächlich erreichen: »Uff emol war es schon Nacht, ware se ball' an Bremen gewehn, an de Bremer Stadt. Hat der Esel gesaat: ›Do gehn mer jetzt renn in die Stadt! Ich siehn, es is alles dunkel, all' werre se schlofe. Do suche mer sich was zum Esse!‹ Jetzt sin se renn in die Stadt, Reih' ruff, Reih' runter [...].« Und dort, in der Stadt Bremen, finden sie auch den »Gutsbesitzerhof«, den sie im Sturm nehmen (Cammann 1975, 161).

Philologisch läßt sich leicht erkennen, daß die hier gebotene orale Fassung der Geschichte von einer Buchausgabe der Grimmschen *Kinder- und Hausmärchen* beeinflußt sein muß (schon der Titel der Erzählerin »Jetzt kommt das Märche von de Bremer Stadtmusikanten« verweist darauf). Die Grimmsche Version wurde hier also weitererzählt – und die Richtung dieses Weitererzählens erscheint ganz einleuchtend: Die Erzählerin (oder schon ihre Vorgänger) haben sich nicht mit dem offenkundigen Widerspruch des Grimmschen Märchens abfinden wollen und die vier Tier-Helden tatsächlich in der Stadt ihrer Träume ankommen lassen.

Daß Esel, Hund, Katze und Hahn dort inzwischen längst wie selbstverständlich zu Hause sind – wenn auch nicht mehr Esel, Hund, Katze und Hahn des Grimmschen Märchens! – darum soll es hier im folgenden gehen: um die Verwandlung der aufsässigen Protagonisten einer klassischen Dienstbotenerzählung in geduldige Emblemfiguren einer um positive Selbstdarstellung bemühten Stadt.

Stadtwerbung des »Verkehrsvereins«. Poster 1986.

Die Präsenz des Stadtmusikanten-Motivs in Bremen stellt sich bis weit in die Zeit nach dem Zweiten Weltkrieg als eher bescheiden dar. Zu nennen sind Max Slevogts 1927 geschaffene gravitätische Ratskeller-Fresken (die Stadtmusikanten erscheinen hier als Nebenfiguren im Komplex von Wilhelm Hauffs *Phantasien im Bremer Ratskel-*

ler, 1827) und Bernhard Hoetgers verbuckelte Kleinplastiken im ›Handwerkerhof‹ der Bremer Boettcherstraße (die vier Tiere balancieren hier auf einem Brunnenrohr). 1952 wird dann an der Westseite des Bremer Rathauses Gerhard Marcks' Bronzeplastik der Stadtmusikanten aufgestellt (s. S. 29). Sie zeigt die vier eher jugendlich-schlank wirkenden Tiere in metallisch-glatter Körpergestaltung in der aufeinandergetürmten Position, in der sie im Märchen das Räuberhaus erstürmen: die gleichsam klassisch gewordene Bild-Variante des Motivs, an der in der Folgezeit in Nachbildungen und Umformungen immer wieder angeknüpft wird. Marcks' Bronzeplastik ist heute eine der Hauptattraktionen für die Bremen-Touristen; ich vermute, vielen von ihnen erscheint sie inzwischen als das eigentliche ›Original‹ der Stadtmusikanten-Geschichte.

Die Besucher, die sich das Denkmal anschauen und vor ihm fotografieren lassen, folgen dabei einer präfabrizierten Attraktion: Die Verwendung des Stadtmusikanten-Emblems erlebt seit einigen Jahren in Bremen einen ausgesprochenen Boom. Drei Institutionen sind dabei besonders beteiligt: die offiziellen oder halboffiziellen Werbeorganisationen der Stadt (Verkehrsverein, Büro Bremen-Werbung), das Fernsehen und die Privatwirtschaft.

Vor allem für die Außendarstellung der Stadt in der Konkurrenz der Städtereklame spielt das Stadtmusikanten-Motiv eine große Rolle. Großformatige Poster präsentieren *Die Stadtmusikanten/The Town Musicians,* daneben waren oder sind Aufkleber, Sticker, Feuerzeuge, Schlüsselanhänger, Puzzles etc. mit den vier Tieren im Angebot des Verkehrsvereins. Unter Bezug auf die Stadtmusikanten wirbt die Stadt gern mit dem Slogan ›Märchenhaftes Bremen‹. Auch im Bundesbahn-Städtetouren-Programm lockt Bremen mit den vier Märchen-Tieren: der einschlägige Prospekt (1987) präsentiert sie als Hauptblickfang. Eine besondere Werbeattraktion bietet dabei die von der in Kassel ansässigen Arbeitsgemeinschaft Deutsche Märchenstraße kreierte Deutsche Märchenstraße, die von Hanau (dem Geburtsort der Brüder Grimm) über Schlüchtern, Schwalmstadt (›die Hauptstadt des Rotkäppchen-Landes‹), Kassel, die Sababurg (›Dornröschens Märchenschloß‹), Bodenwerder, Hameln, Rinteln bis nach Bremen führt – natürlich der Stadtmusikanten wegen.

Auch in Bremen selber sind die Stadtmusikanten ein immer beliebterer Werbeträger. Allein unter den mehr oder minder kommunalen Einrichtungen der Hansestadt haben in den beiden letzten Jahren das Märchen-Emblem so unterschiedliche Institutionen wie die Bremer Spielbank, die Psychologische Beratungsstelle, das Bremer Institut für Präventivforschung und Sozialmedizin (BIPS), die Stadthalle (Bremer

Präsentation der Bremer Regionalausgabe der »Tageszeitung«.

Aus »Klick, Wochenzeitung für Kinder«, Bremen, Mai 1986 (nach der Tschernobyl-Katastrophe).

Sechstage-Rennen) und das Finanzamt (Poststempel 1989) benutzt. Auch in Stadtzeitungen, -plänen und -führern taucht es regelmäßig auf (s. S. 31). Von der Bremer Privatwirtschaft wird es ebenso von Mercedes-Benz (Slogan »Eine starke Partnerschaft«) wie der Schokoladenfabrik Hachez (s. S. 33), zwei großen Bremer Hotels (s. S. 33) oder einer Taxizentrale benutzt – die Beliebtheit und Beliebigkeit der Verwendung der Märchenfiguren ist offenbar grenzenlos.

Zur Popularität der Stadtmusikanten hat dabei in besonderer Weise das Fernsehen beigetragen: Die vier Tiere agieren – nach dem Muster der ›Mainzelmännchen‹ – im Vorabendprogramm des Bremer Regionalfernsehens als Pausenfüller zwischen den Werbespots (s. S. 33). Die verantwortliche Norddeutsche Funkwerbung GmbH vermarktet natürlich auch die Figuren in vielfältiger Form. Dem Charakter des Mediums entsprechend haben die vier Fernsehtiere vorwiegend verspielt, lausbübisch, lustig und harmlos aufzutreten – keine Spur mehr von Grimms alten aufsässigen Rabauken.

Zusammenfassend läßt sich sagen: Die Stadtmusikanten sind im besten Begriff, sich zum heimlichen Emblem der Hansestadt zu entwickeln (und als solches ein älteres heimliches Emblem, den Roland, abzulösen). In diesem Zusammenhang ist bezeichnend, daß seit kurzem den Autofahrer, der sich auf den Autobahnen Bremen nähert, an der Landesgrenze ein großes Stadtmusikanten-Schild begrüßt: Bremen präsentiert sich als die Stadt der Stadtmusikanten.

Was bisher, unter dem Gesichtspunkt »Märchen in unserer Zeit«, über die *Bremer Stadtmusikanten* gesagt wurde, läßt sich als Tendenzbeschreibung verallgemeinern: Es geht um den in jüngster Zeit verstärkt zu beobachtenden Trend der insgesamt an traditioneller kultureller Prägung verlierenden und sich äußerlich immer ähnlicher werdenden Städte, sich mit kulturhistorischen Emblemen zu profilieren. Neben der (vermeintlich oder tatsächlich) identitätsstiftenden Funktion solcher Embleme (wie sie seit längerem aus US-amerikanischen Städten und Bundesstaaten bekannt sind) spielen dabei werbestrategische Überlegungen für das immer wichtiger werdende Fremdenverkehrsgeschäft (Städtetouren, Kurzstrecken-Tourismus) sicherlich eine zentrale Rolle.

Historisch läßt sich feststellen, daß Stadtembleme als Identitätsvermittler auch früher nicht ganz unbekannt waren (Münchner Kindl, Berliner Bär). Auch Figuren der Volksliteratur und der populären Tradition spielten dabei eine Rolle (Eulenspiegel-Stadt Mölln, Rattenfänger-Stadt Hameln, Dr.-Eisenbarth-Stadt Hannoversch Münden). Vor dem Hintergrund der neuen Aufwertung der Märchen, der wiedererstarkenden Folklorisierungstendenzen und der ›nostalgischen‹

Hotelwerbung Bremen.

Schokolade der Bremer Firma »Hachez«.

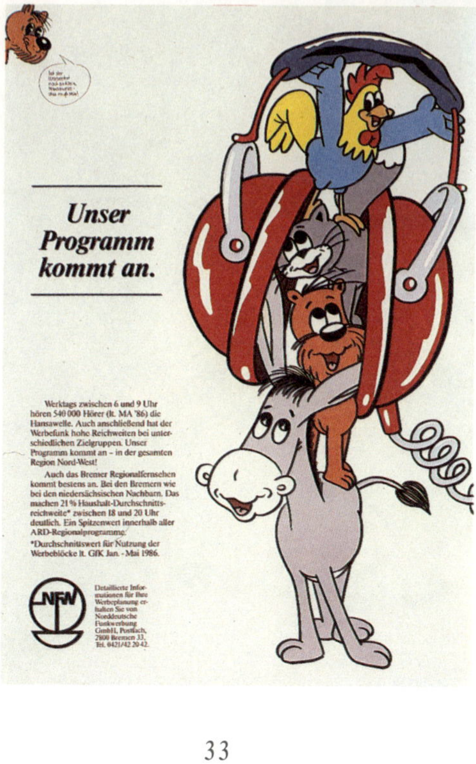

Die Emblemtiere der »Norddeutschen Funkwerbung« (Bremer Regionalfernsehen).

Abb. 1 (s. S. 61) Jiři Trnka

Abb. 2 (s. S. 62) Mitra Reyhani Gadim

Abb. 6 (s. S. 68) Eva Johanna Rubin *Abb. 7 (s. S. 68) Eva Johanna Rubin*

Verklärung vergangener Kulturen gewinnen heute Elemente der Popularkultur in der Selbstdarstellung der Städte offenkundig eine immer größere Bedeutung (Trachtenfeste, historische Märkte, historische Umzüge etc.). Was aus der Mischung von Wissenschaft, Lokalpatriotismus und Marketing derzeit herauskommen kann, zeigt das Beispiel der Stadt Lohr am Main (Unterfranken), die, außerhalb der Deutschen Märchenstraße gelegen, sich kürzlich ein bißchen an die werbeträchtige Märchenwelt anschließen wollte. Der folgende Bericht stammt aus der *Süddeutschen Zeitung* vom 3.11.1987:

Lohr am Main lädt zu Schneewittchen ein

Lohr (dpa) – Nicht nur Märchenfreunden soll es schmecken, wenn die unterfränkische Stadt Lohr am Main (Landkreis Main-Spessart) demnächst zur Spezialitätenwoche lädt. Nachdem der örtliche Geschichtsverein vor einiger Zeit festgestellt hat, daß das berühmte Schneewittchen in der 17000-Einwohner-Stadt zu Hause gewesen sein soll, soll die werbeträchtige Entdekkung nun auch für kulinarisches Vergnügen sorgen: Unter dem Motto »Gut essen und trinken mit Schneewittchen in Lohr« bieten zahlreiche Gaststätten, Bäcker und Konditoreien Schmankerl an, die märchenhaft munden sollen. Besucher können sich dann »Schneewittchen-Springerle« ebenso schmecken lassen wie Lebkuchenzwerge oder glasierte Äpfel, natürlich nicht vergiftet. Angeboten werden auch »Zwergenwürste«, bestehend aus sieben »winzig kleinen Bratwürstle«, kündigte eine Sprecherin des Verkehrsvereins an. Zum Auftakt soll eine Laiengruppe Szenen aus dem Märchen nachspielen. Im Frühjahr hatte der örtliche Geschichtsverein die Herkunft von Schneewittchen bekanntgemacht. Die Königstochter soll demnach nicht, wie bisher angenommen, im niedersächsischen Alfeld an der Leine zu Hause gewesen sein, sondern eben in Lohr am Main. Es gebe vermutlich keine andere Gegend im Bundesgebiet, in der »alle Details« so auf die Märchenfigur zutreffen wie für Lohr und den nahe gelegenen Spessart.

Ich möchte, ausgehend von dem hier Dargestellten, mit einigen allgemeinen Thesen zum Thema »Märchen in unserer Zeit« schließen:

1. Es ist ganz falsch anzunehmen, daß das Märchen – wie immer wieder behauptet – in den nachtraditionellen Gesellschaften zum Aussterben verurteilt sei. Im Gegenteil: Wahrscheinlich noch nie hatten einzelne Märchenstoffe eine derartig große Popularität unter den Mitgliedern einer Gesellschaft wie heute (vgl. Dégh 1983, 123 f.).

2. Der ›Märchenstoff‹ stellt sich dabei allerdings nicht mehr als traditionelle Erzähleinheit (story) dar. Im Prozeß einer globalen Mediatisierung werden vielmehr Märchenfiguren oder einzelne Handlungsse-

quenzen des Märchens aus ihrem ursprünglichen Kontext herausgelöst und gehen neue, praktisch beliebige Verbindungen mit anderen Kontexten ein.

3. Die Wiedererkennbarkeit des Motivs ist dabei gebunden an seine ikonographische Standardisierung (Pose, stehendes Attribut). Sie gewährleistet zugleich die Möglichkeit der raschen Reproduktion des Zeichens und damit seine ubiquitäre Verwendbarkeit.

4. Eine wichtige Rolle bei der Tradierung der Märchenstoffe spielen die unernsthaften Formen (Parodie, Witz, Karikatur). Sie erscheinen auf den ersten Blick als destruktiv, tragen in Wirklichkeit jedoch immer wieder zur Selbstreproduktion des Motivs bei.

5. Im Prozeß dieser Veränderungen büßt das Märchen auch seinen ursprünglichen sozialen Sinn ein. Es wird jetzt Träger ganz unterschiedlicher sozialer, politischer oder individueller Botschaften.

Vielleicht wird an dieser Stelle der Analytiker nach seiner Bewertung dieser Entwicklung gefragt. Traditionsbewußte Märchenfreunde neigen dazu, die beschriebenen Veränderungen des Märchens mit Ablehnung und als ›dem eigentlichen Märchen fremd‹ zur Kenntnis zu nehmen. Ich gebe zu bedenken, daß es mit dem ›eigentlichen Märchen‹ eine schwierige Sache ist. Hat nicht auch die klassische Märchenforschung immer wieder darauf hingewiesen, daß die permanente Wandelbarkeit des Märchens und der Volkserzählung eines der Wesensmerkmale dieser Literatur sei? Warum sollte dieser Prozeß gerade heute aufhören? Hat nicht jede Gesellschaft die Märchen, die ihr entsprechen?

Petra Herzog danke ich für ihre Mithilfe beim Materialsammeln.

Literatur

Cammann, A.: Der weite Weg der Bremer Stadtmusikanten. In: Jahrbuch der Wittheit zu Bremen 19 (1975), 149–162.

Dégh, L.: Zur Rezeption der Grimmschen Märchen in den USA. In: Doderer, K. (ed.): Über Märchen für Kinder von heute. Weinheim/Basel 1983, 116–128.

Fetscher, I.: Wer hat Dornröschen wachgeküßt? Das Märchen-Verwirrbuch. Hamburg 1972.

Herbst, W.: Ein Märchen beim Wort genommen – Bemerkungen über die Bremer Stadtmusikanten. In: Beiträge zur Sozialgeschichte Bremens 7 (1984), 19–31.

Kohl, J. G.: Alte und neue Zeit. Episoden aus der Culturgeschichte der freien Reichsstadt Bremen. Bremen 1871.

Schmidt-Barrien, H.: Fragen zu den plattdeutschen Märchen der Brüder Grimm. In: Muttersprache 76, 9 (1966), 277–279.

Märchen als Vorlage für Film und Hörspiel

Willi Höfig

»Märchen als Vorlage für Film und Hörspiel« – das Thema ist einigermaßen umfassend für ein Kurzreferat. Es wird deshalb im folgenden etwas aphoristisch zugehen müssen: eine knappe Vorführung von Beispielen, um Grundzüge mehr anzudeuten und zu illustrieren als im einzelnen darzustellen.

Die Quellenlage ist ohnehin problematisch, beim Hörspiel noch mehr als beim Film: Im Bereich der Massenkommunikation sind die Printmedien über Bibliotheken und Archive in der Regel, wenn auch nicht vollständig, erreichbar, während man bei der Untersuchung der flüchtigeren Formen für die Quellen auf die Archive der Rundfunkanstalten und das eine oder andere Filmarchiv angewiesen ist, in denen dann jedoch eher Filmkunst aufbewahrt wird als die nur am Rande interessierenden, gewöhnlich als Kinderfilme sich minderer Wertschätzung erfreuenden Märchenfilme, ein Phänomen, das sich aus der Literaturnähe des Spielfilms erklärt. Die Sekundärliteratur über die Massenkommunikationsprodukte Film und Hörspiel kann man hingegen nicht in einem Atemzug beschreiben. Beide Gruppen sind umfangreich, aber völlig verschieden zusammengesetzt: Während Programmkinos und Filmclubs das allgemeine Bewußtsein eines gewissen Repertoires der Filmkunst geschaffen haben, auf das jederzeit zurückgegriffen werden kann, ist das Hörspiel auch nach gelegentlicher Wiederholung oder nach Abdruck in den allerdings zahlreichen Hörspielbüchern nach wie vor weitgehend Terra Incognita. Zwar ist besonders die deutschsprachige Literatur zum Hörspiel umfangreich genug; aber sie setzt sich überwiegend mit den ästhetischen und dramaturgischen Qualitäten dessen auseinander, was sie als genuinen Beitrag des Hörfunks zur Literatur betrachtet, und entführt so ein Material in die Höhen der Theorie, über das uns eigentlich noch weitgehend das konkrete Faktenwissen abgeht. Hinzu kommt, daß die Anzahl der veröffentlichten Hörspiele in keinem Verhältnis zu dem der gesendeten steht und vielleicht ein bis drei Prozent betragen dürfte – Märchenhörspiele jedenfalls sind nur ausnahmsweise dabei.

1910 beschreibt die in Düsseldorf erscheinende Fachzeitschrift für Filmverleiher und Filmtheaterbesitzer *Der Kinematograph* (Nr. 205) den Kinderfilm der Saison wie folgt:

»Wieder einmal ist sie da, die vielgeschäftige und doch so reizvolle Weihnachtszeit mit ihren Überraschungen und all der harmlosen Geheimniskrämerei, ohne die das deutsche Weihnachtsfest nun einmal undenkbar ist. Kaum zu bändigen ist die Neugierde der Kinder [...] Kaum hat man glücklich mit Geschicklichkeit und List vor den spähenden Augen von Hans und Toni den Weihnachtsbaum in das Festzimmer geschmuggelt, da erscheinen auch schon die kleinen Racker, und Großmutter muß sich ihrer annehmen. Na, aber Großmutter weiß schon, was die Kinder gern haben: Geschichten erzählen! Und so nimmt sie das Märchenbuch zur Hand und erzählt, und die schönsten Stellen erzählt sie so lebendig, daß sie leibhaftig im Bilde erscheinen. So sehen wir nacheinander, wie Aschenbrödel auch zum Balle gehen will, aber die böse Stiefmutter schüttet ihr höhnisch die Linsen auf den Boden und gibt ihr auf, sie einzulesen. Und später sehen wir Aschenbrödel am Grabe der guten Mutter, wo sie das herrlichste Gewand empfängt und von dem sie verfolgenden Prinzen erkannt wird. – Wir sehen weiter, wie Goldmarie die Spindel in den Brunnen fallen läßt, und wie sie von Frau Holle freundlich aufgenommen wird, wie sie mit Frau Holle zusammen die Betten klopft, daß die Federn fliegen [...] wir sehen aber auch, wie die täppische, faule Pechmarie von oben bis unten mit schwarzem Pech begossen wird. Jubelnd hören die Kinder zu, doch Klein Toni will nur einen kleinen Blick in die verbotene Herrlichkeit durch das Schlüsselloch werfen. Aber was muß sie sehen: Die Puppe unter dem Weihnachtsbaum schüttelt energisch den Kopf und droht ihr mit der Faust! [...] Zum hellen Entzücken und Gaudium aller großen und kleinen Kinder sehen wir, wie der böse Wolf die kranke Großmutter verschlingt und hinter ihr das ahnungslose Rotkäppchen, bis der Jäger kommt und mit einer Riesenschere die beiden aus ihrem dunklen Gefängnis befreit. Da klingelt es, die Flügeltüren öffnen sich, und das langersehnte Wort ertönt: ›So, Kinder, jetzt dürft ihr hereinkommen!‹ Froher Kinderjubel über die reichen Gaben erfüllt das Zimmer – und jedes Kinotheater, denn selten wird ein Film gerade unter Kindern so zünden wie diese ganz für das kindliche Verständnis berechnete Handlung mit den allbekannten Märchenbildern.«

Die Tradition des ›Weihnachtsfilms‹ ist heute noch nicht ausgestorben; 1988 war es in Berlin *Cap und Capper* aus den Walt-Disney-Studios.

Einige Charakteristika des (sonst anonymen) Films von 1910 lassen sich aus der Darstellung des *Kinematograph* ablesen, und es ist unschwer zu erraten, daß sie in der weiteren Geschichte des Märchenfilms immer wieder eine entscheidende Rolle spielen.

1. Die dramaturgische Klammer der Rahmenhandlung faßt Episoden zusammen, deren Länge jeweils einzeln für ein volles Filmprogramm nicht ausgereicht hätte. Hier, in der Frühzeit des Films und vierzehn Jahre nach der ersten Filmvorführung gegen Entgelt überhaupt, wird eine der Quelle angemessene Erzählsituation rekonstruiert; daß die erzählten Märchen dann nur in ihren Schlüsselszenen, also nicht in kanonischer Vollständigkeit auf der Leinwand erscheinen, entspricht der Häppchen-Dramaturgie des frühen Films, der Höhepunkt an Höhepunkt fügen möchte, der nicht erzählt, sondern vorzeigt. Diese Unfähigkeit zum Geschichtenerzählen verliert sich später und kommt erst fünfzig Jahre später wieder zum Tragen, als die Produktionsgemeinschaft von Film und Fernsehen die Filmdramaturgie in das Korsett der Fernsehserie zwingt, die dem Spielfilm, der ja drei- bis viermal so viel Zeit hätte wie die Serienfortsetzung, ihr kurzatmiges Schema aufzwingt.

2. Der Märchenfilm ist ein Film für Kinder oder, wie der *Kinematograph* sagt, für alle großen und kleinen Kinder, um dann am Schluß doch zuzugeben, es handle sich um eine ganz für das kindliche Verständnis berechnete Handlung.

3. Er bevorzugt bekannte Märchen; unser Zeitschriftenbericht spricht von den »allbekannten Märchenbildern«. Im Artikel *Film* der *Enzyklopädie des Märchens* (1984) habe ich das Überwiegen der Zaubermärchen als Quelle für den Märchenfilm und wiederum für die deutschen Filme das Vorherrschen von Märchenfilmadaptionen der Brüder Grimm statistisch deutlich machen können; die wichtigsten Zahlen darf ich hier in Erinnerung rufen. Die Auszählung von 250 märchenähnlichen Spielfilmen, die in den europäischen Ländern und Nordamerika 1895–1975 zur Vorführung kamen, ergab:

– Verfilmungen von Märchen mit erkennbarer Zuordnung nach dem *Type-Index* (1961) von A. Aarne/S. Thompson	39%
– Dem Grimm-Kanon zugehörig	32%
– Geschehensbestimmende Motive und Motivbündel nach dem Thompsonschen *Motif-Index* (1955–58)	13%
– Andere Erzählstoffe	24%
– Verfilmungen literarischer Werke	22%
– Verfilmungen musikalischer Werke	2%.

Wenn man die Auszählung auf die tatsächlichen Märchenfilme beschränkt, wurden vier Fünftel der seit Beginn öffentlicher Filmvorführungen zur Aufführung gelangten Märchenfilme nach Märchen des Grimm-Kanons gedreht.

4. Der Film verändert seine Quelle, wo es ihm tunlich scheint: Der Jäger rettet Rotkäppchen durch eine wohl in keiner vorfilmischen Variante, möglicherweise aber in der einen oder anderen Illustration nachweisbaren Riesenschere aus dem Wolfsbauch; der Prinz überrascht Aschenputtel, der Bevorzugung emotional aufgeladener Situation durch den Film entsprechend, am Grabe seiner Mutter.

5. Durch die Einbettung der Märchendarstellungen in den Ablauf des Weihnachtsfestes wird zudem eine Emotionalisierung des Dargestellten erreicht, die, indem sie Gefühlswerte um ihrer selbst willen kultiviert, Sentimentalität hervorruft.

6. Andererseits werden Groteske und Humor in bescheidenem Rahmen nicht verschmäht, sei es in der Schadenfreude über das selbstverschuldete Unglück der Pechmarie oder im Jubel über die energische Abwehr der neugierigen Toni durch die Puppe unterm Tannenbaum.

7. Die so ans deutsche Herz rührende Szene, in dem die Großmutter das Märchenbuch zur Hand nimmt, um den beiden Rackern mit dessen Hilfe die Zeit bis zur Weihnachtsbescherung zu vertreiben, mag schließlich andeuten, daß der Film das Märchen hier wie jede andere Form mündlicher Überlieferung als literarische Quelle begreift. Der Film, zumindest der kommerzielle Film in dem hier besprochenen Rahmen, verwertet Literatur; und so ist ihm ein Märchenbuch Anlaß zur Verfilmung, nicht zur Neuschöpfung; wenn auch im Rahmen dieser Verfilmung das Gesicht der Quelle sich bis zur Unkenntlichkeit verändern mag.

Weiteren Aufschluß über die genannten Charakteristika, für deren Generalisierung zwanzig Zeilen in einer vergilbten Zeitschrift wohl nicht ausreichen, könnte ein Längsschnitt durch die Filmgeschichte anhand eines Märchentyps geben: Ich wähle nach dem Zufallsprinzip *Schneewittchen.* Da finden sich folgende Verfilmungen, und das sind gewiß nicht alle:

1907	*Schneewittchen und die sieben Zwerge,* Volksmärchen Deutschland. 12 Bilder, 190 m, anonym geblieben
1916	*Snow White.* An Adaptation of the Grimm Fairy Tale USA. 6 Rollen, Regie Searle Dawley
1917	*Snow White.* Adapted from one of »Grimm's Fairy Tales«, anonym geblieben
1928	*Schneewittchen,* Deutschland. Von Aloys Alfons Zengerling nach Grimm, 6 Akte, 1920 m
1933	*Snow White,* USA. Dave Fleischer, 1 Rolle, Zeichenfilm

1937 *Snow White and the seven dwarfs,* USA. Adapted from *Grimm's Fairy Tales* by Ted Sears und Otto Englander. 10 Rollen, Zeichenfilm

1939 *Schneewittchen und die sieben Zwerge,* Deutschland, Regie Karlheinz Wolff, 2122 m

1951/52 *Die sieben Zwerge.* »Ein Film um das Schneewittchen-Märchen der Brüder Grimm«, Deutschland, ca. 2500 m

1955 *Schneewittchen.* Walter Oehmischen und Konrad Lustig nach dem Märchen der Brüder Grimm. Deutschland, Regie Erich Kobler, Farbfilm, Breitwand

1972 *Geschichten um Schneewittchen,* ČSSR 1972. Regie Vera Plivova-Simkova, 2009 m,

sowie ein nicht näher zu ermittelnder Streifen mit dem Titel *Schneewittchen und die sieben Zwerge,* der in der Spielzeit 1960/61 von der Verleihfirma Tischendorf angeboten wurde und 2248 m lang war.

In einer ganzseitigen Anzeige des *Kinematograph* (Düsseldorf, Jg 1907, Nr. 41) kündigt die Internationale Kinematographen- und Licht-Effekt-Gesellschaft in Berlin das *Schneewittchen* von 1907 in folgender Weise an:

1. Bild: Die Stiefmutter gibt dem Jäger Befehl, Schneewittchen zu töten;
2. Bild: Der Jäger schenkt Schneewittchen das Leben;
3. Bild: Schneewittchen findet das Häuschen der Zwerge;
4. Bild: Die Zwerge finden Schneewittchen;
5. Bild: Die Königin befragt den Spiegel und entdeckt, daß Schneewittchen noch lebt;
6. Bild: Die Königin verkauft Schneewittchen einen giftigen Kamm. Schneewittchen tot;
7. Bild: Die Zwerge finden den giftigen Kamm, Schneewittchen erwacht;
8. Bild: Die Königin befragt wieder den Spiegel;
9. Bild: Die Königin als Obstfrau verkauft einen giftigen Apfel. Schneewittchen tot;
10. Bild: Die Zwerge finden Schneewittchen tot;
11. Bild: Die Zwerge halten die Totenwache;
12. Bild: Ein Prinz sieht Schneewittchen im Sarge. Die Zwerge wollen den Sarg forttragen, stolpern, Schneewittchen erwacht. Der Prinz führt Schneewittchen auf sein Schloß.

Von diesem Streifen hat sich keine Kopie erhalten; wir sind auf die Angaben in *Kinematograph* angewiesen. Offenbar beginnt die Geschichte der *Schneewittchen*-Verfilmungen mit der einfachen Übernahme der Erzählung in das Bild, die Produktionsfirma vermerkt: »Die Inszenierung ist eine so geschickte und der Kontrast, den die kleinen Zwerge Schneewittchen gegenüber bilden, ein so eigenartiger, daß der Film zweifellos nicht nur von den ›kleinen Leuten‹, sondern auch von Erwachsenen mit Freude begrüßt werden und eine gute Nummer für ein jedes Programm bilden wird.« Das Wunder des Films ist 1907 publikumswirksamer als das des Märchens: Die Realität des Filmbildes ist der des Märchens überlegen. In Zukunft wird es immer wieder darum gehen, die Wirklichkeit des Wortes in die des Bildes zu überführen, und das Publikum, das von seinen Sitzen flüchtet, als Lumières Eisenbahnzug in einem der ersten Filme von der Leinwand herunter direkt in den Saal zu fahren drohte, ist in derselben Weise von den Zwergen im Film enthusiasmiert, die jetzt aus der bloßen Vorstellung in das wirkliche Leben eingetreten zu sein scheinen. Ähnlich verhält es sich mit den amerikanischen Streifen von 1916 und 1917 sowie dem deutschen Film von Alf Zengerling 1928. Die »Märchen-Film-Produktion« in Berlin lieferte den Grimmschen *Schneewittchen*-Text in einem mit Filmbildern illustrierten Heft zur Aufführung mit und ermöglicht dadurch den Schluß, daß es auch in diesem Fall um die Umsetzung eines bekannten literarischen Textes in den Film geht; der kommerzielle Film nutzt die weite Verbreitung des Märchens. Die Märchenwelt dieses *Schneewittchen*-Films ist eine Welt von Phantasiekostümen, Rauschebärten und kapuzentragenden Kindern, die Zwerge darstellen, und wir können vorsichtig vermuten, daß das zeitgenössische Publikum, das 1928, am Ende der Stummfilmära, nicht ohne Vorstellung von den Möglichkeiten der Kamera und einer eigenständigen Film- und Lichtdramaturgie war, eine solche Veranstaltung bestenfalls als notgedrungene Kinderbelustigung hingenommen hat. Der Produzent und Regisseur Alf Zengerling jedenfalls hat seinen hier angedeuteten Märchenfilm-Stil noch anderthalb Jahrzehnte weiter pflegen können.

Filmgeschichte anhand von vergilbten Zeitungsausschnitten! Nur die großen Erfolge haben überlebt, wurden vom selbstentzündlichen Nitrofilm auf Sicherheitsfilm umkopiert und bereichern jetzt vielleicht als komische Pausenfüller die *Sendung mit der Maus*. Das Mittelmaß ist verschollen, und über die Flops hat sich der Schleier der Vergessenheit gesenkt; sie sind bei der Uraufführung noch nicht einmal verrissen worden.

Um so erfreulicher ist der Fund einiger Archivmaterialien in der Landesbildstelle Berlin, im Auftrag einer nicht mehr identifizierbaren Dienststelle verfaßte maschinenschriftliche Sichtprotokolle von Märchenfilmen im Anschluß an die Zensurvorführung Mitte der zwanziger Jahre. Der Schreiber der für den internen Dienstbetrieb vorgesehenen Notizen macht aus seinem Herzen keine Mördergrube; seine Darstellungen ergänzen deshalb in wünschenswerter Weise die vorsichtigere Tagespresse. Da heißt es über die deutsche Märchenfilm-Produktion des Jahres 1924:

»›Rapunzel‹: Das Märchen ist in dieser Darstellung absolut nicht verwendbar. Das gilt womöglich noch mehr von ›Dornröschen‹. Man kann Dornröschen nicht im Telegrammstil darstellen. Stich und Ohrfeige sind so dargestellt, daß man lachen muß, und die Hecke aus Papierblumen hat nur einen Nachahmer gefunden, nämlich in dem Film ›Daisy‹, wo Lya Mara das Dornröschen träumt und wo auch im Stile einer Berliner Gartendekoration 1815 (siehe Puhlmanns Garten) die Heckenrosen blühen. ›Frau Holle‹ beschränkt sich gleichfalls auf eine außerordentlich gekürzte Inhaltsangabe; ebenso ›Schneewittchen‹ und ›Hänsel und Gretel‹.

Alle diese Filme kommen nur für solche in Frage, die den Film kennen, d. h. die ihn sich so oft angesehen haben, daß ihnen nichts mehr entgeht; dann freilich dürfte die Lust einer Besichtigung allmählich erlahmt sein.«

Die stilistischen Mittel der Märchenverfilmung ließen sich danach aus der Berliner Lokalposse ableiten und würden von der Operettenverfilmung wieder aufgegriffen – ein kühner Bogen, der sich dem dienstlichen Betrachter 1924 aber offenbar aufgedrängt hat. Mag eine solche Annahme nun ihre Richtigkeit haben oder nicht, die Einschätzung macht jedenfalls deutlich, daß die Verwandtschaft des Märchens, so wie es sich im Film darstellt, an allen möglichen Ecken vermutet wird: nur nicht in der mündlich tradierten Erzählung.

Als Walt Disneys *Snow White and the Seven Dwarfs* 1938 auf der Biennale Venedig uraufgeführt wurde, waren die Kritiken zwiespältig. Der ungenannte Sonderberichterstatter des *Film-Kurier* (vom 26. August 1938) leitet seine Kritik mit der Bemerkung ein, die Leistung Disneys müsse technisch und künstlerisch in Erstaunen versetzen, bemängelt dann aber folgende Punkte in der Gegenüberstellung von Film und Märchenvorlage:

1. Die Grundhaltung des Märchens sei ernst, die des Films »einzig auf Humor gestellt«;

2. Das Märchen sei für Kinder gedacht, der Film in einigen Ländern nicht einmal für Jugendliche freigegeben, weil er junge Gemüter wegen seiner Gruselszenen zu stark verängstigen könnte.

3. Der Film sei entschieden zu lang und habe deshalb das Interesse bis zum letzten Bild nicht mit gleicher Stärke lebendig und wach erhalten können;

und er schließt mit dem Wunsch, Disney möge auf die Herstellung weiterer abendfüllender Werke dieser Art verzichten und lieber wieder Kurzstreifen mit der beliebten Mickey-Mouse machen. Garbics und Klinowski (1975, 275) haben das Problem 1975 etwas sorgfältiger analysiert: nach ihrer Meinung transponierte Disney die Märchenvorlage in einen Stil und eine Grundhaltung, die sich sowohl von denen des Märchens als auch von denen seiner früheren Kurzfilme unterschied. Die charakteristische amerikanische Dynamik der ewigen komischen Verfolgungsjagden sei durch einen nicht weniger charakteristischen süßlichen Lyrismus abgelöst worden, wobei der Film nicht gewonnen habe. Dies könnte darauf zurückzuführen sein, daß Disney bewußt einen kindgerechten Stil angestrebt habe, schreiben die beiden Experten und fahren mit gelinder Süffisanz fort: »Es ist auch zweifelhaft, ob irgend jemand in der Zeit, als der Film gedreht wurde, sich ernsthaft um ehrgeizigere Pläne für Kinderfilme gekümmert hat, besonders weil die Erwachsenen selbst sich am meisten von dieser Art Stil angezogen fühlten« (S. 276). Georges Sadoul nennt den Stil der »poetischen« und sentimentalen Sequenzen schlichtweg eine Mischung aus amerikanischer Weihnachtskarte und deutschem Kitsch – ein Charakteristikum, das wir den zuvor genannten an die Seite stellen können. 1962 wurde der Film mit neu eingespielter Musik und veränderten Bildhintergründen neu herausgebracht und hatte wiederum großen finanziellen Erfolg.

Daß Stil und Grundhaltung des Films sich deswegen von denen des zugrundeliegenden Märchens unterscheiden, weil mit der Zielgruppe ›Kinder‹ pädagogische Absichten verknüpft wurden, wird allgemein unterstellt; so erwähnt Fuzellier in seinem Filmlexikon 1976 (1976, 31–33), also im Abstand von fast vierzig Jahren, daß Details des Films aus pädagogischer Absicht gegenüber der Vorlage verändert wurden, und nennt das Häuschen der Zwerge, das bei den Brüdern Grimm beschrieben wird als »so zierlich und reinlich, daß es nicht zu sagen ist«. Im Film hingegen erscheint es als unordentlich und schmutzig, um Schneewittchen Gelegenheit zu geben, ihre hausfraulichen Fähigkeiten zu demonstrieren und den Zwergen gegenüber eine – eigentlich an die Adresse der jungen Zuschauer gerichtete – moralische Haltung einzunehmen. Der Märchenfilm setzt die durch Wilhelm Grimm hoffähig gewordene Methode der »Verkindlichung« der Erzählung fort, indem er, wie Kay Stone (1975) für die Vereinigten Staaten zusammengestellt hat, bei der Verfilmung Texte auswählt, die weder Sexualität noch weibliche Aggressivität enthalten. Eine Verfilmung von *Allerleirauh* (KHM 65) durch Disney, fährt Stone fort, sei nur schwer vorstellbar, weil der Ausgangskonflikt der drohende Inzest der Heldin mit ihrem Vater sei. Aber Disney habe selbst bei dem in dieser Beziehung unverdächtigen *Schneewittchen* nicht auf die Grimm-Fassung zurückgegriffen, die ihm für Kinder nicht geeignet erschienen sei, sondern sei auf Perrault ausgewichen.

Veränderungen dieser Art ließen sich mit Gleichmut hinnehmen, wenn nicht mit *Schneewittchen* die Vermarktung des Films im Rahmen der Kulturindustrie eingesetzt hätte. Disney hat die kommerziellen Möglichkeiten der Popularität des Films als erster systematisch und in großem Umfang genutzt. Der finanzielle Erfolg des Schneewittchen-Films rief denn auch noch 1938 eine Serie von Prozessen hervor, durch die die eher kärglich bezahlten Mitarbeiter der Disneyschen Werkstätten höhere Beteiligungen an den Einspielergebnissen zu erlangen suchten. Heute werden zum Beispiel jährlich etwa 25 Millionen Kinderbücher mit dem Lizenzvermerk Disney vertrieben. Da über den Kindermedienmarkt eine instruktive Studie (Jensen-Rogge 1980) vorliegt, kann ich diesen Aspekt hier ausklammern.

Ein wichtiger Gesichtspunkt in diesem Zusammenhang scheint mir, daß das Märchen vom Zeitpunkt seiner Verfilmung an in Form und Inhalt ausschließlich so gesehen wird, wie es als Ergebnis des Massenkommunikationsprozesses erscheint. Das schließt ein, daß Veränderungen nicht mehr gedacht werden. Für den Filmbesucher gleich welchen Alters erzählt der Film jeweils die endgültige Geschichte, nicht eine Möglichkeit unter anderen. Wer die Disneyschen Zwerge gesehen hat, für den dringen Doc, Happy, Grumpy, Sleepy, Sneezy, Bashful und Dopey auch in die geliebte Grimmsche Version ein. Aus den Vereinigten Staaten wird als Ergebnis einer empirischen Untersuchung berichtet, daß die befragten Frauen unterschiedlichen Alters zwar in der Regel keinerlei Kenntnis der autochthonen, mündlich weitergegebenen Erzähltradition des eigenen Landes besaßen, hingegen mit den Gestalten der Märchenfilme Walt Disneys, also den durch die Massenkommunikation überlieferten europäischen »Importfiguren«, völlig vertraut waren (Stone 1975). Jane Yolen berichtet in ihrem Buch *Touch magic* von dem, was sie die »Vernichtung der Aschenputtel-Geschichte durch den Disney-Film« nennt, und beschließt ihr Verdikt mit den Sätzen: »Die Anpassung von Millionen Mädchen und Jungen an dieses passive *Cinderella* hat die alte Erzählung ihrer Magie beraubt. Die Geschichte ist verfälscht worden, und ihr wahrer Sinn vielleicht für immer verloren« (Yolen 1981, 28f.). In Nordrhein-Westfalen erhielt der Schneewittchen-Film Disneys bei seiner Wiederaufführung 1949 das Prädikat »künstlerisch hochstehend«.

Die höchsten Prädikate (1939: »volksbildend«; nach dem Krieg: »besonders wertvoll«) erhielt auch unser nächstes Beispiel, *Schneewittchen und die sieben Zwerge* des deutschen Produzenten Hubert Schonger, neben Zengerling der zweite wichtige Kinderfilmproduzent seit Ende der dreißiger Jahre. Karlheinz Wolff führte Regie. »Das Märchen ist geformte Unwirklichkeit, der Film aber geformte Realität«, behauptete Ernst Jerosch, der Kritiker der Zeitschrift *Der Film* (vom 14. Okt. 1939) nach der Uraufführung. »Der Spielleiter [...] betont den Märchenrahmen schon dadurch, daß er Außenaufnahmen fast ganz vermeidet, sondern einen echten Märchenwald bauen ließ [...] Jubel erregen natürlich die sieben Zwerge, die hier von echten Liliputanern gespielt werden.« Einerseits also die stilistische Entfernung von der Realität: der Märchenwald im Atelier; andererseits die grobsinnliche Annäherung an sie, wenn Zwerge Zwerge spielen. Die Divergenz von Märchen und Film führt zu Lösungen von Fall zu Fall und Szene zu Szene im selben Film, und es ist nur folgerichtig, daß die die Diskrepanzen zusammenhaltende Klammer nicht dramaturgischer oder stilistischer Natur ist, sondern in der Musik des beliebten Komponisten Norbert Schultze gefunden wird.

Märchenfilme sind allemal Kinderfilme; und sie haben deshalb auch pädagogisch zu sein, entsprechend der Vorstellung, die die jeweilige Zeit von kindgemäßer Pädagogik hat. So schreibt August Bartz, der Filmkritiker der *Hagener Zeitung,* kurz vor Weihnachten 1938, nachdem er die Verfilmungen des *Tischlein deck' dich* und des *Kalif Storch* wohlwollend abgehandelt hat:

»Und ganz besonders gelungen ist die filmische Darbietung von Hoffmanns ›Struwwelpeter‹. Da zeigt sich auf der Leinwand Bildgeschichte auf Bildgeschichte aus dem bekannten Kinderbuch, nicht in beweglichen Figuren, sondern so, als wenn eine Mutter vor ihrem Kleinkinde Blatt auf Blatt umschlägt und den Text zu den Bildern sagt oder liest: Der große Kinderfreund Hoffmann kommt mit seinen ursprünglichen Bildern und seinen eigenen Worten – in gefallender Betonung und deren gleichwertiger Darbietung – vor den aufmerksam lauschenden Kindern zur Geltung. Das ist etwas, was für den Kinderfilm der Zukunft möglicherweise noch richtung- und wegweisend werden könnte!«

Die Verkürzung des Kinderfilms auf die abphotographierte Buchseite, wozu der dort stehende Text in grotesker Tautologie noch abgelesen wird, hat sich in der Folgezeit allerdings nicht durchsetzen können.

Der Kinderfilm in der Bundesrepublik heute, im Medienverbund mit dem Fernsehen produziert und vermarktet, ist kein Märchenfilm mehr. Dem Märchen wird »Betulichkeit« und »Unwirklichkeit« zugesprochen, und diese, so erläutert Volker Baer im *Tagesspiegel* vom 4. Juli 1982, seien im Kinderfilm nicht mehr anzutreffen: »Die Themenpalette ist breit, die Erzählfreude meist groß. Vor allem aber sind es keine weltfremden Geschichten, die den Kindern vorgesetzt werden.« Die Filme handeln vom Umzug eines Mädchens aus der Provinz in die Großstadt *(Rosi und die große Stadt)*, von der Not eines türkischen Kindes in Deutschland *(Kleiner Mann – was tun?)*, von der Problematik einer alleinstehenden Frau mit Kind *(Don Quichottes Kinder)*, von den phantastischen Abenteuern eines Kindes *(Bananen-Paul)*. Wenn ein Drache in ihnen vorkommt, dann ist es ein chinesischer Papierdrache, der eine »dramatische Traumreise nach dem Fernen Osten« auslöst wie in der französisch-chinesischen Gemeinschaftsproduktion *Der Zauberdrachen* von 1959, von dem die *Leipziger Volkszeitung* (vom 17. Juli 1959) schreibt: »Wohl selten gelang es einem Film, den erhabenen Gedanken der Völkerfreundschaft so schön und bewegend zu gestalten, wie in diesem liebenswerten Film voller menschlicher Wärme und voller unverfälschter Herzlichkeit.« Und daraus ist nun nichts weiter zu entnehmen.

Hinweise auf die Behandlung von Volkserzählungen in Spielfilmen, die sich an die Zielgruppe der erwachsenen Kinogänger richten, seien hier angeschlossen, wobei ich mich auf wenige Beispiele beschränke.

Robert Louis Stevenson wurde von den Bewohnern Samoas, unter denen er lebte, wegen seiner Erzählung *The Bottle Imp*, die das Thema des *Spiritus familiaris* behandelt und ursprünglich in samoanischer Sprache geschrieben worden war, »der Erzähler« genannt. Die Erzählung Stevensons, die möglicherweise auf das *Galgenmännlein* Friedrich de la Motte-Fouqués zurückgeht, wurde im deutschen Sprachraum zweimal verfilmt; 1934 unter der Regie von Heinz Hilpert und Reinhart Steinbicker unter dem Titel *Liebe, Tod und Teufel*, 1952 durch Ferdinand Diehl als Kinderfilm unter dem Titel *Der Flaschenteufel*. Der bedeutendere Film ist der von 1934. Die Verfilmung führte, wie Eckert zusammengestellt hat, zu folgenden Veränderungen:

1. Die Vorlage wurde erweitert. Vorhandene Motive wurden ausgeschmückt und ein neuer Geschehenskomplex eingeführt, in dessen Mittelpunkt die Dirne Rubby steht, die in der Novelle nicht vorkommt.

2. Der in der Novelle leibhaftig erscheinende Flaschenteufel wird im Film nicht sichtbar, weil der Film, wie die zeitgenössische Meinung

der Hersteller war, durch die Vorführung der grauenhaften Erscheinung die Phantasie beschränken und enttäuschen würde – eine Zurückhaltung, die inzwischen abhanden gekommen ist.

3. Der Film gestaltet das Ende rührender als die Vorlage: während die Novelle nach dem glücklichen Verkauf der schicksalhaften Flasche mit dem unveränderten Glück des Paares endet, läßt der Film das Haus der beiden in Flammen aufgehen.

Es bedarf kaum noch des ausdrücklichen Hinweises, um deutlich zu machen, daß die hier genannten Veränderungen ebendieselben sind, welche sich bereits an Märchenverfilmungen für Kinder konstatieren ließen: Dramaturgische Veränderungen mit Rücksicht auf die tatsächlichen oder angenommenen Charakteristika des Mediums, Sentimentalisierung, die Einführung von Schauwerten: die Liebenden auf dem Hintergrund ihres brennenden Besitztums; Brigitte Horney singt den Schlager *So oder so ist das Leben.* Entscheidend ist, wenn man Kraft Wetzel (1977, 63) glauben darf, die Darstellung des Milieus: »Klaustrophobisch enge und vollgepackte Dekors suggerieren eine hermetisch gegen allen wirklichen Stoff abgeschottete, ganz und gar synthetische Welt der reinen, unvermischten Gefühle, des grenzenlosen Glücks und der abgrundtiefen Verzweiflung. Diese exotische Idylle, diese ganz ins Unerreichbare imaginierte Gegen-Welt ist das eigentlich Phantastische des Films [...]« In der Betonung des Milieus liegt die Verbindung zum Science-Fiction- und Fantasy-Film der Gegenwart. Der Film selbst versäumt nicht, seine Geschichte als »Volksmärchen der Südsee« zu bezeichnen (*Kinematograph* vom 22. 12. 1934). Ich übergehe zwei Märchenfilme für Erwachsene, über die eine umfangreiche Literatur vorliegt: *Der müde Tod* von Fritz Lang (1921) und *La Belle et la Bête* von Jean Cocteau (1945/46), um schließlich noch *Les Visiteurs du Soir* von Marcel Carné (1942) zu nennen, deutsch *Die Nacht mit dem Teufel.* Auch hier ist es das Milieu, das das Geschehen trägt, ein Geschehen, das auf Sagenmotiven aufbaut und dessen Bilder durch mittelalterliche Miniaturen inspiriert scheinen. Fuzellier (1976, 255 f.) schreibt dem »sehr schönen« Film zu allererst poetische Qualitäten zu, die Poesie der Verfremdung, des Wunderbaren und des Amour Fou, die in der Poesie der Bilder und der Regieleistung ihren Ausdruck finden. Keiner, der den Film gesehen hat, wird die Schlußszene vergessen, in der man die Herzen des zu steinernen Statuen verzauberten Liebespaares schlagen hört – Symbol nicht weniger des Widerstandswillens im besetzten Frankreich als der ewigen Liebe der Protagonisten.

Die Verhältnisse beim Hörspiel sind vergleichbar, aber nicht identisch.

1. Anders als im Bereich der Filmproduktion sind Fragen der organisatorischen Zuordnung und der Formalkompetenz in den Funkhäusern für die Arbeit oft entscheidend. Das Hörspiel ist durchweg in selbständigen Organisationseinheiten angesiedelt, das Märchen gehört in den Kinderfunk. Überschneidungen sind selten und eher zufällig. Nikolaus Klocke, Hörspielredakteur beim Hessischen Rundfunk, erklärte Mitte 1975 in einem Interview mit der *Frankfurter Rundschau* auf die Frage »Gibt es auf organisatorischer Ebene eine Zusammenarbeit mit dem Kinderfunk?«: »Was auf dem Theater jetzt viel diskutiert wird, neue Formen des Kindertheaters, da gibt es im Funk noch überhaupt nichts.«

2. Märchen im Hörspiel sind daher mit verschwindenden Ausnahmen für die Zielgruppe Kinder konzipiert.

Märchen als Grundlage eines Hörspiels für Erwachsene sind selten. Wenn wir den Begriff Märchen einen Augenblick bis zum Schwank dehnen und – in Mölln unabweislich – *Till Eulenspiegel* in unsere Darstellung mit einbeziehen, so läßt sich in dem Hörspiel *Straße des Eulenspiegels* von Günter Bruno Fuchs (Süddeutscher Rundfunk 1971) die Zähmung dieses subversiven und rabiaten Helden zu einer literarischen Kunstfigur vorzeigen, deren Ursprünge außer in der Verwendung desselben Namens nicht mehr erkennbar sind, auch wenn sie – wie der überlieferte Eulenspiegel – den Ansprüchen und Zumutungen ihrer Umwelt mit Kritik entgegentritt:

Die Gestalt des subversiven Till Eulenspiegel verpflanzt Günter Bruno Fuchs in die Jetztzeit. Ein Eulenspiegel-Denkmal soll enthüllt werden. Eulenspiegel nimmt es mit Schrecken zur Kenntnis. Denn er will keine Statue sein; er will nicht für immer fixiert und damit registrierbar, katalogisierbar, identifizierbar sein. Die Enthüllungsfeier wird so für den versonnenen und melancholischen Till fast zur Begräbniszeremonie. Doch nur fast! Während nämlich seine Gefährten Josef und Albert die Feier zu stören versuchen, kramt Till in seinen Taschen und findet ein zerknittertes Schriftblatt mit dem Text auf ein neues Jahr: »Noch einmal / Am kalten Morgen dieser Winternacht / Geh ich zu meinem Vaterland / In Untermiete / Bei täglicher Kündigungsfrist« (Südfunk 1988, 10).

Hörspiele, die erwachsene Hörer ansprechen möchten, nutzen die Märchenform häufig zu Satire und Kritik, beispielsweise die Produktion *Schneewittchen und die Schönheitsköniginnen* des NWDR von Robert T. Odeman 1953, nach Presseberichten »als ein Märchen für große Leute« gedacht. Doch, wie der Kritiker ausführt, »das Märchen ging leider verloren [...] Die Mischung von gezügeltem Witz mit einiger Modernität und allgemeinen Gefühlen in beweglicher Form geboten – und begleitet von hübscher Musik – war freilich nicht sehr erregend, aber bekömmlich für große Leute mit täglichen Sorgen« (Zorn 1953).

Hingegen finden derartige Umsetzungen Beifall, wenn sie aus einem anderen Kulturkreis importiert werden, wobei das exotische Flair die Kollision der Grundhaltungen überlagert. Das exotische Märchen, dessen Realitätsbezug vom Hörer weniger gut eingeschätzt werden kann als der des eigenen Kulturbereichs, geht als quasi-›realistisch‹ durch. So sendete der WDR 1963 eine Reihe von Hörspielen aus Japan. Der Kritiker entdeckt in dem Motiv der Verwandlung einer Füchsin in ein liebendes Mädchen in dem Hörspiel *Geschichte eines Witwers* »eine unserer Undine verwandte schwermütige Legende« und »den zarten Duft von Andersen-Märchen« in der Bekehrung eines Einbrechers durch eine aus der Anstalt entwichene Irre (Gatermann 1963).

3. Der Film geht von der Erzählung aus, die er formal und inhaltlich gemäß den inneren und äußeren Produktionsbedingungen der Massenkommunikation verändert; das Hörspiel nutzt das Märchen häufig als Medium, will sagen als Vehikel der pädagogischen Absicht. Stilistisch bedingt das den Verzicht auf die gerade für das Hörspiel entwikkelten komplizierten Erzähltechniken. Geradheit und Durchsichtigkeit der Erzählung wird nicht mit Rücksicht auf den Märchenstil, sondern im Hinblick auf die jugendliche Zielgruppe erwartet und geübt (Lauscher 1955).

Jürgen Janning, der Märchenschallplatten auf ihre pädagogische Brauchbarkeit getestet und dazu fünf Platten mit den *Sterntalern* (KHM 153) eingehend analysiert hat, schloß von vornherein Hörspielfassungen aus seiner Untersuchung aus, weil die inhaltlichen und stilistischen Abweichungen der Hörspielfassungen vom Grimm-Text einen direkten Vergleich gar nicht mehr möglich machten (Janning 1974). Aber auch für die reinen Erzählfassungen stellt er zusammenfassend fest:

»Unkenntnis gegenüber der Sache bzw. sachkonträre Gestaltungsambitionen führen oft zu Schallplattenproduktionen, bei denen das originale Märchen kaum mehr erkennbar ist. Die bei der Schallplattenproduktion häufig (zer-)störenden Eingriffe in die ursprüngliche Text- und Klanggestalt des Märchens zwingen daher andererseits zu der Feststellung, daß dem Märchen mit der Schallplatte ein Medium entgegenwächst, das einer wirklichen Tradierung eher schadet als nützt« (Janning 1974, 178).

4. Auch der Rundfunk betrachtet, wie der Film und wie alle Massenkommunikationsmittel, das Märchen in erster Linie als eine literarische Gattung, die sich nutzen läßt wie der Roman oder das Drama. So werden 1979 vom Hessischen Rundfunk »Zeichentrickmärchen nach bekannten Märchen von Oscar Wilde und Hans Christian Andersen« und »Märchenparodien und Comedyshows mit den Muppets« im Ferienprogramm des Fernsehens angeboten, und dieses Programmangebot unterscheidet sich in nichts von dem des Hörfunks.

Die ZDF-Serie *Sindbad der Seefahrer,* ausdrücklich als »eine der schönsten Geschichten aus ›1001 Nacht‹« angekündigt, hat die populäre Märchennovelle bis zur Unkenntlichkeit verändert. In 43 Folgen wird die Geschichte des Jungen Sindbad erzählt, der gern Seefahrer werden möchte. Ich zitiere aus der Rundfunkzeitschrift *Hör Zu* vom 9. Sept. 1978: »Die Geschichte beginnt so: Sindbad und sein Freund Hassan leben in Bagdad. Eines Abends schleichen sie in den Palast des großmächtigen Kalifen, um den Zauberern, Feuerschluckern und Schlangenbeschwörern zuzuschauen. Da passiert ihnen ein schreckliches Unglück. Sie zerbrechen die kostbarste Vase der Welt. Was wird nun mit ihnen geschehen? Ihr erfahrt es in der ersten Sendung am 21. September.« Und in der *Frankfurter Rundschau* (vom 26. April 1979) erläutert Ben Bachmair die medienpädagogische Konzeption der Serie wie folgt: »Sindbad, das kleine, quirlige Kerlchen, ist ständig unterwegs. Seine Wanderschaft ist ein Gleichnis, ein Bild, das Kinder gern aufgreifen, denn »Wanderschaft« gehört zu ihren wichtigen Themen. Auf der Wanderschaft sein bedeutet Groß-Werden, Erwachsen- und Selbständig-Werden. Groß wird man, indem man in die Welt hinausgeht, sich mit ihr auseinandersetzt und Probleme selber durchsteht.« Märchen stehen als Rohstoff für die Verfunkung in einer Reihe mit den Kinderbüchern, Krimis und anderen Bestsellern der Saison: Der Kinderfunk im Süddeutschen Rundfunk bietet 1978 an: Hörspiele sowohl mit phantastischen Inhalten als auch mit umweltorientierten Problemstellungen, aber auch Krimis.

Unter diesen Voraussetzungen ist eine Zusammenfassung ein gewagtes Ding. Die Massenkommunikationsmittel behandeln das Märchen – wie jede Form der Volkserzählung – als literarische Quelle. Die inhaltliche und formale Veränderung dieser Quelle im Verlaufe des Kommunikationsprozesses ist – zumindest bei Spielfilm und Hörspiel, in der Regel auch beim Fernsehspiel – durch folgende Charakteristika gekennzeichnet:

– Reduktion der Zielgruppe auf Kinder und Berücksichtigung pädagogischer Kriterien bei der Umsetzung der Quelle;

- Dramaturgische Anpassung des Märchens an die vom Medium bereits benutzten Formen, nicht umgekehrt Anpassung des Mediums an die Form des Märchens;
- Bevorzugung allgemein bekannter Märchentypen oder ausgesprochen exotischer Varianten;
- Veränderung des konkreten Geschehensablaufs zugunsten freier Motivkombinationen;
- Erweiterung der Vorlage durch Schauwerte und Zeitfüller;
- Aufgabe der funktionalen Mehrdeutigkeit von Märchenfiguren zugunsten eines klaren Gut-Böse-Schemas;
- Rationalisierung und Psychologisierung des Geschehens;
- Emotionalisierung des Geschehens, häufig bis zur Sentimentalität;
- Humor wird, überwiegend in seiner grotesken Abart, auch in solche Geschehenstypen eingebracht, die bisher mit ernster Grundhaltung überliefert worden sind.

Am Ende steht für den Referenten eine noch offene Frage. Sie betrifft die Ambivalenz der Massenkommunikationsmittel im Hinblick auf die mündliche Überlieferung. Es ist einerseits wohl unstrittig, daß die Umsetzung des Märchens, sei es in den Film, sei es in das Hörspiel, die Überlieferung auf eine Art und Weise festschreibt, deren Wirkung diejenige der bloß drucktechnischen Fixierung weit übersteigt. Was geschieht an diesem Punkt in geographischen oder sozialen Bereichen mit noch intakter mündlicher Tradition? Und andererseits: Die durch Film und Hörspiel beim Rezipienten ausgelösten Erzählungen, in welchem Verhältnis stehen sie zu den Quellen, deren sich die Massenkommunikation bedient hat? Der Märchenfilm erzählt uns niemals eine uns schon geläufige Variante der Erzählung. Wir müßten noch herausfinden, was das bedeutet.

Literatur

Bachmair, B.: Sindbad auf Packpapier an die Wand. In: Frankfurter Rundschau vom 26. April 1979.

Baer, V.: Noch immer eine zarte Pflanze. In: Der Tagesspiegel, Berlin, vom 4. Juli 1982.

Bartz, A.: Nun beginnt wieder die Zeit der Märchenfilme. In: Hagener Zeitung 1938 (Datum nicht überliefert).

Es war einmal. In: Der Kinematograph (Düsseldorf 1910) Nr. 205.

Der Film am Lido. Von unserem nach Venedig entsandten Sonderberichterstatter. In: Film-Kurier 1938, 26. August.

Für die Ferien daheim. In: Oberhessische Presse Marburg, 10.7.1979.
Fuzellier, E.: Dictionnaire des œuvres et des thèmes du cinéma mondial. Paris 1976.
Garbicz, A./Klinowski, J.: Cinema, the Magic Vehicle. Journey 1: the Cinema through 1949. Metuchen 1975.
Gatermann, H.: Hörspiele aus Japan. In: Kölner Stadtanzeiger, 18. Januar 1963.
Höfig, W.: Film: In: Enzyklopädie des Märchens 4. Berlin/New York 1984, 1111–1131.
Holý, D.: Folklór v rozhlase a televizi (Die Folklore im Rundfunk und Fernsehen). In: Tradice lidové kultury v socialistické společnosti. ed. V. Frolec/M. Krejčí. Brno 1974.
Hör Zu – Familienjournal (9. Sept. 1978).
Janning, J.: Volksmärchen und Schallplatten. In: Wirkendes Wort 24 (1974), 178–193.
Jensen, K./Rogge, H.-U. (edd.): Der Medienmarkt für Kinder in der Bundesrepublik. Tübingen 1980.
Jerosch, E.: Schneewittchen und die 7 Zwerge. In: Der Film (Jg. 1939, 14. Oktober).
Der Kinematograph, Düsseldorf (vom 22.12.1934).
Koch, G.: Vom O-Ton-Macher und vom Kunstkopf-Hörer: Gespräch mit den HR-Hörspielredakteuren Nikolaus Klocke und Christian Gebert. In: Frankfurter Rundschau (26. Juni 1975, 18).
Lauscher, B.: Kinderhörspiele vertragen keine Tricks. In: Westdeutsche Allgemeine (Essen, vom 30. Juli 1955).
Leipziger Volkszeitung (vom 17. Juli 1959) (unbezeichnete Sammelkritik).
Prozesse um Schneewittchen. In: Germania 299 (Berlin, 29 Oktober 1938).
Rogge, H.-U.: Märchen in den Medien. In: Doderer, K. (ed.): Über Märchen für Kinder von heute. Weinheim/Basel 1983, 129–154.
Schuhmacher, H.: In: Film-Kurier (10. Oktober 1929).
Stone, K.: Things Walt Disney Never Told Us. In: Journal of American Folklore 88 (1975), 42–50.
Südfunk 5 (Stuttgart 1988).
Vorgestellt: Der Kinderfunk im SDR. In: Stuttgarter Zeitung (23.12.1978).
Wetzel, K./Hagemann, P. H.: Liebe, Tod und Technik. Kino des Phantastischen 1933–1945. Berlin 1977.
Yolen, J.: Touch Magic. New York 1981.
Zengerling, A.: Schneewittchen. Ein Märchen nach den Brüdern Grimm. Wiedererzählt und mit Filmbildern versehen. Berlin: Märchenfilm-Produktion s. a.
Zipes, J.: Grimms in Farbe, Bild und Ton: Der dt. Märchenfilm für Kinder im Zeitalter der Kulturindustrie. In: Aufbruch zum neuen bundesdeutschen Kinderfilm. ed. W. Schneider, Hardeck 1982, 212–224.
Zorn, H.: Schneewittchen und die Schönheitsköniginnen. In: Telegraf (Berlin, Ausg. B, 28. Febr. 1953).

Positive Beispiele für Märchenschallplatten:
Plattdeutsche Märchen der Brüder Grimm. Sprecher: Rainer Schepper. Münster: Fono-Schallplattengesellschaft, Aufnahme 1977 (FSM 43215 EB)
Machandelboom – das Märchen vom Wacholderbaum. Bearb.: Rolf Riehm. Köln: Riskant. Aufnahme 1982 (EFA 5807–08).

Vom Bilderbogen zum Comic

Rotkäppchen und seine Illustratoren

Annemarie Verweyen

Die Geschichte vom Rotkäppchen, eine der bekanntesten und beliebtesten der Brüder Grimm, bietet dem Illustrator, der sich im großen und ganzen an die Fassung der Ausgabe letzter Hand von 1856 hält, ein breites Spektrum von Möglichkeiten der bildlichen Interpretation, zumal dieses Märchen besonders oft Gegenstand psychologischer Analysen, neuzeitlicher Satiren und Parodien ist. Heute stehen dem Künstler in zunehmendem Maße reichhaltigere Mittel zur Verfügung als in vergangenen Jahrhunderten, wo er sich auf Holzschnitt, Kupferstich, Radierung und traditionelle Malweise beschränken mußte.

Nach Ludwig Emil Grimm, dem ersten Illustrator der Märchensammlung seiner Brüder, braucht das Märchen mehr als jede andere Literaturgattung seinen eigenen Illustrationsstil, der Behutsamkeit und Einfühlungsgabe voraussetzt, um »übersinnliche Dinge in bildlicher Auffassung« auszusprechen.

In den folgenden Ausführungen geht es darum festzustellen, in welcher Weise historische Vorbilder, technische wie stilistische Mittel, grundsätzlich verschiedene Auffassungsformen – beeinflußt von den jeweiligen modischen Zeitströmungen – den Illustrator geprägt haben. Anhand typischer »Vorbilder« und deren zeitgenössischen Umsetzungen unter besonderer Berücksichtigung des Bilderbogens und der comichaften Angleichungen sowie Schlüsselszenen, die Typenbestimmungen der Handlungsträger und eine Festlegung der Szenentypologie fordern, und Werkstattberichten, in deren Rahmen sich Illustratoren zu ihren Arbeitsweisen äußern, wird die Entwicklung der Märchenillustration – vor allem des Zeitraums 1945–1987 nachgewiesen.

Von den historischen Märchen-Bilderbogen zu ihren Abwandlungen in der zeitgenössischen Märchenillustration

In den ersten Nachkriegsjahren überwiegen, nach wenigen herausragenden Leistungen bedeutender älterer Illustratoren, die wiederaufgelegten, bewährten Märchensammlungen, z. B. von Ruth Koser-Michaëls, Else Wenz-Viëtor, Fritz Kredel, Alfred Kubin und Max Slevogt. Die fünfziger Jahre zeigen eine zögernde Entwicklung des

Bilderbuchschaffens auf, das in den sechziger Jahren bereits hohe Qualität erreicht. Der Illustrator der »Anfänge«, aber auch noch vereinzelt der zeitgenössische, übernimmt wieder, nach Kenntnis historischer Umsetzungen zur *Rotkäppchen*-Geschichte, die Vorliebe zum Bilderbogen-Prinzip – als Wiedergabe von literarischen Formen bietet es besonders reizvolle und vielseitige künstlerische Möglichkeiten.

So erschien 1947 eine Mappensammlung mit acht Bilderbögen Gerhard Gollwitzers. Einer stellt Rotkäppchen auf dem Wege zur Großmutter dar, und – als Höhepunkt – eine dreifache Unglücksszenerie innerhalb frontal aufgeklappter Raumandeutungen. In der unteren Bildhälfte führt schließlich der Weg Rotkäppchens durch fröhlich inszenierte, typische Märchenstationen. Bezüge zu historischen Bilderbögen, besonders zu den Steindrucken der Magdeburger Bilderbögen (Robrahn & Co, um 1880), dem 1882 erschienenen Aquarell Fedor Flinzers, den in Holz geschnittenen Zeichnungen Ludwig Richters (1860) aus der vierbändigen Ausgabe *Für's Haus,* zeigen deutlich Parallelen der Szenenauswahl, des erst strengen, dann zunehmend gelockerten Aufbaus und freundlicherer Bildaussage.

Was geschicht nun in der Folge? 1961 erscheinen von Hans Fischer sieben Märchen der Brüder Grimm als federgezeichnete »Märchenbilder«, darunter Rotkäppchen, das in Anlehnung an das Bilderbogen-Vorbild zwar konzipiert, jedoch ohne strenge geometrische Blattaufteilung gestaltet wurde. Die Geschichte von Rotkäppchen ist eingebunden in einen Märchenwald von Such- und Überraschungseffekten versteckter kleiner Motive. Mit einiger Mühe – Fischer wollte wohl das Kind zu genauem Sehen und längerem »Bildverweilen« erziehen – ist der Ablauf der Handlung in Form eines serpentinenhaften Aufbaus ähnlich wie bei Gollwitzer herauszuschälen. Der Illustrator versteckt im knorrigen Geäst einer alten Eiche – man wird erinnert an die beliebten »Wimmelbilder« der Sachbücher zeitgenössischer Illustratoren – neben Eule, Eichhörnchen und allerlei Käfer vexierbildhaft eingestreute Heinzelmännchen, die dem Künstler mit Pinsel und Farbe wohl hilfreich zur Hand gehen sollen. Anders das bilderbogenhafte Geschehen in Gunther Böhmers Rotkäppchen-Interpretation: Im Gegensatz zu Fischers skizzenhafter Malweise liegt Böhmer »das instinktive Finden« näher als die direkte Motivwahl, denn nur so können – nach seinen eigenen Worten – Illustrationswerke entstehen, »die den Stempel der inneren Notwendigkeit tragen«. Mit seiner zwanglosen Aneinanderreihung von »Bilderbuchstationen« steht er zwischen Hans Fischers unmittelbarer Nähe zum traditionellen Bilderbogen und Gerhard Oberländers gemalten Inhaltsangaben in bilderbogenhaftem Aufbau. Dieser wiederum reduziert das Bilderbogenprinzip zu Tafelbildern, denen er die jeweils wesentlichen Märchensymbole zuordnet und sich zu einem wohldurchdachten, dreigeteilten System entschließt. Auf einheitlich dunkelfarbigem, sattem Untergrund erscheinen die Märchenelemente in wechselndem Aufbau: Zu einem in sich abgerundeten, stillebenartigen Ganzen gefügt oder vertikal gereiht oder auch als in das Landschaftsbild integriertes Geschehen entstehen Schöpfungen, die Oberländer als reflektierenden Illustrator ausweisen. Vor dem obligaten Wald leuchtet bildbestimmend das rote Käppchen auf. Rotkäppchen selbst steht noch außerhalb des Bildgeschehens; die winzige Figur betont seine geheimen Ängste, die unheilvolle Stimmung wird von dem in gespannter Körperhaltung lauernden Wolf im Hintergrund bestimmt. Ein einziger Baumstamm genügt, um das Versteckt-Geheimnisvolle, die nahende Gefahr anzuzeigen, ohne jedoch Angst und Schrecken zu vermitteln.

Die Illustratoren Hans Fischer, Gunther Böhmer und Gerhard Oberländer verbindet nicht nur das stete Bemühen um die adäquate Form der Umsetzung, sie besitzen auch im gleichen Maße die Fähigkeit, bei ähnlicher Wahl der Mittel, ihre Originalität zu bewahren. »Bilderbogen« heißt für sie nicht Ausschnitt aus einem großen Ganzen, sondern das große Ganze selbst. Während der historische Bilderbogen die erzählende Aufgabe auch mittels der begleitenden Texte wahrnimmt, also dem unkundigen Betrachter die noch fremden Inhalte zu vermitteln sucht, setzen die zeitgenössischen Illustratoren diese als bekannt voraus und lassen ihre »Bildstationen« ergänzend erzählen. Schließlich wird die erzählende Form des modernen Bilderbogens zur erinnernden Form und bietet »Lesebilder« an, in denen Kinder, nach Kenntnis der Märchen, die wichtigsten Situationen wieder »zusammenlesen« können.

Eine ähnliche Form des »Lesebildes« setzt dagegen sowohl die findigen Kenntnisse eines kundigen erwachsenen Betrachters als auch dessen geschickte Kombinationsgabe voraus: Helga Ruppert-Tribians »Mechanisierung der Inspiration« (H.-J. Müller in: *Die Zeit,* 14. 10. 88) verzichtet auf jegliche zeichnerische oder malerische Komposition im Sinne von sogenanntem »Schöpfertum des Künstlers«. Vielmehr bemüht sie ähnlich Max Ernst, einem der großen Meister der Collage, ihren unterbewußten Vorrat an vergrabenen Bildern, um Fundgegenstände ans Licht zu befördern, deren Verkettung mit dem Grundthema man als »irrationale Erkenntnis« oder »poetische Aktivität« bezeichnen kann.

Auf dem verzweigten Weg zur Bildfindung über das Vorbild der kombinierten Bildfolge des historischen Bilderbogens liegen recht extreme Lösungen – wie im Fall der Illustratorin Warja (Honegger-)

Lavater, die den vielfach gefalteten Leporello als Bilderreihe in einer eigenwilligen Manier konzipierte. Die Künstlerin entdeckte – nach eigener Aussage – beim Illustrieren wissenschaftlicher Werke, daß ein Zeichen, einmal eingeführt, seine Bedeutung beibehält und imstande ist, eine Aussage zu vermitteln. Sie begann, literarische Mitteilungen in Zeichen zu erzählen, »deren Beziehungen zueinander das Handlungsgeflecht in fließenden Kompositionen widerspiegeln« (Bilderwelt/ed. Schug 1988, 427). So ist der Weg zu den ›bandes dessinées‹ der Comics in mehrfacher Hinsicht nicht mehr weit. Das Medium Bildergeschichte ist von seiner Konstruktion her nicht nur offen für die Übernahme jeglicher Erzählinhalte, sondern man erkennt darüber hinaus in den Comics-Darstellungen auch Märchenmotive oder Märchenrequisiten sozusagen als ›Märchen unserer Tage‹ wieder, was hieße, daß sie, als Nachfolger der alten Märchen, deren Funktionen übernehmen könnten. Allerdings sollte auch nicht verkannt werden, daß es trotz gemeinsamer Handlungsstruktur zwischen Märchen und Comics eine Reihe von Unterschieden gibt – z. B. die ›Endlosigkeit‹ von Comics gegenüber der ›finalistischen Konzeption‹ jedes Märchens (H. Ludwig) –, was auch innerhalb der Erzählforschung zu divergierenden Auffassungen geführt hat.

Jenseits aller wissenschaftlichen Auseinandersetzungen nun haben Illustratoren begonnen, sich des neuen, immer mehr verbreiteten Mediums Comic zu bedienen – allen voran Janosch (d. i. Horst Eckert), der für seine völlig andere Auffassung der Märchen einen äquivalenten Malstil provozierte. Denn die alten und neuen Anklagen gegen das Märchen, es verderbe den Kindern den Geschmack an ernsthaftem, rationalem Denken, es beinhalte veraltete gesellschaftliche Strukturen, nicht zu verantwortende Grausamkeiten, autoritäre und undemokratische Lebensformen, beeinflußten in den sechziger Jahren nicht nur die Textgestaltung, sondern fanden ihren Niederschlag auch in den Bildinterpretationen namhafter Illustratoren. Heitere, ja groteske, auch parodierende Neufassungen der KHM gelangen am ehesten, doch ist der Umgang mit ihnen ohne kritisches Sichten nicht ratsam.

Jedenfalls sind die »ironisch gebrochenen Antimärchen« oder »die gegen den Strich gebürsteten« (H.J. Gelberg in Janosch 1972) von allen Versuchen, Märchen in zwar anderer, aber doch wohl fragwürdiger Weise dem Kind vorzustellen, die bekanntesten und meistdiskutierten geworden – immerhin mit dem Erfolg, dem Märchen eine Renaissance sondergleichen zu bereiten. Im Hinblick – auch auf die Neuschöpfung *Das elektrische Rotkäppchen* von Janosch – muß zugegeben werden, daß der Illustrator mit Originalität spontan zeitkritisch verändernde Pointen und Anspielungen fabulierend zu erzählen weiß.

Janosch möchte nicht in direktem Zugriff der Anti-Autoritäten versuchen, »mit immer neuen, oft listigen Einfällen die Schemata der Grimmschen Märchen zu verwischen« (Gelberg in Janosch 1972). Er parodiert gleichzeitig in herzhafter, mundgeprägter Sprache und mit lockerem Zeichenstift und konzipiert 200 Märchenbilder mit immer wieder neuen unkonventionellen Ideen. Die Tatsache schließlich, daß veränderndes Erzählen ein übliches Vorgehen der Märchentradition ist, dient den persiflierenden Autoren und ungezwungen gestaltenden Illustratoren als Alibi.

Schlüsselszenen des Rotkäppchen-Märchens

Die markanten Schlüsselszenen des Märchens sind zugleich die bevorzugten Motive der Illustratoren. Als dramatische Höhepunkte der Rotkäppchen-Geschichte werden sie immer wieder in den Vordergrund gestellt und ergeben gute Ansätze für Vergleiche vielfältiger Art. Eine dieser Schlüsselszenen ist die erste Begegnung Rotkäppchens mit dem Wolf. Sie weist aufschlußreiche Merkmale auf: Beiden widmet der Illustrator seine besondere Aufmerksamkeit, denn schließlich erscheinen Rotkäppchen und der Wolf – wie sich zeigen wird – im Laufe ihrer Geschichte in mancherlei Gestalt. Der Illustrator hat sich – neben der Wahl seiner literarischen und darstellerischen Form – zu entscheiden, welchem ›Typ‹ seine Handlungsträger angehören sollen. Er wird sich entweder von klassischen Vorbildern beeinflussen lassen, seine eigene Vorstellung verwirklichen, d. h. seine Auffassung über die literarische Vorlage und sein künstlerisches Empfinden einbringen. Als instruktive Vergleiche lassen sich wiederholt historische Vorbilder heranziehen, deren nationale Unterschiede unschwer festzustellen sind. Die frühen französischen Personifizierungen des Wolfs (z. B. des Épinal-Bilderbogens von 1880) zeigen einen eleganten Poseur, dessen Erscheinen häufig einem wohlinszenierten, durchdacht kostümierten, nahezu theatralischen Auftritt nahekommt. Rotkäppchen ist das lieblich-charmante, seiner weiblichen Reize bereits bewußte, häufig reifere Mädchen, vornehmlich mit rotem Käppchen betont gekleidet, mit den jeweils der Zeit entsprechenden Accessoires wird nicht gespart. Im Gegensatz dazu läßt der englische Illustrator, wie die *Father Tuck's Fairy Tale Series* von 1890 zeigen, die kühle Noblesse einer distanzierten Begegnung erkennen, wobei das Rotkäppchen ein rotes Kapuzencape kleidet. Auch in den zeitgenössischen Illustrationen wiederholen sich die genannten Auffälligkeiten. So zeichnet Tony Ross sein Rotkäppchen 1978 mit wehendem Cape. Der deutsche Typus des Rotkäppchens ist unverkennbar: Als meist kleines, natives, blond-bezopftes

Wesen, häufig in dirndlmäßiger Tracht, begegnet Rotkäppchen dem leibhaftigen Wolf natürlich im deutschen Märchenwald. Der Wolf ist, vor allem in den zeitgenössischen Darstellungen, selten grimmig und weniger häufig personifiziert – wie z. B. in den Darstellungen Eva Johanna Rubins aus den sechziger Jahren, Antje Vogels von 1985, Ruth Koser-Michaëls von 1937. An die Gestalt des blutrünstigen Werwolfs des romanischen Raumes, vielleicht ein Ahne des bösen Wolfes von Charles Perrault, denkt – nach seinem entschärften Charakter durch die Brüder Grimm – wohl keiner der Rotkäppchen-Illustratoren.

Für die Illustratoren gleichermaßen wichtig wie die Typenbestimmung der Handlungsträger ist die Festlegung der Szenentypologie. Dem Betrachter bieten sich hierbei aufschlußreiche Vergleiche an, wenn er versucht, die zeitgenössischen Rotkäppchen-Illustrationen danach abzufragen, in welcher Weise die Dramaturgie ihrer Schlüsselszenen von Vorbildern beeinflußt wird. Die völlige Anthropomorphisierung des Wolfs als eines karikaturhaft-überzeichneten feinen Herrn mit seinem täuschenden äußeren Erscheinungsbild, seiner listenreichen Annäherung im Holzschnitt des Franzosen Lucien Boucher (1928) zeigt eine gewisse Verwandtschaft mit dem federgezeichneten Kavalier Gisela Neumanns (1981), dem kastanienblattfächernden Wolf des Tschechen Jiři Trnka (1961) (s. Abb. 1, S. 34) und dem charmanten, sich nahezu grazil windenden Verführer Lisbeth Zwergers (1983). Auch kommt der Verkleidung des Wolfs in Toni Ungerers Umdichtung (1975) Walter Cranes Wolf im Schafspelz (1866) gleich. Beide Künstler bauen mit Hintersinn überfrachtete Szenen auf: Die Dramaturgie zeigt bis ins Detail gewisse Parallelen. Die vis-à-vis-Szenen von Lea Grundig (1962), Antje Vogel (1985), von der eigenwilligen Paula Schmidt (einer freien Arbeit von 1984), deren Wolf das Rotkäppchen in Gedanken bereits verspeist, und des Italieners Roberto Molino (1975) könnten ihr Vorbild z. B. in der eigentümlichen Darstellung Franz Poccis aus dem Jahre 1867 haben. Im deutlichen Gegensatz dazu steht die paarhafte Darstellung einer gewissen, fast traulichen Annäherung der beiden Figuren zueinander, die an die bekannte Illustration Gustave Dorés aus den Anfängen des 19. Jahrhunderts erinnert. Während bei Lilo Rasch-Nägele Wolf und Rotkäppchen ernst und porträthaft nebeneinander stehen, kann der Wolf von Doré Rotkäppchen wohl nicht in die Augen sehen: in zurückhaltender Rückansicht stellt er sich neben Rotkäppchen.

Analysen, besonders die der Rotkäppchen-Illustrationen, kommen ohne Einbeziehung der psychologischen Betrachtungsweise nicht aus. Bereits die angeführten Beispiele der Begegnungsszene lassen über landesübliche Eigenheiten hinaus verschiedene Deutungen des Verhaltens der Handlungsträger zu: Rotkäppchen kann als kleines, harmloses, von Deutungen völlig freies Kind dargestellt sein. Es steht unbefangen dem mehr oder weniger bösen Wolf gegenüber, denn es ist ja nichts Außergewöhnliches, einem noch braven Wolf im Märchenwald zu begegnen! Dem Betrachter der Szene bietet sich eine unverfängliche Situation dar. Rotkäppchen ist zwar in Gefahr, doch lassen sich kaum erkennbare Gründe finden. Die gleiche Schlüsselszene kann Rotkäppchen aber auch mit verändertem Auftreten zeigen und damit Ansätze zu ganz bestimmten Auslegungen bieten: Adjektive wie frech, kokett, neugierig, ja provozierend können eingesetzt werden, der Wolf – im Gegenzug – als listig, verschlagen, hintersinnig oder verführerisch bezeichnet werden. Das Beispiel von Mitra Reyhani Gadim (1986), einem zwanzigjährigen Türken im ersten Studienjahr der Kunsthochschule Istanbul (Abb. 2, S. 35), und das der fotografischen Darstellung Sarah Moons (Abb. 3) (1983) sprechen für sich.

Auf diese Weise entsteht unverkennbar ein deutliches Spannungsfeld, das sich – nach der Begegnungsszene im Wald am Bett der Großmutter zum Höhepunkt steigert. Was sich bislang noch nicht als ›eindeutig‹ zu erkennen gab, wird nun besonders in den historischen Illustrationen in der mehr oder weniger moralisch aufgefaßten Szene offengelegt – in der Absicht, zu warnen oder zu ermahnen. Instruktive Beispiele bieten die einschlägigen Illustrationen der Bilderbögen und die Darstellung Jean Buollets um 1860. Sie zeigen, daß der erotische Hintersinn in einer lehrhaften Moral-Geschichte nahezu selbstverständlich war. Die Jugend sollte, nach der Perraultschen Geschichte von Rotkäppchen, »mit Hilfe eines einprägsamen Beispiels« vor dem Laster gewarnt werden. Die Untugend bestand ja darin, daß Rotkäppchen den Verführungskünsten des Wolfs nachgab, denn Sexualität wurde als animalisch dargestellt. Die Erotik kommt auch in der Wortwahl klar zum Ausdruck: »[...] viens de coucher avec moi!« Das Illustrations-Beispiel zeigt, daß der Wolf tatsächlich ›nackt‹ (die Haube der Großmutter steigert noch die Wirkung) und das Rotkäppchen mit einem Nachthemd bekleidet dargestellt wurden, was keineswegs auf ein unvorbereitetes Gefressenwerden deutet.

Mit wenigen Ausnahmen halten sich die deutschen Illustratoren, obwohl ihnen die französischen Vorbilder bekannt sind, an die KHM-Fassung, die mehr zum Ungehorsam als zur Sinnlichkeit tendiert und Rotkäppchen für seine Missetaten bestraft. Direkte Erotizismen sind eliminiert, der Wolf fordert nicht zur Entkleidung auf, Rotkäppchen legt sich nicht ins Bett und stellt auch keine Fragen nach Armen und Beinen wie in der Perraultschen Fassung, sondern beschränkt sich auf

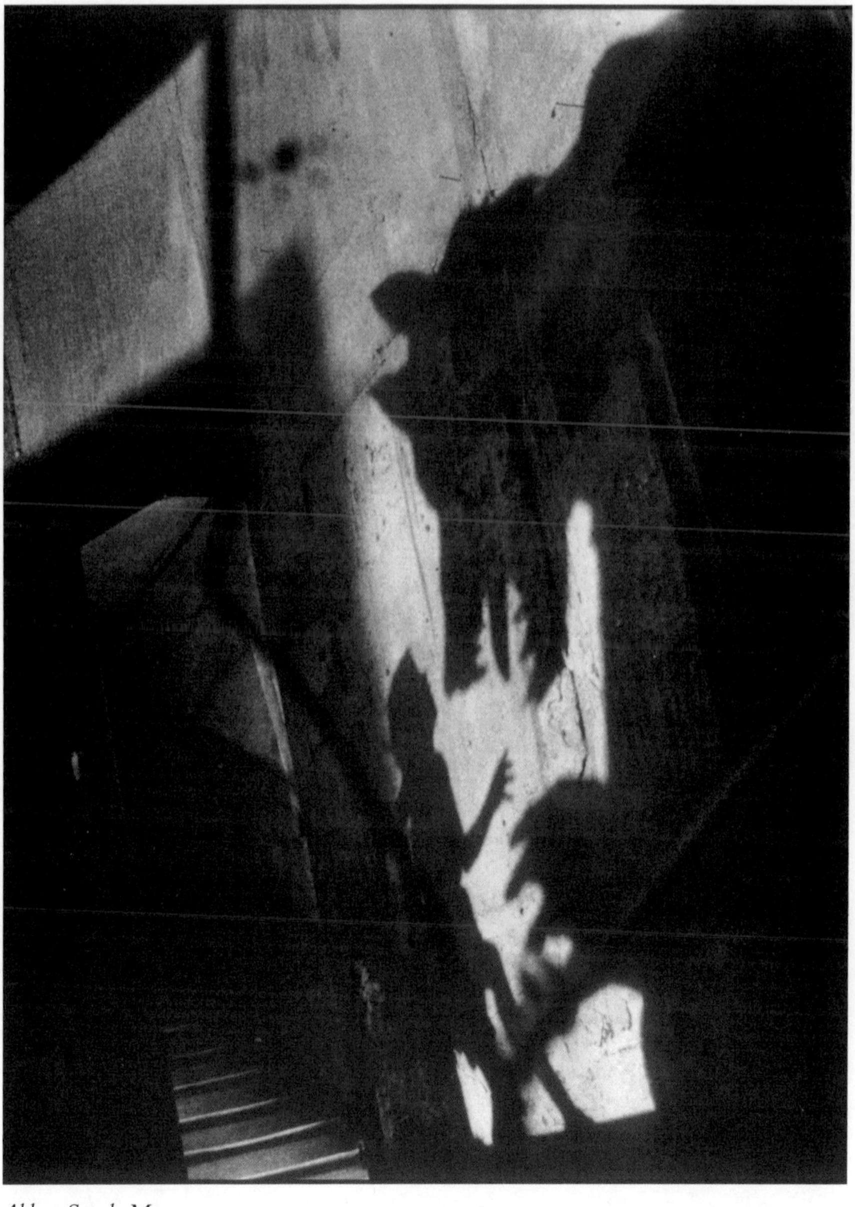

Abb. 3 Sarah Moon

die vier Sinne des Hörens, Sehens, Fühlens und Schmeckens. Ihrer bedient sich nach Bruno Bettelheim (*Kinder brauchen Märchen*. München 1977) das Kind in der Pubertät, um die Welt verstehen zu lernen. Als instruktives Beispiel dient die Rotkäppchen-Umdichtung von Isaak Mansk, deren Illustratorin Eva Raupp-Schliemann sich in einer

Abb. 4 Eva Raupp-Schliemann

überaus sinnlich dargestellten Begegnungsszene keinen moralischen Zwängen ausgesetzt fühlt (Abb. 4). Eigentlich ist es »Rotkapuze«, die sich in den Wolf verliebt und ihn zu verführen trachtet.

In Lisbeth Zwergers stimmungsvollem, ruhigem, den Betrachter nicht schockierenden Konzept (1983) verschlingt der Wolf weder die Großmutter noch Rotkäppchen, zumindest bleibt diese Vorstellung der Phantasie des Betrachters überlassen. Nicht das übliche, ins Bild gesetzte Maul ist es, das sie schildert, sondern den zum Sprung ansetzenden Wolf, dessen Haltung trotz Rückansicht von einer Dynamik spricht, die keiner weiteren Erläuterung bedarf. Rotkäppchen, das stille, nicht mehr kleine Mädchen, bleibt ergeben im Türrahmen stehen: Zwerger fordert die phantasievolle Mitarbeit des Betrachters.

Edward Gorey liebt die Kunst des Weglassens und reduziert seine Textumsetzungen mit markanten, knappen Akzenten auf die wesentliche Bildaussage. Er setzt sein typisches Rot dort ein, wo dramatische Höhepunkte angezeigt sind. Obwohl er in seiner Darstellung den Wolf ausklammert, zeigt er – nicht nur durch die Wölbung der Bettdecke –, wo der Großmutterfresser vermutet werden darf. Die Erwartungshaltung des Betrachters wird regelmäßig entlarvt und desavouiert. In subtiler Inanspruchnahme gibt Gorey dem Betrachter vielmehr auf, den Schreckensmoment selbst zu vollziehen, indem er ihn dicht an die Katastrophe heranführt und diese dann überspringt (H. Ries, 1979).

Werkstattberichte: Illustratoren und Illustratorinnen äußern sich zu ihren Arbeitsweisen

Die vorliegenden Werkstattberichte illustrierender Künstler geben einen Einblick, in welcher Weise sie sich ihrer verantwortungsvollen Aufgabe der Textinterpretation bewußt sind. Zu den bedeutendsten Buchgestaltern, die sich den Grimmschen Märchen annahmen, gehört Josef Hegenbarth (1884–1962). Er gab wertvolle Einblicke in die ›Werkstatt‹ eines Künstlers, aber auch Auskünfte darüber, auf welche Art und Weise ein »inneres Konzept« entsteht. »Im Grunde denke ich wenig und versuche, alles zu erfühlen, mein Strich hat sich im ernstesten Suchen nach künstlerischem Ausdruck entwickelt«, schreibt Hegenbarth. Seine erste Frage gilt dem Stoff, den man ihm anbietet. Enthält er das, was er braucht, nämlich ein Stück Leben, das ihn bildhaft reizt, versucht er, sich in die Handlung einzuleben. Nach diesem Schaffen und Walten darin folgt das Aufgehen – wenn der Stoff zeitlich zurückliegt – in jene Zeiten, das souveräne Beherrschen jener Tage und aller ihrer Äußerlichkeiten; Stimmungsmomente, atmosphärisch und landschaftlich Gebundenes treten dazu. »So gehe ich ganz in dem Text auf und lebe in ihm. Erst jetzt beginnt meine sichtbare Arbeit als Illustrator.« Auf diese Weise erwächst Hegenbarth die Einsicht in den literarischen Teil eines dichterischen Werkes, gleichzeitig erscheint ihm die geschilderte Handlung in Bildern. Aus diesen sucht der Künstler sich die interessantesten heraus und beginnt sie skizzenhaft zu notieren, »[...] dabei aber immer das Große und Ganze im Auge behaltend«. Es entsteht ein Knäuel von Linien, das Herausschälen der Komposition setzt ein: »Wie in allem das Letzte in der großen Einfachheit zu suchen ist, so auch hier bei der Illustration, denn je einfacher gestaltet – desto klarer, je klarer – um so schlagender ist sie in ihrer Wirkung auf den empfindenden Beschauer.« Den Künstler reizt es, »noch etwas Persönliches« hinzuzufügen, eine innere und äußere Belebtheit einzufangen; das Huschen eines Ausdrucks über das Gesicht, das Plötzliche einer Bewegung, die das Plötzliche verlangt – hierin sieht der Künstler die künstlerische Berechtigung und den Wert des Skizzenhaften.

So geht Hegenbarth in den »schwebend in die Druckseite« konzipierten Darstellungen Rotkäppchens am Bett der Großmutter mit einer leichten Lineatur locker den Umrissen nach und zeigt mit seinen beiden Fassungen besonders deutlich intensives Bemühen um das Erfassen des Charakteristischen einer Person, deren durchlebter, spezieller Situation (Abb. 5). Daß Hegenbarth die Welt »nicht so sehr als Künstler, als vielmehr mit den Augen eines Psychologen« sieht, ist erkennbar an den Fassungen dieser beiden Physiognomien: Der erstaunte, mutige Ernst einer jungen Frau auf den fast eingeschüchterten Wolf weicht in der zweiten Fassung ohne Veränderung der zeichnerischen Mittel einer verstärkten Kontur, die, zwar einem Blitzstrahl gleichend, jedoch weicher, über Nase-, Mund- und Kinnpartie verläuft und eben diese junge Frau in ein kindlich-mädchenhaftes, ängstlich-staunendes Wesen verwandelt. Bei allem Streben nach der künstlerischen Form ist Hegenbarth bemüht, sich dem Text unterzuordnen, »alles sichtbar zu Gestaltende darzustellen und nicht lediglich Textstellen zu wählen, die der eigenen Gestaltungsweise am meisten liegen und mit denen man sich am besten präsentieren kann«. »Etwas künstlerisch zur Sprache bringen«, schreibt Hegenbarth, »bedeutet Neugestaltung der Natur. Jenes Persönliche, Eigenartige jedoch setzt die Liebe des Beschauers voraus. Nur starkes Einfühlungsvermögen und der Wille, sich in den Geist des Künstlers zu versetzen, sind die Voraussetzungen eines Verstehens« (alle Zitate: Löffler, *Josef Hegenbarth*, Dresden 1980) – diese künstlerische Weltanschauung Hegenbarths kann als Aktivierung des Illustrators und des Betrachters verstanden werden.

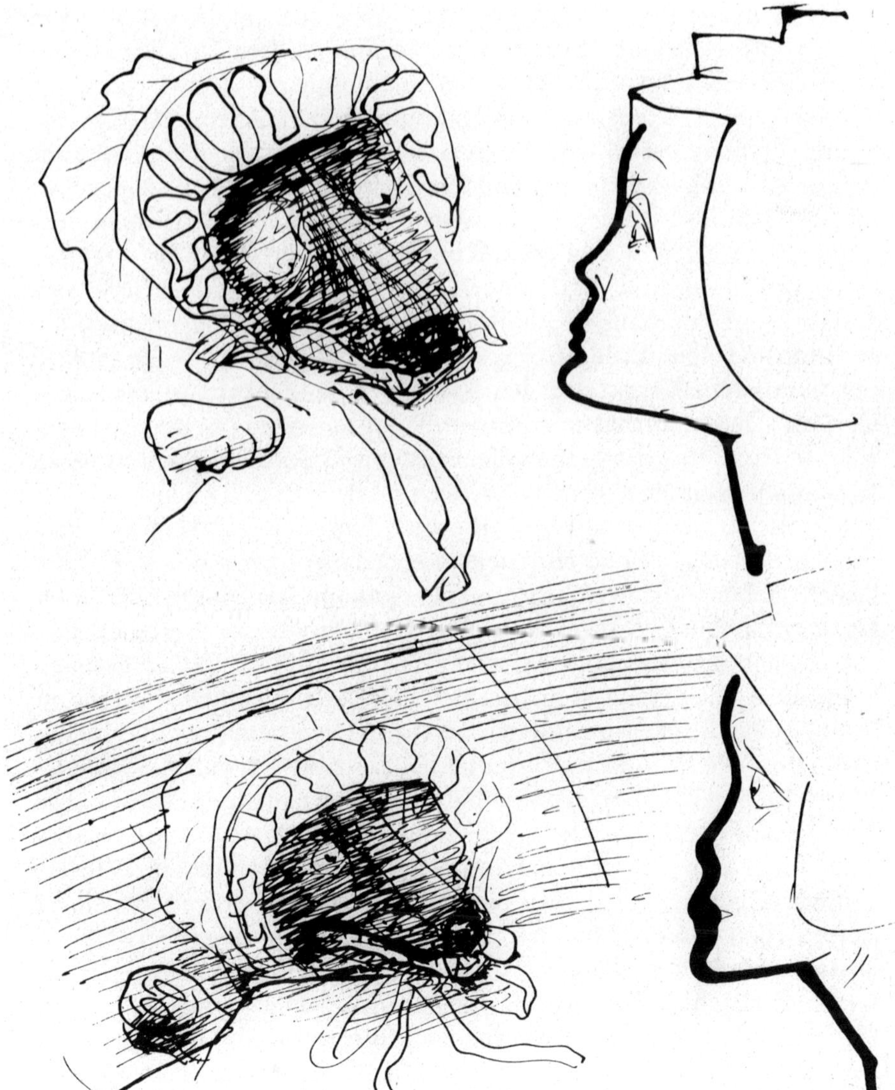

Abb. 5 Josef Hegenbarth

Im Rahmen einer Dokumentation wurde eine Reihe von Illustratoren und Illustratorinnen initiiert, erste Gedankenskizzen zu Rotkäppchen festzuhalten und ihren Intentionen auch verbal Ausdruck zu geben. So sagt Eva Johanna Rubin im Rahmen ihrer Skizzenarbeit: »Mein Bewußtsein fängt eigentlich mit den Märchen an, denn die phantastische Welt des Märchens, in die ich zeitig geführt wurde, ist durch mein ganzes Leben meine Welt geblieben. Ich kroch in viele Rollen, und ich konnte leicht sein, was ich nur wollte.« Die Illustratorin fertigte bereits 1969 zahlreiche Federzeichnungen zu den Märchen der Brüder Grimm an, die im großformatigen Bilderbuchband *Der goldene Schlüssel* (1969) erschienen. Ihre den Text sowohl ordnenden wie ihm untergeordneten Arbeiten, besonders die zu Rotkäppchen, zeigen Eva Johanna Rubins Vorliebe zu sich wiederholenden, einprägsamen Stilmitteln: Ihr »Strich« lebt von Kontur und Schraffur der strengen Formenordnung und der klaren Abgrenzung. In starkem Gegensatz dazu stehen Eva Johanna Rubins spielerisch-heiteren Gedankenskizzen der jüngsten Zeit: Völlig frei von jeglichen Vorgabezwängen läßt sie mit sichtbarem Vergnügen den Faden des Rotkäppchen-Geschehens weiterlaufen: Es entstehen Varianten, Paraphrasen zu der Begegnungsszene – ›Ausschmückungen‹ voller ernster und heiterer Einfälle. Eigene Szenenschöpfungen ergeben sich, wenn der Wolf zwischen zwei aufgeputzten Damen als wägender, modisch-kapriziöser Galan beim werbenden Paarungstanz zu entscheiden hat, dabei bereits in bedrohliche Ekstase gerät und übermächtig groß Rotkäppchen gierig nachstellt. Das zarte, lieblich-kokette Ding läßt die Begierde des Tieres/Mannes nicht unberührt. Sie blüht auf zur reifen, noch unbewußt begehrenden Frau, die – nicht ohne sich bereits ahnend abzuwenden – zu ihrem Schutze jäh wieder zum Kind wird, wenn die Furcht vor der übermächtigen, fremden Wollust sich ihrer bemächtigt (Abb. 6 und 7, S. 36).

Eva Johanna Rubin gelingt, bei aller Skizzenhaftigkeit, mit drei Blättern ein überzeugendes Gedankenkonzept. Der Weg von der begleitenden, sich unterordnenden Illustration zur zwanglosen Wiedergabe ihrer eigenen Gedanken und Gefühle scheint das Ergebnis ihrer freien Arbeit zu sein, denn ihr vorliegendes Konzept zeigt überzeugend die Darstellung von Neugier, Begehren und Erschrecken. Die behende zeichnerische Ausdrucksweise gelingt ihr gut. Die strenge Feder fällt zugunsten des weichen Farbstifts fort. Dort, wo krasse Akzente nötig werden, greift sie – bereits die Skizze soll eine Ahnung der »letzten Form« geben – zum schwarzen Graphitstift und betont den lüsternen Fang, die buschige Rute, die Pfoten, die zu gierigen, verletzenden, angsterregenden Männerhänden geworden sind.

Die Künstlerin beschäftigt sich mit ihrer Textvorlage eingehend. Zahlreiche Skizzen entstehen, während ihr gedankliches Konzept reift – um dieses geht es ihr in besonderem Maße – und ihr Textbezug feststeht. Erst jetzt strafft und schafft sie die nötigen technischen Eingriffe. Die Ausarbeitung wird mit subtilem Können in behutsame, äußerst sorgfältige, klare, mehr zeichnerische als malerische Form gebracht.

Abb. 8 Marlene Reidel

Mit einigen hundert Vorarbeiten hat sich Marlene Reidel für die Märchen der Brüder Grimm vorbereitet. Die collageartigen, großformatig konzipierten Märchentafeln erschienen im Sammelband *Grimm Märchen* (1975), aber auch in Form von pädagogischen Wandtafeln mit umrahmenden Märchenstationen und als kleinformatige Märchenbändchen für die Jüngsten. Während dieser Beschäftigung mit Märchen entstand die vorliegende Folge von Skizzen zu Rotkäppchen. Ehe sich Marlene Reidel dem großen Format zuwendet – sie bevorzugt

Abb. 9 Binette Schroeder

es für die letzte Fassung –, skizziert sie ihre Erinnerungen aus dem gewählten Märchen, aber auch deren Widerhall. Auf diesem Wege scheint sie sich der Bereitschaft zu nähern, ihr endgültiges ›inneres Konzept‹ festzulegen. Die Handlungsträger sind meist in der Vorstellung schon typenmäßig festgelegt, denn die Skizzen zeigen hinsichtlich der Gestaltung und Physiognomien durchweg keine Unsicherheiten oder überlegende Änderungen.

Marlene Reidels bayerische Bodenständigkeit und Verbundenheit zum urtümlich Gewachsenen ist an ihrer Sicherheit erkennbar, mit der sie sich in dem volkskundlichen Märchenschatz bewegt, die Texte umsetzt, ja mit ihnen lebt. In ihren Skizzen geht es um anderes: Welche Szene, welche Bildform, Haltung oder Bewegungsphase scheint die einzig richtige zu sein? Den endgültigen Schluß macht sich die Künstlerin nicht leicht. In ihrer Bildfolge beschäftigt sie sich schwergewichtig mit der Großmutter, die sie anscheinend – den handschriftlichen Anmerkungen entnehmbar – an Vergänglichkeit und Tod als die ›Schrecken des Alters‹ denken läßt (Abb. 8). Von subtilem Reiz ist die wohl aus diesen Gedanken resultierende Gegenüberstellung von drei verschiedenen weiblichen Altersstufen: Liebreiz und Anmut steht gegen voll erblühte Weiblichkeit der Mutter und beginnende Greisenhaftigkeit der Großmutter.

Den Schauplatz des Geschehens und dessen Hintergrund stellt Marlene Reidel andeutend mit kräftigem und entschlossenem Kohlestift dar und erinnert damit an ihre faszinierenden Holzschnitte. Sie werden, Schauplatz wie Hintergrund, in der endgültigen Fassung mittels

Abb. 10 Binette Schroeder

Linolschnitt, Stempelverfahren oder Materialdruck collagenartig gestaltet. Die Vielfalt technischer Möglichkeiten nutzt Marlene Reidel zugunsten der Licht- und Schatteneffekte. Sie runden letztlich die stimmungsvolle, zauberhafte Atmosphäre ihrer Märchenbilder unverwechselbar ab.

Den Bilderbuchliebhabern und bibliophilen Kennern ist die Illustratorin Binette Schroeder seit Jahren vertraut. Nach einer längeren Zeit freien schöpferischen Schaffens, nur gelegentlich illustrierend, gehörten die letzten Jahre dem Märchen. Noch stand der *Froschkönig* auf der Staffelei, als die Frage nach einer Skizze gestellt wurde: »Binette, was fällt Ihnen zu Rotkäppchen ein?« Die Antwort war nicht sehr ermutigend, zumal die Talsohle des ›ersten Konzeptes‹ zum neuen Projekt noch nicht durchschritten war. Denn jede Auseinandersetzung Binette Schroeders mit neuen Konzepten wird von unzähligen Scribbles, von sich überstürzenden Einfällen, aber auch zweifelnden Phasen begleitet. Sie endet mit dem ›Dummy‹, der den Verteilungsplan einer Illustrationsreihe Seite für Seite erfaßt. Binette kamen die Ideen zur vorliegenden, heiteren, comic-haft festgehaltenen Bildserie während eines Spaziergangs, als das »Projekt« scheinbar bereits vergessen war. Von skurrilen Vorstellungen ins Detail getrieben, ließen ihre Einfälle sie nicht mehr zur Ruhe kommen. Also beginnt Binette Schroeder ihre Annäherung zu Rotkäppchen über die herkömmliche Schlüsselszene der Begegnung Rotkäppchens mit dem Wolf im Wald (Abb. 9 und 10). Allein zehn Stellproben werden angerissen, als Basis für weitere Entschlüsse. Im Schlafzimmer der Großmutter jedoch überschlagen sich förmlich die Ideen und Vorstellungen Binettes. Die frivolen Einfälle der noch nicht zu alten Großmutter, sich tanzend ihrer Kleider zu entledigen, um den genüßlichen Galan, auf welche Weise auch immer, von seinen weniger angenehmen Plänen abzubringen, liegen, zumal der Wolf ihre Kleider für sein Attentat auf Rotkäppchen braucht, nur allzu nahe. Mit großartiger Sicherheit trifft Binette Schroeder im ersten flüchtigen Entwurf das Staccato der Bewegungsabläufe, hält mit leichter Hand und reduziertem Strichaufwand, förmlich sprühend vor Zeichenlust, die karikierenden Szenen fest. Neben ihren bekannten Fähigkeiten zu großartigen, künstlerisch ausgefeilten, malerischen Bildkompositionen zeigen ihre Gedankenskizzen ihre besondere Begabung auch für flüchtigere zeichnerische Ausdrucksmöglichkeiten. Gute Einfälle, Humor, Beobachtung von Bewegungsabläufen und Reduzierung auf das absolut Notwendige wären neue Möglichkeiten, z. B. für das Medium von Bildergeschichten, die Binette Schroeder elegant zu meistern scheint. Sie setzt sich mit dem ihr vertrauten Märchen vom Rotkäppchen gründlich auseinander. Ihre Bereitschaft für eine neue Aufgabe verlangt eine starke Motivation, die sie in der Begeisterung für die Sache findet. Der gute Einfall ist es, der sie zu neuen Wegen initiiert. Eine Ausarbeitung dieses reizvollen Konzeptes wäre wünschenswert.

Skizzen gestatten, dem bildenden Künstler über die Schulter zu schauen, sich mit einem Blick in das Geheimnisvolle, noch Vorenthaltene zu schmuggeln. In der Tat, Unfertigkeiten und Beliebigkeiten wären da oder dort wohl in Kauf zu nehmen für – vielleicht – köstliche Überraschungen. Bietet nicht das Unfertige, das mit ungefüllten weißen Flächen uns erwartende abenteuerliche Erlebnis die Chance, mit eigenem, phantasievoll Ergänzendem die Abrundung zu treffen, die dem individuellen Betrachter jeweils entspricht?

Mögen die Überlegungen zu Rotkäppchen und seinen Illustratoren neben manchen Erkenntnissen über Entstehen und Entwicklung von Illustrationen letztlich den Blick freimachen für das Wesentliche der künstlerischen Verarbeitung einer literarischen Vorlage im Sinne der treffenden Worte von Per Kirkeby (*Bravura*. Bern/Berlin 1984): »Bilder sollen bedeutungsvoll sein in einer naturgeschichtlich unabwendbaren und unmißverständlichen Weise – gegenwärtig in derselben unargumentierten Art wie Kristalle. Sind sie dann derart von einer Intuition beseelt und versteinert, so steckt das den ›Leser‹ an. Das ist magisch, das ist die Magie der Kunst.«

Literatur

Kühleborn, H.E. (d.i. K. Kehr): Rotkäppchen und die Wölfe. Von Märchenfälschern und Landschaftszerstörern. Frankfurt 1982.
Ritz, H. (d.i. U. Erckenbrecht): Die Geschichte vom Rotkäppchen. Ursprünge, Analysen, Parodien eines Märchens. Emstal 1981 (Göttingen [6]1983).
Ritz, H. (d.i. U. Erckenbrecht): Bilder vom Rotkäppchen. Das Märchen in 100 Illustrationen, Karikaturen und Cartoons. München 1986.
Rumpf, M.: Rotkäppchen. Diss. (masch.) Göttingen 1951.
Scherf, W.: Lexikon der Zaubermärchen. Stuttgart 1982, 313–316.
Schug, A. (ed.): Die Bilderwelt im Kinderbuch. Kinder- und Jugendbücher aus fünf Jahrhunderten. (Ausstellungskatalog) Köln 1988, Nr. 1684–1732 (kommentierte Bibliographie).
Verweyen, A.: Rotkäppchen. Auf den Spuren von Konzepten. (Ausstellungskatalog) Hanau 1986.
Waldmann, E. und *R.:* Wo hinaus so früh, Rotkäppchen? Veränderungen eines europäischen Volksmärchens. Zürich 1985.
Zipes, J.: Rotkäppchens Lust und Leid. Biographie eines europäischen Märchens. Köln 1982.

Verzeichnis der behandelten Illustrator[inn]en

Böhmer, Gunter: Die schönsten Märchen der Gebrüder Grimm. Frankfurt a.M.: Insel 1984.
Boucher, Lucien: Les Contes de Perrault. Paris 1928.
Buollet, Jean: Aus der Sammlung Jean Buollets (19.Jh.).
Crane, Walter: Little Red Riding Hood. London [1898] u.ö.
Doré, Gustave: Les Contes de Perrault. Preface par P.-J. Stahl (d.i. P.-J. Hetzel). Paris 1864 u.ö.
Father Tuck's Fairy Tales Series [ca. 1890].
Fischer, Hans: Märchenbilder. Sieben Märchen der Brüder Grimm. Zürich/Stuttgart: Artemis 1961.
Gollwitzer, Gerhard: Märchen der Brüder Grimm. Acht Bilderbogen. Berlin: Karl Henßel Verlag 1947.
Gorey, Edward: Rotkäppchen. Zürich: Diogenes 1974.
Grundig, Lea: Die Kinder- und Hausmärchen der Brüder Grimm. ed. W. Pollatschek. Berlin: Der Kinderbuch Verlag 1952 u.ö.
Hegenbarth, Josef: Märchen der Brüder Grimm. Leipzig: Insel 1969.
Honegger-Lavater, Warja: Le petit chaperon rouge. Paris: Adrian Maeght 1965.
Janosch: Janosch erzählt Grimms Märchen. Nachw. H.-J. Gelberg. Weinheim/Basel: Beltz 1972.
Koser-Michaëls, Ruth: Märchen. München: Droemersche Verlagsanstalt 1937 u.ö.
Mitra, Reyhani Gadim: Little Red Riding Hood. Istanbul [1987].
Molino, Roberto: Rotkäppchen. Köln: Inter Verlag s.a. (Originalausgabe Milano: Editrice la Sorgente 1975).
Moon, Sarah: Le petit chaperon rouge. Paris: Editions Grasset & Fasquelle 1983.
Neumann, Gisela: Das neue Lumpengesindel. Berlin: Der Kinderbuch Verlag 1981.
Oberländer, Gerhard: Kinder- und Hausmärchen gesammelt durch die Brüder Grimm. 1–3. München/Hamburg: Ellermann 1958.

Pocci, Franz: Pocci, Franz: Lustige Gesellschaft. Würzburg: Edition Popp 1979 (Nachdr. der Ausg. Dresden 1867).
Rasch-Nägele, Lilo: Grimms Märchen. Stuttgart: Boje 1957.
Raupp-Schliemann, Eva: Mansk, I.: Rotkapuze. Düsseldorf: Marion von Schröder 1985.
Reidel, Marlene: 10 Skizzen zu Rotkäppchen. Fettkohle mit Wachsstiften auf Seidenpapier [um 1970].
Ross, Tony: Rotkäppchen. Zug: Edition Sven Erik Bergh i. d. Europabuch AG 1978.
Rubin, Eva Johanna: Der goldene Schlüssel. München: Betz 1989.
Rubin, Eva Johanna: Drei Skizzen zu Rotkäppchen. Wachsstifte mit Kohle auf braunem Papier. 1986.
Ruppert-Tribian, Helga: Fetscher, I.: Wer hat Dornröschen wachgeküßt? Hamburg/Düsseldorf: Claassen 1972.
Schmidt, Paula: Studien zu Rotkäppchen. Fettstift auf braunem Papier. Schrift der Gim Gallery. München 1985.
Schroeder, Binette: Sechs Skizzen zu Rotkäppchen. Bleistift auf weißem Papier. 1986.
Trnka, Jiří: Die Kinder- und Hausmärchen der Brüder Grimm. Hanau: Dausien 1961 (^{5}1976).
Ungerer, Tomi: Tomi Ungerers Märchenbuch. Zürich: Diogenes 1975.
Vogel, Antje: Rotkäppchen. Münster: Coppenrath 1985.
Zwerger, Lisbeth: Rotkäppchen. Brüder Grimm. Salzburg: Neugebauer Press 1983.

Die Märchenhäuser von Oberammergau

Ein Beitrag zum Thema »Folklorisierungstendenzen im Märchen«

Dietz-Rüdiger Moser

Das Land Bayern und in ihm der Bezirk Oberbayern, dessen Bestand an traditionellen Märchen im allgemeinen als recht arm bezeichnet werden muß, besitzt im Gegensatz zu dieser generellen Situation eine besondere Attraktion in den Märchenhäusern von Oberammergau, dem Passionsspielort und folkloristischen Zentrum, das mindestens alle zehn Jahre Besucher aus aller Welt anlockt, um ihnen mit dem Dorf, der Dorfgemeinschaft und dem traditionellen Daisenbergerschen Spiel einen Hauch jener Kultur zu vermitteln, die den Fremden als typisch deutsch erscheint und als solche von ihnen geschätzt wird. Zu dieser Kultur gehören die heimischen Fachwerkbauten, von denen viele verputzt und mit mehr oder minder anspruchsvollen Fassadenmalereien versehen sind, deren älteste bis in das Renaissance-Epigonentum des 18. Jahrhunderts zurückreichen mögen, während die jüngsten erst in den letzten Jahrzehnten hinzugekommen sind. Die besten dieser sogenannten »Lüftlmalereien« (s. Abb. 2, S. 78/79), die man hin und wieder volksetymologisch mit einem Maler »Hans Lüftl« in Verbindung zu bringen suchte, obwohl sie ihren Namen eher dem Versuch einer Eindeutschung der französischen Bezeichnung »Plein air« verdanken dürften, stammten von dem Oberammergauer Maler Franz Seraph Zwinck (1748–1792), der vor allem biblische Themen auf die Hauswände malte, so die ›Ecce homo‹-Szene »Christus vor Pilatus« auf dem danach so genannten Pilatushaus (1784) in Oberammergau, das sich nach einer gründlichen Restauration der Jahre 1982–1988 heute wieder in den ursprünglichen leuchtenden Farben präsentiert. Biblische und legendarische Stoffe bildeten ohnehin die häufigsten Themen dieser Kunst, nicht nur in Oberammergau, sondern auch in vielen anderen Orten Oberbayerns und Tirols, in denen vermutlich die Gegenreformation dazu die wirkungsvollsten Anstöße geliefert hatte. Wer in späterer Zeit neue Hausmalereien schaffen wollte, war insofern nicht nur hinsichlich der Technik, sondern auch in bezug auf die Themen dieser Tradition verpflichtet. So stellte man noch in den letzten Jahren Themen wie das Pestgelübde von 1633 dar, mit dem das Passionsspielen seinen Anfang genommen hatte, oder wählte als Gegenstand den »Einzug Jesu in Jerusalem«, mit dem das Passionsspiel eröffnet wird. Nur hin und wieder, etwa im Fall des Verleger-Hauses

Lang, wählte man Themen aus der Familien- oder Ortschronik mit zum Teil märchenhaften Zügen. Die Traditionsgebundenheit der Hausfreskomalerei einerseits und der Themenwahl- und Gestaltung andererseits zeigt sich nun besonders deutlich an den drei Oberammergauer Märchenhäusern, bei denen diese Tradition für die Art der Ausgestaltung – und das heißt auch: der spezifischen Interpretation der Bild-Inhalte – den Ausschlag gab.

Bei diesen Oberammergauer Märchenhäusern handelt es sich um drei Häuser eines von Ordensschwestern geleiteten Kinderheimes für schwererziehbare Kinder und Jugendliche der Stadt München. Zwei dieser Häuser waren im Jahre 1922 aus Mitteln einer Stiftung der Deutsch-Amerikanerin Maria Mattfeld gekauft und den Zwecken des Kinderheimes entsprechend hergerichtet worden. Um 1925 bemalte der aus München herbeigeholte Kunstmaler Max Strauß die Fassade des kleineren Gebäudes mit Motiven aus dem Grimmschen Märchen *Hänsel und Gretel* (KHM 15), die am Ort offenbar auch in ihrer Bearbeitung durch Ludwig Bechstein bekannt waren. Die positive Resonanz auf sein mehrteiliges Fresko – aus elf Einzelbildern – führte dann dazu, daß 1953 das zweite Haus ganz ähnlich, und ebenfalls von Max Strauß, mit einer Fassadenmalerei verziert wurde, diesmal zum Märchen *Rotkäppchen* (KHM 26); sie umfaßte acht Einzeldarstellungen. Damit nicht genug, schuf Strauß schließlich, offenbar noch im selben Jahr, die Fassadenmalerei für das später gekaufte dritte Haus, eine nur aus zwei Bildszenen bestehende Folge zum Märchen *Wolf und die sieben Geißlein* (KHM 5).

Die Tatsache, daß man in Oberammergau, wo solche Fassadenmalereien üblich waren, die drei Häuser eines Kinderheimes mit Märchen und Märchenmotiven bemalte, verdiente wohl nur geringes Interesse, hätten diese dabei nicht inhaltliche Veränderungen erfahren, die die folkloristische Verfügbarkeit solcher Erzählungen auf eindrucksvolle Weise belegen. Die Fassade des »Hänsl und Gretl-Heimes« – der Name erscheint auf den Briefbögen und Stempeln des Hauses in bajuwarisierter Sprachform »Hänsl« und »Gretl« – gibt das Grimmsche Märchen, das im Eingang auf Perraults *Petit Poucet* und damit auf die französische Feenmärchenmode des 17./18. Jahrhunderts zurückgeht, als christliches Exempel wieder, ganz so, als handele es sich um eine biblische Geschichte oder um die Episode einer Heiligenlegende beziehungsweise eines Mirakels. Die Kindesaussetzung erscheint als freiwilliger Entschluß, die Hartherzigkeit der Mutter als mangelnde Zuversicht in die Güte Gottes. »Gottvertrauen und froher Sinn / bringen Glück nur und Gewinn«, heißt es in der beigefügten Bilderklärung zum ersten Bild, das im übrigen der Erzählung der Brüder Grimm recht genau

Abb. 1 (s. S. 81) Grimms Märchen in christlichem Gewand: Hänsel und Gretel.

Abb. 2 (s. S. 75) Der Maler Max Strauß schuf die Fassadenmalerei für das Kinderheim der Ordensschwestern »Vom göttlichen Erlöser« in Oberammergau (Foto Huber, Garmisch-Partenkirchen).

Abb. 3 (s. S. 82) Kindererziehung durch Märchenbilder: Rotkäppchen.

folgt. Das Brot- und Kieselsteinmotiv wird nur knapp angedeutet, während dann auf dem zweiten Bild das Nachtgebet ganz in den Vordergrund tritt: »Vergiß nicht das Gebet der Nacht / Dann halten Englein bei dir Wacht«; der Einfluß des Abendsegens aus Adelheid Wettes und Engelbert Humperdincks Oper *Hänsel und Gretel* läßt sich nicht verkennen. Die Kinder gelangen an das Knusperhäuschen, wo ihnen die Hexe freundlich begegnet. Das Bild aber warnt: »Nicht jeder, der dir freundlich tut / Meint es im Herzen mit dir gut«, zumal wenn es sich um gesellschaftliche Außenseiter handelt: »Vor Hexen nehmt euch fein in acht / Seht, was sie mit dem Hänsel macht«. Gretel weint, die Hexe nimmt Hänsel am Arm. Doch selbst in den Klauen einer Hexe braucht, wie das folgende Bild suggeriert, der Christ nicht zu verzagen: »Laßt Mut und Hoffnung niemals sinken / Solange Gottes Sternlein blinken.« Für den Oberammergauer Bild-Erzähler ist, wenn Hänsel und Gretel die Hexe in den Ofen werfen, klar: »Daß Bosheit niemals siegen kann / Sieht man hier diesem Bilde an.« Der unfreiwillige Feuertod des alten Weibes, der nur zu deutlich an historische, also reale Hexenverfolgungen anschließt, wird als gerechter Sieg über den Versuch der Menschenfresserei charakterisiert: »Es wendet Sorg und Leid und Not zum Guten stets der liebe Gott!« (s. Abb. 1, S. 77). Die Eltern kommen den Heimkehrenden entgegen, der Tod der Mutter, von dem das Grimmsche Märchen erzählt, entfällt hier und wird durch ihre Freude über die unverhoffte Rückkehr der Kinder ersetzt: Auch sie sieht ein, daß Gottvertrauen alle Not glücklich wendet.

Geholfen haben offenbar, wie der Bildschmuck auf dem Anbau des »Hänsl und Gretl-Heims« anzunehmen nahelegt, die traditionellen christlichen Helfer vor allem barocker und spätbarocker Tradition. Denn dieser Anbau gruppiert knapp charakteristische Märchentypen der Sammlung Grimm, wie den *Gestiefelten Kater, Rumpelstilzchen, Hase und Igel* oder auch *Zwerg Nase* von Wilhelm Hauff um eine Darstellung der Anna Selbdritt, ganz in Übereinstimmung mit der jesuitisch-barocken Tradition, die Anna – nach einem Wort des Petrus Canisius – als »heilige Großmutter und Hüterin der Kinder« apostrophierte, und zeigt darüber hinaus an der Giebelwand den Schutzengel der Kinder mit der bezeichnenden, den Kindern in den Mund gelegten Zeile: »In deinem Schutz, in deiner Hut / Da ist uns Kindlein wohl zu Mut.« Gegliedert wird die Bilderfolge im übrigen durch ein herausgehobenes Medaillon mit dem Bild der Stifterin des Kinderheimes, Maria Mattfeld, und durch eine ihm entsprechende Kartusche mit der Aufschrift »Marie / Mattfeld / Hänsl u. Gretl / Heim«, dazu das »Münchener Kindl«, das als Eigentümer des Hauses die Stadt München ausweist.

Auch auf dem dreißig Jahre jüngeren »Rotkäppchen-Haus« wird der Inhalt des Grimmschen Märchens rein christlich gewendet: Gottvater sieht von oben zu, was sich auf Erden ereignet, und hält darüber seine väterliche Hand. Zuerst ermahnt die Großmutter das Kind zu einem gottgefälligen Lebenswandel, wovon bei den Brüdern Grimm keine Rede ist: »Das rote Käppchen hüt es fein / Und halte auch dein Herz stets rein« (s. Abb. 3, S. 80). Die Mutter schickt das Kind zur Großmutter: »Nimm Kuchen und Wein und eil geschwind / Zur Großmutter, mein liebes Kind.« Unterwegs lauert dem Rotkäppchen der böse Wolf auf, der hier offenkundig als Sinnbild männlicher Verführung gedacht ist: »Von Schmeichlern laß dich nie betören / Sollst immer auf die Mutter hören.« Deutlich klingt der Hinweis auf das vierte Gebot mit an. Erstaunt fragt Rotkäppchen: »Großmutter, was ist heut mit dir los / Warum sind deine Augen und der Mund so groß?« Der Jäger schaut schon durch das Fenster, erkennt den Wolf als das, was er ist, und kann so das Unheil abwenden. An die Stelle des dramatischen Höhepunktes der Erzählung bei den Brüdern Grimm, daß Rotkäppchen vom Wolf verschlungen und schließlich aus dem Bauch des schlafenden Untiers gerettet wird, tritt gleich die Moral, die ebenfalls ganz anders lautet als in der Grimmschen Sammlung, wo Rotkäppchen die Einsicht gewinnt: »Du willst dein Lebtag nicht wieder allein vom Wege ab in den Wald laufen, wenn dir's die Mutter verboten hat.« In Oberammergau findet sich für den guten Ausgang eine Begründung, die Charles Perrault (1626–1703), dem Autor des elegant formulierten und für ein aristokratisches Publikum bestimmten Feenmärchens *Le petit Chaperon rouge,* gänzlich ferngelegen haben dürfte. Während nämlich Perrault seine Erzählung mit der ironisch gemeinten Warnung an leichtsinnige Mädchen beschloß, sich vor freundlichen und sanften Männern in acht zu nehmen, weil die Folgen einer Verführung genau so unwiderruflich seien wie das Verschlingen durch den Wolf, heißt es in Oberammergau, die Errettung aus der Gefahr sei erfolgt, weil es sich bei Rotkäppchens Tun um ein »leibliches Werk der Barmherzigkeit« gehandelt habe: »Der liebe Gott lohnt alles gut / Was man an Armen und Kranken tut!« Nicht das Fehlverhalten Rotkäppchens wird in den Blickpunkt gerückt, sondern Rotkäppchens richtiges Tun; der Einfluß christlich orientierter Pädagogik auf die Uminterpretation der Vorlage läßt sich nicht übersehen, wie ja auch die Darstellung der Muttergottes mit dem Kind in diesem Zusammenhang auf eine Sichtweise der Dinge hinweist, die mit ihnen genuin nichts zu tun hat.

Das dritte Märchenhaus zeigt auf dem gemalten Dach wieder das Münchener Kindl als Hinweis auf den Eigentümer, die Stadt München, und darunter zwei Szenen aus dem Märchen *Wolf und die sieben jungen*

Geißlein: zum einen, wie die Mutter der sieben Geißlein fortgeht und dafür der Wolf herbeikommt, und zum anderen, wie die Mutter die Schere in der Hand hält und die Geißlein um den Brunnen tanzen; eine eigene Interpretation, wie sie auf den anderen Fassadenmalereien durch die Schriftbänder vorgegeben wird, tritt in diesem Beispiel nicht in Erscheinung. Die Umwandlung der Märchen *Hänsel und Gretel* und *Rotkäppchen* zu christlichen Exempeln dürfte einerseits dem erwähnten Stilzwang der Lüftlmalerei zuzuschreiben sein, andererseits dem konkreten Eingreifen der Niederbronner »Schwestern vom göttlichen Erlöser« (gegründet 1849), die das Kinderheim seit seiner Einrichtung leiten. Sie meinten offenbar, seine verschiedenen Häuser kindgerecht gestalten und dabei auf vorhandene positive Einstellungen zurückgreifen zu sollen. Dabei scheinen ihnen jedoch die Originalfassungen der Sammlung Grimm zu ›heidnisch‹, vielleicht auch zu reformiert, vorgekommen zu sein, weil in diesen Erzählungen zwar die charakteristische Schwarzweißmalerei von Gut und Böse, Recht und Unrecht, Lohn und Strafe vorherrscht, die auch dem christlichen Weltbild entspricht, aber eigenchristliche Elemente nahezu völlig fehlen. Das Wunderbare ereignet sich in ihnen gerade nicht durch das Eingreifen des Numinosen, sondern durch kluges und listiges Handeln, wie im Fall des Märchens *Hänsel und Gretel,* oder schlicht durch den Zufall, daß im *Rotkäppchen*-Märchen der Jäger vorbeikommt und nach dem Rechten schaut, die Notlage erfaßt und eingreift, so wie die Geißenmutter im Märchen *Wolf und die sieben jungen Geißlein* ebenfalls das (jedenfalls dem märchenhaften Handlungsverlauf nach) einzig Richtige tut, um das Unglück zu verhüten beziehungsweise wiedergutzumachen. So wurde eine neue Motivation der Handlungen eingeführt und diese von den jeweiligen Einstellungen gegenüber Gott und dessen Geboten abhängig gemacht. Gottvertrauen oder Mangel an Gottvertrauen, ein Gebet zu den Engeln, der Schutzengelglaube, das Eingreifen Gottes und der Gotteslohn für rechtes Verhalten bildeten jetzt die für den Fortgang des Geschehens entscheidenden Voraussetzungen, ohne daß diese in die Substanz eingreifenden Änderungen der Vorlagen die Gestalt und damit die angestrebten Wirkungen der ausgewählten Märchen wirklich völlig verwandelt hätten. Die Kinder und Jugendlichen, die mit diesen Bild-Erzählungen konfrontiert wurden, konnten die dargestellten Märchen durchaus als das erkennen, was sie waren, nämlich irreale, den Raum täglicher Erfahrung sprengende Geschichten ihrer eigenen Kinderwelt. Doch sie vermochten ihnen darüber hinaus eine im Sinne christlicher Erziehung erstrebenswerte Einsicht in den Nutzen richtigen und in die Folgen unrichtigen Verhaltens zu entnehmen, wie sie den Erwachsenen ähnlich durch die Erinnerung an Heiligenlegenden wie jene des heiligen Ritters Georg, jene der heiligen Katharina oder jene des heiligen Florian, aber auch durch Ausschnitte aus der Leidensgeschichte Jesu ins Bewußtsein gerufen wurden. Zugleich boten die Märchen den geeigneten Boden für die Einübung in die überkommenen, mehr oder weniger natürlichen Lebensverhältnisse mit fürsorglichen Müttern und Großmüttern im Zentrum und arbeitenden Vätern im Hintergrund, auf deren Ratschläge und Gebote in jedem Fall zu achten sei, weil sich in ihnen Lebenserfahrung und Lebensweisheit von Generationen äußere.

Es erhebt sich indes die Frage, inwieweit die Gattung Märchen als solche schon die Voraussetzungen für eine derartige Nutzung in anderem, in diesem Fall christlichem Umfeld bereitstellte, d.h. die Überlegung, in welchem Umfang die Folklorisierungstendenzen, die sich an einer solchen Umwandlung ablesen lassen, der Gattung Märchen von vornherein immanent sind. Folklorisierung meint dabei die Überführung vorgegebener Erzählungsmuster in neue, nachgeordnete Kontexte und Funktionen. Unabhängig davon, wie man die Gattung Märchen definieren will – unbestritten dürfte sein, daß es sich bei ihm um eine erzählende Dichtung handelt, die auf der Grundlage fester Moralvorstellungen der Darlegung von Konfliktlösungen dient –, drängen sich zu dieser Frage zwei Antworten auf: Zum einen eignet sich das Märchen zu einer derartigen Anwendung in sekundären und tertiären Bereichen schon deshalb gut, weil es – anders als die Sage und sonstige Gattungen der Volksliteratur – stets eine didaktische Proposition darstellt, der es auf die Vermittlung konkreter Einsichten, speziell in die Lösbarkeit beliebiger Konflikte, selbst solcher, die über Wahrscheinlichkeitserfahrungen weit hinausreichen, ankommt; in dieser Hinsicht erscheint das Märchen dem Exempel, soweit dieses das gute Beispiel betrifft, nahe verwandt. Das Vertrauen darauf, daß selbst die schwierigsten Aufgaben, Probleme oder Konflikte sicher gelöst werden, ist insofern in der Gattung Märchen selbst von vornherein angelegt; auf welche Weise und mit welchen Mitteln das geschieht, kann dem Einzelfall überlassen bleiben.

Zum anderen beruht die Eignung des Märchens zur Erfüllung verschiedener, ihm zugeordneter Funktionen auf seiner Statik und auf seinem linearen Handlungscharakter, der differenziertere Bedingungen des dargestellten Geschehens nicht kennt. Wollte man in einer auf Entwicklung und Fortspinnung angelegten Novelle oder einem Roman die handlungsführenden Motivierungen verändern, würde zwangsläufig ein völlig neues Erzählgefüge entstehen. Nicht so im Falle des Märchens, bei dem die aufeinanderfolgenden Handlungszüge in gewisser Weise autark sind; sie addieren sich unabhängig davon, welche Ausgangs- oder Binnenkonflikte als auslösendes Moment fungieren. Das zeigt ein Vergleich der Märchen *Rotkäppchen* und *Der Wolf und die sieben jungen Geißlein* ganz deutlich: Sie unterscheiden sich schon im Ansatz dadurch, daß in dem ersten die Folgen des Ungehorsams gegenüber dem Gebot der Mutter, im zweiten dagegen der Gehorsam, aber die fatale List des Bösen zum Ausgangspunkt des Geschehens gemacht werden, beide Märchen also einmal das vermeidbare, das andere Mal das unvermeidbare Unglück beschreiben, wobei das letztere darin besteht, daß der Wolf sein übles Vorhaben verwirklichen, nämlich seine Opfer verschlingen kann. Für den weiteren Handlungsverlauf bleibt dieser Unterschied aber ohne Konsequenzen. Denn dem schlafenden Wolf wird in dem einen wie in dem anderen Fall zur Befreiung des Opfers hier beziehungsweise der Opfer da mit einer Schere der Bauch aufgeschnitten, dieser mit Steinen gefüllt und so dafür gesorgt, daß der Bösewicht rasch den Tod findet. Die relative Irrelevanz der Bedingungen gegenüber den addierbaren Handlungszügen erlaubt deshalb ohne weiteres einen freizügigen Umgang mit den handlungswirksamen Voraussetzungen, der offenbar so lange akzeptiert werden kann, wie die vorgegebene Struktur der Handlungen davon nicht berührt wird.

Ein drittes Element, das der Folklorisierung von Märchen entgegenkommt, liegt in ihrer Bildhaftigkeit, die ihrerseits sowohl als Folge des bestimmenden linearen Handlungscharakters als auch ihrer Statik, d.h. des Fehlens einer stringenten Weiterentwicklung der Handlung, zu verstehen ist. Wo gedankliche Abstraktionen, Begriffe und freie Denkmodelle weder vorhanden noch gefragt sind – »Einfalt« (als auf mangelndem Urteilsvermögen beruhende Arglosigkeit und Naivität) wird schon früh, etwa in Christian Wilhelm Günthers anonym erschienenen *Kindermährchen* (1787), als ihr Ideal gepriesen –, tritt die Vorstellung des Realen (als Abbild der Wirklichkeit) ganz in den Vordergrund, so irreal die Ereignisse im einzelnen und in ihrer Verbindung miteinander auch anmuten mögen. Daß Hänsel und Gretel mit den Eltern in den Wald gehen, daß sie im Wald ihr Abendgebet verrichten, daß beide einer alten Frau begegnen, daß jemand in einen Stall gesperrt wird, daß man etwas in einen Backofen schiebt, daß Kinder beim Wiedersehen ihren Eltern freudig in die Arme laufen, – das alles sind ohne weiteres verständliche Einzelszenen, die auf den Betrachter wie Momentaufnahmen aus einer ihm völlig vertrauten Erfahrungswelt wirken, einer Welt, die er sich jederzeit und immer wieder unmittelbar vor Augen führen kann. Märchen drängen insofern ebenso zur bildlichen Darstellung, wie geläufige Bilder der Alltagswelt stets auch in das Märchen selbst eingedrungen sind. Diese Bilder aber stellen, wie die entsprechenden Illustrationen bezeugen, in der Regel bewußt ›einfältig‹ gehaltene Reduktionen der Wirklichkeit dar, die auf eine Darstellung der Schattenseiten des Lebens zugunsten einer biedermeierlich-idyllisierenden Schilderung stillen Glücks prinzipiell verzichten. Es sind im 19. Jahrhundert vor allem Ludwig Emil Grimm (1790–1863, Ludwig Richter (1803–1884), Moritz von Schwind (1804–1871), Wilhelm von Kaulbach (1805–1874), Paul Thumann (1834–1908), Paul Meyerheim (1842–1915), Paul Hey (1867–1952) und Arthur von Ramberg (1819–1875), mithin die Zeichner der *Illustrirten Volksbücher* Berthold Auerbachs und ähnlicher Anthologien, deren Bilder diesen reduzierten ›Märchenton‹ übernehmen und mit ihm auf die Märchenvorstellungen einer breiten Öffentlichkeit zurückwirken. Die Aufforderung des Hausvaters »Seht Euch die Bilder« an (mit der Zeichnung Ludwig Richters), die Auerbach dem ersten Band der *Volksbücher* voranstellte, könnte auch über jedem der Grimmschen Märchen stehen, das in seiner Tendenz zur Enthistorisierung und Idyllik, zumal in der Darstellung der Kinderwelt, alles Problematische oder Bedrohliche aus der unmittelbaren Anschauung verdrängt. Das gilt für die Oberammergauer Märchenhäuser des Kunstmalers Max Strauß, die in dieser ikonographischen Tradition stehen, in gleicher Weise. Selbst der Trauer haftet dort, wie das Bild der weinenden Gretel zeigt, etwas Niedliches an, das durch den beigefügten, zahm wirkenden Vogel noch zusätzlich verstärkt wird. Reduzierte Realität, wie sie ähnlich für Zeichnungen von Kindern selbst charakteristisch ist, bildet hier die Voraussetzung einer Bildgestaltung, die den positiven Ausgang, der der Gattung definitionsgemäß zugehört, in jeder Phase des Geschehens schon vorwegnimmt. Das Heroische, das der Heldengeschichte im Grunde wesensmäßig zugehört, wird dabei zwangsläufig trivial, d. h. es wandelt sich in ihr das Drama rasch zum Dramolett. Diese Entwicklung läßt sich schon bei den frühesten Zeichnungen zu den Grimmschen Märchen beobachten, etwa bei Ludwig Emil Grimms Entwurf zur Illustration von *Hänsel und Gretel* 1824, der die Not Hänsels ebenso wie den Schmerz Gretels so weit stilisiert, daß von der Bedrängnis der beiden kaum noch etwas spürbar bleibt. Und sie wird noch deutlicher greifbar in der auf Grimms Vorzeichnungen beruhenden Radierung durch Franz Hegi, bei der die Katze auf dem Dach, der Eimer auf dem Brunnenrand, die Blumenschale im Vordergrund, dazu der Pflanzenbewuchs und der hochaufragende Wald im Hintergrund die Idyllik drastisch und auf Kosten der Dramatik verstärken. Gretel erscheint übrigens hier wie in den meisten Darstellungen des 19. Jahrhunderts so, wie sich der bürgerliche Städter in dieser Zeit ein Landmädchen vorstellte, also gewöhnlich in Tracht.

Daß diese Idyllisierung von der Gattung des Märchens, wie es die *Kinder- und Hausmärchen* der Brüder Grimm repräsentieren, nicht zu trennen ist, geht aus einem Vergleich französischer Feenmärchen-Darstellungen mit entsprechenden Illustrationen zu den Märchen-Fassungen der Brüder Grimm hervor. Während etwa der Bilderbogen zu *Le Petit Chaperon Rouge* aus Épinal (Nr. 1099, ca. 1878) deutlich, vor allem in der breit behandelten Bettszene am Schluß, die erotischen Implikationen der Erzählung Charles Perraults aufgreift und entfaltet, erscheint das Geschehen in einem wenig jüngeren Bilderbogen von Robrahn & Co. in Magdeburg (Nr. 2368, ca. 1875) stark abgeschwächt und thematisch auf den kindlichen Ungehorsam und dessen – Notabene! beinahe – verhängnisvolle Folgen zurückgeschraubt. Der Grundaussage des Bilderbogens aus Épinal – »Böse Männer fressen unartige Mädchen« – antwortet der Magdeburger Bilderdruck mit der beruhigenden Einsicht: »Böse Wölfe werden von aufmerksamen Jägern zur Strecke gebracht.« Das rechte Ordnungsdenken setzt sich hier ebenso durch wie in den Textfassungen, die das Gute siegen lassen, die den Jüngsten zum Gescheitesten machen oder die zeigen, wie man zum Erfolg gelangt, wenn man unverdrossen nur das – im Sinne bürgerlicher oder besser: kleinbürgerlicher Ordnung – Richtige tut.

Der Folklorisierung von Märchen kommt schließlich deren plakatives Moment entgegen, d. h. die Möglichkeit ihrer Charakterisierung durch Kurzformeln im Stil der Boulevardzeitungen, wie etwa im Fall des *Rotkäppchen*-Märchens durch eine Formel, die etwa lauten könnte: »Mädchen von bösem Wolf bedroht« oder, bei *Hänsel und Gretel,* durch eine Zeile nach der Art: »Geschwisterpaar rettet sich selbst vor Hexe«, bei *Dornröschen:* »Prinz errettet mit Kuß Prinzessin aus hundertjährigem Schlaf«, bei *Hase und Igel:* »Igelpaar überlistet Hasen« etc. Dieses plakative Moment eignet sehr vielen Grimmschen Märchen, und gerade auf ihm beruht die Möglichkeit, das mit solchen Formeln Umrissene in fast beliebige neue Kontexte zu überführen und es so immer wieder zu aktualisieren. Das *Rotkäppchen*-Märchen bietet dafür ein kennzeichnendes Beispiel. Wenn der französische Graphiker Gustave Doré (1832–1883) auf seiner vielzitierten Zeichnung (1864) dem unschuldigen Rotkäppchen mit seinem feinen Kindergesicht, den aufblickenden Augen, dem gepflegten Haar und der ordentlichen Kleidung den Wolf in seiner ganzen Tierhaftigkeit gegenüberstellt und dabei diese Tierhaftigkeit noch dadurch unterstreicht, daß er das Licht auf dessen Hinterteil mit dem langen Schwanz fallen läßt, füllt er die Formel »Mädchen von bösem Wolf bedroht« ganz so wie neuere Graphiken, die das Mädchen mit allgemein positiv bewerteten Filmfiguren, wie »Heidi« oder »Micky Mouse«, gleichsetzen und ihnen in dem Wolf mit den scharfen Zähnen und der heraushängenden Zunge die Bedrohung durch das Böse konfrontieren. Die Märchenparodie – und zu ihr gehören letztlich alle Arten der Folklorisierung – setzt im Grunde nur die Kenntnis dieser plakativen Reduktionsformeln voraus, auf die sich die meisten Grimmschen Märchen verdichten lassen. Oft gelesen und gehört werden in der Regel ja gar nicht mehr die Märchen der Fassung Grimm selbst, sondern deren Derivate, wie sie sich zuerst in den Bearbeitungen Ludwig Bechsteins oder in entsprechenden Kinderliedern finden und wie sie inzwischen für Schallplatten- und Disketten-Bearbeitungen in Mode gekommen sind, meist auf wenige Handlungselemente verkürzt. Die Oberammergauer Märchenfresken stehen den Fassungen der Sammlung Grimm noch recht nahe, doch konzentrieren auch sie die Texte der Vorlagen in solchem Maße, daß das übrigbleibende Substrat neu mit Einzelheiten – nun ganz anderer Prägung und Gewichtung – gefüllt werden kann und muß. Eine allgemeine Umfrage nach dem Inhalt Grimmscher Märchen würde wohl sehr häufig das Resultat einer Kenntnis weniger Einzelheiten ergeben, die sich dann bestenfalls auf die jeweilige Grundkonstellation beschränken. Diese Kenntnis aber reicht gewöhnlich vollkommen dazu aus, den neuen Kontext zu konstituieren, und gerade in diesem Sachverhalt dürfte eine der wesentlichen Ursachen dafür liegen, daß sich Märchen folklorisieren, also beispielsweise auch für die Werbung nutzbar machen lassen. Schon Anspielungen an bestimmte Märchenkonstellationen reichen dann dafür aus, Sympathien oder auch Antipathien zu wecken, die sich im Hinblick auf das Kaufverhalten nutzbar machen lassen. Daß die mit Märchenkonstellationen, -figuren und -elementen arbeitende Werbung auf das Plakative an ihnen zurückwirkt, versteht sich danach fast von selbst.

Schließlich sei darauf hingewiesen, daß Folklorisierung immer auch Minderung des Aussagegehaltes, nicht selten eine Abwertung oder Verharmlosung, bedeutet. Wenn einst Kurt Ranke Schwank und Witz als Schwundstufen charakterisiert hat, in denen der Gehalt der Ausgangsstufen drastisch reduziert und damit zumeist auch entwertet worden sei, gab er damit nicht nur einen wichtigen Hinweis für die Beurteilung einander zu- und nachgeordneter Gattungen, sondern auch für den Wertwandel, der mit einer Folklorisierung solcher Gattungen einherzugehen pflegt; tatsächlich zeigen ja gerade auch die entsprechenden Cartoons die Neigung, das vielgeachtete (und oft auch hochbewertete) Märchen zu profanieren und in den Witz einmünden zu lassen. Man kann deshalb kaum behaupten, daß die Märchen der Oberammergauer Lüftlmalerei anspruchsvoller oder besser wären als die Grimmschen Vorlagen, selbst wenn sie nun den ideologischen

Vorgaben, d.h. dem Charakter des Passionsdorfes einerseits und den Wünschen der Ordensschwestern andererseits, eher entsprechen als jene. Denn die Funktion, die diesen Geschichten hier neu zugewiesen wird, nämlich schwer erziehbare Kinder und Jugendliche auf die Heilsmittel der Kirche, wie das Gebet als Zuflucht zu Gott und dessen Hilfe in allen Lebenslagen, aufmerksam zu machen, führt eher von einer Lösung der tatsächlichen Probleme dieser Kinder weg als zu ihr hin. Das in ihr greifbar werdende Konzept einer Pädagogik, die kindlichen Belangen auf naive Weise gerecht zu werden sucht, stammt aus den Anfangsjahren des Märchens und verstärkt noch die schon in den nivellierenden Textredaktionen der Grimms vorhandene Idyllik.

Eine Rückfrage bei den heute in Oberammergau tätigen Ordensschwestern »vom göttlichen Erlöser« nach Sinn und Aufgabe der Märchenmalereien führte zur Zusendung eines Aufsatzes von Otto Betz über den »Abwesend-Anwesenden Gott in den Volksmärchen« aus dem Sammelband *Gott im Märchen* der Europäischen Märchengesellschaft (1982), an dem die Oberin, Schwester Helmine, die ihr wichtig erscheinenden Passagen angestrichen hatte: Daß etwa der Märchenheld Prüfungen bestehen und sich bewähren müsse; daß der Mensch ein gefährdetes Wesen sei, aber durch erlösende Kräfte zu seinem Heil kommen könne; daß es zwischen der Sprache der Märchen und jener der Bibel die gleiche innere Verwandtschaft gebe, wenn von »Verheißung« und »Erfüllung« die Rede sei; daß es bei den Märchen, wie im Leben überhaupt, um Sinnsuche gehe, etc. Man benutzt also die Darstellungen in Oberammergau dazu, die Krisensituationen, in denen sich junge Menschen befinden, mit Hilfe der Märchen durchschaubar zu machen und durch sie etwas zum Abbau solcher Krisen beizutragen. Im Grunde deckt sich dieses Wollen des Ordens durchaus mit dem ursprünglichen Anliegen der Brüder Grimm, aus ihrer Märchensammlung ein »Erziehungsbuch« zu machen, wie es aus einem Brief Jacob Grimms an seinen Freund Weigand 1813 und aus dem Vorwort zur ersten Auflage der *Kinder- und Hausmärchen* hervorgeht: »Es ist unsere bestimmte Absicht, daß man es [= dieses Buch] als Erziehungsbuch betrachte.« An eine Erziehung im christlich-religiösen Sinn hatten sie sicherlich nicht gedacht, aber da sie die Märchen als einen Niederschlag »ältesten Volksglaubens« und »eigentlicher, lauterster Mythologie« betrachteten, entfernen sich die folklorisierten Fassungen in Oberammergau nicht allzuweit von der ursprünglichen Intention der Brüder Grimm selbst. Auch manche Pädagogen des 19. und frühen 20. Jahrhunderts haben in diesem Sinne argumentiert, während andere, wie Georg Biedenkapp, kritisch meinten, daß die Märchen schlechthin zur »Verhinderung des Denkvermögens« führten und einer gesunden

Entwicklung entgegenstünden. Für Oberammergau bestimmend dürfte jedoch die Auffassung geworden sein, die 1911 Kurt Schröcke *(Märchen und Kind)* geäußert hat, daß der sittlich religiöse Gehalt der Märchen, d.h. die Bilder von Gut und Böse, die Verdammung negativer Eigenschaften und Handlungen, die Beispiele für selbstloses Handeln etc. sowie das christliche Gedankengut, durch die ästhetische Darstellung nachhaltig erzieherisch wirksam werde. Die Folklorisierung erscheint hier in der Tat nicht so weit getrieben, daß dieses Ziel durch die Märchendarstellungen nicht angestrebt und vielleicht auch erreicht werden könnte.

Eine Analyse der Oberammergauer Märchenhäuser unter dem Aspekt der in den Märchenvorlagen selbst angelegten Folklorisierungstendenzen ergibt demnach, daß solche didaktischen Propositionen schon an sich schon zur Übertragung in die verschiedensten Funktionszusammenhänge neigen, daß diese Neigung durch Statik und Linearität der Handlungen verstärkt wird und daß die mit der Statik einhergehende Bildhaftigkeit, zumal wenn sie die Wirklichkeit stark reduziert, eine wichtige Voraussetzung einer derartigen Folklorisierung darstellt. Im konkreten Fall der Märchen bewirkt die Reduktion der Realität eine Idyllik, die der Folklorisierung eine bestimmte Richtung gibt, nämlich ihr Eindringen in eine bürgerliche, wenn nicht kleinbürgerliche Erziehungswelt. Wenn man hierzu noch das plakative Moment in Rechnung stellt, das gerade für die Grimmschen Märchen und ihre Derivate (etwa bei Ludwig Bechstein) charakteristisch ist, erklärt sich leicht, warum die Folklorisierung besonders auch die Werbung begünstigt, die üblicherweise mit assoziativen Versatzstükken arbeitet, – übrigens auch die Werbung für ein Kinderheim. Daß mit dieser Folklorisierung nicht selten eine Nivellierung der Inhalte erreicht wird, bildet eine bekannte Tatsache. Die Märchenhäuser in Oberammergau weisen insgesamt nur einen relativ geringen Grad an Folklorisierung auf, so daß sich der Substanzverlust ihrer Märchen, verglichen mit den Vorlagen, in Grenzen hält. Sie bilden aber auch mehr als eine nur folkloristische Attraktion für die Besucher des Oberammergauer Passionsspieles: nämlich ein Integrationsinstrument, an dessen Wirkung zumindest von den verantwortlichen Ordensschwestern kaum gezweifelt wird.

Literatur

Bang, I.: Die Entwicklung der deutschen Märchen-Illustration. München 1944.

Baur-Heinhold, M.: Süddeutsche Fassadenmalerei vom Mittelalter bis zur Gegenwart. München 1952.

Goldner, J.: Oberammergau. Offizieller Führer der Gemeinde. Oberammergau 1980.

Hörander, E./Lunzer, H. (edd.): Folklorismus. Vorträge der 1. Internationalen Arbeitstagung des Vereins »Volkskultur um den Neusiedler See« in Neusiedl/See 1978. Neusiedl 1982.

Koch, A./Vietze, C.: Märchen auf Bilderbogen. In: Hessen – Märchenland der Brüder Grimm. ed. Oberfeld C./Bimmer A. C. Kassel 1984.

Moser, D.-R.: Christliche Märchen. Zur Geschichte, Sinngebung und Funktion einiger »Kinder- und Hausmärchen« der Brüder Grimm. In: Gott im Märchen. ed. J. Janning u. a. Kassel 1982, 92–113.

Moser, D.-R.: Das Passionsspiel von Oberammergau in der Bayerischen Literaturgeschichte. In: Acta Ising 1986. München 1987, 92–117 (mit 16 Abb.).

Moser, D.-R.: Theorie- und Methodenprobleme der Märchenforschung. Zugleich der Versuch einer Definition des Märchens. In: Jahrbuch für Volkskunde (1980) 47–64 (auch separat u. d. T.: Märchenforschung. Würzburg 1981 [Ethnologia Bavarica 4]).

Nolte, W.: Kind und Märchenbild. München 1942.

Pörnbacher, H. u. a.: Oberammergau. Das Herz des Ammertals – Das Land von Rottenbuch bis Linderhof. München 1988 (darin p. 50–51: Märchenhäuser in Oberammergau).

Ritz, H. [d. i. F. Erckenbrecht]: Die Geschichte vom Rotkäppchen. Ursprünge. Analysen, Parodien eines Märchens. Göttingen 1981 (^{6}1983).

Rölleke, H.: Die Märchen der Brüder Grimm. München/Zürich 1985.

Verweyen, A.: Die Illustrationen zu den Kinder- und Hausmärchen in deutschsprachigen Ausgaben der Jahre 1945–1984. In: Brüder Grimm – Gedenken 5. ed. L. Denecke. Marburg 1985, 193–268 (mit 45 Abb.).

Weichslgartner, A. J./Bahnmüller, W.: Lüftlmalerei. Freilassing 1977 (darin S. 44–45: Märchenhäuser in Oberammergau).

Weinrebe, H. M. A.: Märchen – Bilder – Wirkungen. Zur Wirkung und Rezeptionsgeschichte von illustrierten Märchen der Brüder Grimm nach 1945. Frankfurt a. M./Bern/New York/Paris 1987.

Die »Kinder- und Hausmärchen« der Brüder Grimm

Einige neuere Forschungen und Erkenntnisse

Heinz Rölleke

Man tut wohl gut daran, sich vor der Beschäftigung mit den heutigen Mutationen und Wirkungen der Märchen einmal wieder der Grundlage zu versichern: *Was* wirkt da? oder: Was ist es denn *wirklich,* was da wirkt und immer weiterwirkt?

Die neue Forschungssituation

Bekannt ist, daß die Kenntnisse über den Beiträgerkreis der Grimmschen Märchen und über die Bearbeitungstendenzen und -praktiken der Brüder Grimm selbst in den letzten eineinhalb Jahrzehnten fast etwas plötzlich mächtig angewachsen sind und damit auf diesem Gebiet einiges Umdenken erforderlich wurde. Die aus verschiedensten Überzeugungen und Gründen lange und liebevoll gehegte Mär von den stockhessischen Märchen der Brüder Grimm, von den erzählenden alten Weiblein sowie von der absoluten Texttreue der Aufzeichnungen und Wiedergaben der Märchen ist recht gründlich eliminiert worden. Der vielumrätselte Einschuß französischer Märchentexte, die teilweise fast wörtlich bei Grimm in verschiedenen Passagen wiederkehren, konnte durch den Tatsachenbeweis erklärt werden, daß die meisten Märchenbeiträger der ersten Stunde hugenottischer Abkunft sind. Von den früher hypostasierten großmütterlichen Märchenerzählerinnen blieb nur Frau Dorothea Viehmann übrig – wenn man denn eine Mittfünfzigerin als Repräsentantin dieser species anerkennen will. Die ›alte Marie‹ schied als direkte Märchenbeiträgerin aus und konnte durch die ebenso junge wie hübsche und hochgebildete Marie Hassenpflug (hugenottischer Abkunft) ersetzt werden; Entdeckungen von Grimmschen Märchenhandschriften in ihrem eigenen wie im Nachlaß Clemens Brentanos, aber auch von Vorausveröffentlichungen in Zeitschriften und Almanachen befestigten und differenzierten die Kenntnis über Grimmsche Bearbeitungstendenzen. All dem wäre hier nun gar nichts hinzuzufügen, zumal der anfängliche – allerdings immer rein emotionale – Protest gegen diese Erkenntnisse inzwischen fast allenthalben verstummt ist, wenn sich nicht in allerjüngster Zeit neue Stimmen erhoben hätten, die das alte Vexier- oder Verwirrspiel wiederaufleben ließen.

Dabei ist weniger an vereinfachende, vergröbernde, jedenfalls fast immer ungenaue Zusammenfassungen der skizzierten philologischen und streng positivistisch gewonnenen Forschungsergebnisse zu denken als an zwei direkte und sehr vollmundige Widersprüche dazu. Der erste kam aus Chicago und steht in dem 1983 erschienenen Buch *One Fairy Story too Many* des Literaturwissenschaftlers John M. Ellis, der m. W. zuvor weder eine Zeile zum Märchen oder gar zu den Brüdern Grimm veröffentlicht hat noch auch nur ein neues Dokument zur Diskussion beisteuert. Er behauptet nur, »the German Grimm scholars« seien zu denkschwach und zu feige, die neuen Ergebnisse auf den Punkt zu bringen: Die Grimms waren Schwindler und Betrüger, ihr Märchenbuch ist ein Machwerk ohne Wert und vor allem so gut wie gänzlich dem Französischen entlehnt. So seien z. B. die Beiträge der Dorothea Viehmann, geborene Pierson, aus Perrault geschöpft. Ich erwähne nur, daß die Grimms über 40 Märchen nach Erzählungen der Viehmann aufnahmen, Perrault aber bekanntlich nur dreizehn Märchen veröffentlicht hat.

Die eminent denkschwachen Auslassungen und der unangenehm aggressive Ton gegenüber den Brüdern Grimm und der deutschen Märchenphilologie desavouieren sich von selbst. Da aber die Literaturbeilage der Londoner *Times* dem Buch (mit sichtlicher Genugtuung) eine halbe Seite referierender und begeistert zustimmender Rezension widmete, muß das Echo in der englischsprachigen Lesewelt denn doch betrüben. Während Ellis also die neuen Entdeckungen akzeptierte, sie nur völlig unangemessen und geradezu böswillig fehlinterpretierte, ist es seinem Kollegen Hermann Rebel (»Associate Professor in the Department of History, University of Arizona«) vorbehalten geblieben, die ganze Szenerie wieder auf den Kopf zu stellen, zu den gründlich falsifizierten Positionen Schoofs und Gerstners zurückzukehren. Im Winter 1981 hatte er gemeinsam mit P. Taylor eine sozialhistorische Studie zum Beiträgerkreis der Grimmschen Märchen vorgelegt, sich dabei vier Texte vorgenommen, die man mangels Kenntnis der neueren Forschung zumeist der ›alten Marie‹ zuschrieb. Man machte die schönsten und passendsten Entdeckungen, wie nämlich Textauswahl und -präsenz genau der sozialen Lage und dem sozialen Umfeld dieser halbanalphabetischen alten Frau aus Nordhessen um 1810 entsprächen: Ein Drahtseilakt ohne jedes Netz, der trotz interessanter Methodik und beachtlicher sozialgeschichtlicher Kenntnisse zum Absturz führen mußte, was Jack Zipes alsbald öffentlich attestierte: »this historical interpretation is certainly interesting if not ingenious, but it is highly flawed because the historian had not done his historical homework«. Statt dies zu akzeptieren und die an sich richtigen Einzeleinsichten den literarhistorischen Tatsachen anzupassen, kommt Rebel nun 1988 mit einem voluminösen Aufsatz unter dem scheinbar, aber auch tatsächlich naiven Titel *Why not ›Old Marie‹?* heraus, indem er die Beweisführung von 1975 (die er fälschlich erst dem Jahr 1980 zuschreibt), Punkt für Punkt widerlegt und damit nicht nur die ›alte Marie‹, sondern den großmütterlich-analphabetisch hessischen Beiträgerkreis mit Scheinakribie remythisiert. Es können hier nur wenige Stichworte als Kostproben angeführt werden.

1. Es war vor vierzehn Jahren konstatiert worden, daß Jacob die Beiträge der Hassenpflugs (also auch die der jungen Marie) aufschrieb, Wilhelm die der Familie Wild. Rebel: Das stimmt nicht immer – *Allerleirauh* ist von Jacob notiert und stammt von Wilds. Rebel irrt eklatant, weil es sich bei der Handschrift Jacob Grimms um ein Romanexzerpt handelt, das später nur in den Anmerkungen zu *Allerleirauh* skizziert wurde, der *Allerleirauh*-Text selbst aber von Wilds erzählt und von Wilhelm aufgeschrieben wurde.

2. Die Grimmschen Anmerkungen weisen die auch von Rebel unbezweifelten Beiträge der übrigen Schwestern Hassenpflug teils den Maingegenden, teils dem Hanauischen, teils dem Hessischen zu. Genauso verfahren die Grimms bei den von Marie Hassenpflug erzählten Stücken. Rebel konstatiert trocken, warum sollte die ›alte Marie‹ (die zeitlebens in und nahe bei Kassel lebte) nicht »know stories from a neighbouring area«? Ja, aber warum sollte sie denn (und auch noch philologisch genau) den Ursprung ihrer Kenntnisse nachgewiesen haben? Hörten die Grimms eine Geschichte in Kassel, dann schrieben sie ›aus Kassel‹ oder ›hessisch‹ darunter und kümmerten sich nicht weiter um eventuelle Herkunft aus nachbarschaftlichen Traditionen.

3. Wilhelm Grimm unterschreibt die Texte in seinem Handexemplar mit den Zunamen der Beiträger, wenn es sich nicht um gleichaltrige Freundinnen und Freunde handelt – diese stehen bloß mit ihrem Vornamen. Rebel weist seinen amerikanischen Lesern nach, daß in Deutschland die Hausangestellten in der Regel mit ihren Vornamen angeredet wurden – also habe Wilhelm Grimm die Wildsche Kinderfrau aber (eben n i c h t s e i n e Hausangestellte!) frechweg als »Marie« notiert. Rebel ist gänzlich entgangen, wie Wilhelm Grimm in einem vergleichbaren Fall verfuhr. Zum *Tischlein deck dich* notierte er: »von der alten Mansell Storch bei Henschel«. Also hätte er zu angeblichen Beiträgen der ›alten Marie‹ geschrieben: »von der alten Mamsell Müller bei Wilds« oder sogar »von der alten Mamsell Marie bei Wilds« – das hat er aber bekanntlich an keiner Stelle getan.

4. Die Frage, warum die Brüder Grimm diese – wenn es sie denn als direkte Beiträgerin gegeben hätte – wirklich durch und durch idealtypische Märchenfrau nie und nirgendwo erwähnen, übergeht Rebel ebenso großzügig wie das Problem, welche Texte denn nun Marie Hassenpflug beigetragen hat – denn daß sie die erste aus der Familie Hassenpflug war, die den Kontakt mit den Grimms knüpfte und diesen Märchen erzählte, weiß man aus der Autobiographie ihres Bruders Ludwig Hassenpflug.

Damit sei dies nur kurz angeleuchtete scenario der neuesten sogenannten Grimm-Forschung verlassen. Es wäre kaum der Rede wert, wenn es nicht Rumor machte und wenn nicht auch in dem jüngsten Beitrag Rebels ein peinlich herablassender, unangemessen belehrend-polemischer Ton vernehmbar wäre. Man kann ja verstehen, daß Rebel sich ärgert, 1980 nicht seine bibliographischen Schularbeiten gemacht zu haben, es müßte aber wohl andere Formen geben, sich diesen Ärger über sich selbst vom Hals zu schreiben. Das sind die wissenschaftlichen Propyläen, durch die derzeit die Grimmschen Märchen Einzug bei den Gebildeten mindestens in den USA halten müssen. Dieser Aspekt konnte deswegen hier nicht ausgespart werden. Wenn man das, was da wirkt, in seiner Faktizität, in seinen Ursprüngen, Intentionen wieder so grotesk mißversteht und mißdeutet, kann auch die Mutation oder die Wirkung selbst davon auf die Dauer nicht unbeeinflußt bleiben.

Einige neue Entdeckungen zur Grimmschen Redaktionsarbeit

Ende vergangenen Jahres ist ein vom germanistischen Oberseminar der Universität Wuppertal betreutes Buch im Peter Lang-Verlag (Bern) herausgekommen: *»Redensarten des Volks, auf die ich immer horche« – Das Sprichwort in den KHM der Brüder Grimm.* Da die Distribution dieses Buchs und seiner neuen Erkenntnisse noch zu wünschen übrig läßt, darf hier darauf hingewiesen werden. Es ist gelungen, weit über 300 Interpolationen von Sprichwörtern und Redensarten in die späteren Redaktionen der Grimmschen Märchentexte stichfest nachzuweisen und zum größten Teil auch ihre Herkunft zu bestimmen. Anlaß für diese umfassende Untersuchung waren zum einen kleinere handschriftliche Zeugnisse in Wilhelm Grimms Handexemplaren seiner Märcheneditionen, in denen er solche Sentenzen gleichsam auf Vorrat sammelte (viele davon gehen auf Informationen seiner Ehefrau Dorothea, geborene Wild, zurück); zum andern hat Wilhelm Grimm selbst öffentlich, wenn auch an sehr versteckter Stelle, auf diese Praxis seiner Märchenredaktion hingewiesen, und zwar im knappen Vorwort zur 6. Auflage der *Kinder- und Hausmärchen* von 1850: »Fortwährend bin ich bemüht gewesen, Redensarten des Volks, auf die ich immer horche, einzutragen.« Mit dem Horchen ist es natürlich dieselbe Sache wie mit dem Märchensammeln: Es ist eine ausgeglichene Gemengelage aus Lesefrüchten und tatsächlich mündlich zugekommenen Redensarten zu konstatieren.

Es kann kein Zweifel bestehen, daß der Erfolg der Grimmschen Märchen zum größten Teil auf die stilistische Leistung Wilhelm Grimms zurückzuführen ist und daß die Eingängigkeit dieses Stils, das gar nicht zu überschätzende déjà vu beim Lesen oder Hören der Texte, aus der so dichten Einstreuung weitgehend allbekannter Sprichwörter zu erklären ist. Hier soll die Aufzählung zweier Beispiele genügen. Im *Märchen von einem, der auszog, das Fürchten zu lernen* (KHM 4) wurden zumeist in die Zweitauflage von 1819 interpoliert: an dir ist Hopfen und Malz verloren; was ein Häkchen werden will, muß sich beizeiten krümmen; ich will ihn schon abhobeln; wo siebene mit des Seilers Tochter Hochzeit gehalten haben und jetzt das Fliegen lernen (das bezieht sich auf die Gehenkten – Wilhelm Grimm kontaminiert zwei bildhafte Umschreibungen für den makabren Vorgang: Mit dem Strick, also des Seilers Tochter, kopuliert werden sowie am Galgen das Fliegen lernen; er macht sich aber zugleich auch eine sprichwörtliche Zahl zunutze gemäß der westfälischen Redensart: »Siewene iss'n Galgen vull«); euch habe ich auf die Finger gesehen; so haben wir nicht gewettet; wenn zwei zusammen im Bett liegen, so wärmen sie sich (seinerseits sprichwörtlich nach Pred. 4, 11 des *Alten Testaments*); soll ich sterben, so muß ich auch dabei sein; schönste Jungfrau, welche die Sonne bescheint. *Das tapfere Schneiderlein* (KHM 20) wurde 1819 aus einem von Martin Montanus überlieferten sowie zwei mündlich tradierten Texten kontaminiert und ebenfalls bei dieser Gelegenheit mit Sprichwörtern förmlich durchsetzt, Sprichwörtern, die sich in keiner der drei Quellen finden: guter Dinge sein; das wird nicht bitter schmecken; die Fliegen, die kein Deutsch verstanden; da lief dem Schneiderlein endlich, wie man sagt, die Laus über die Leber (wie man sagt!); und sein Herz wackelte ihm vor Freude wie ein Lämmerschwänzchen; nun nahm er den Weg zwischen die Beine; das ist bei unsereinem Spielwerk; als wäre das Baumtragen ein Kinderspiel; immer seiner spitzen Nase nach; mit gleicher Münze heimzahlen; das hat gute Wege; ihm wurde kein Haar gekrümmt; sich etwas vom Hals schaffen; jetzt hab ich das Vöglein; ihm ging es zu Herzen; in welcher Gasse ist der Herr geboren?; dem Ding will ich einen Riegel vorschieben; als wenn das wilde Heer hinter ihnen wäre – das sind doch recht auffällige Interpolationen von sprichwörtlichen Redensarten, die zum Teil durch die Grimm-Texte wieder populär wurden.

Mit den Ergebnissen dieses Buches ist also nicht nur ein großes Sprichwortkompendium aus der 1. Hälfte des 19. Jahrhunderts festgehalten, sondern zu Fragen der Textgenese und Textschichtung Grimmscher Märchen endlich wieder ein Stück festen Bodens gewonnen.

Unter anderem weil man nicht gesonnen war und ist, Grimms Märchen auch als ein Buch unter anderen literarischen Hervorbringungen ihrer Zeit aufzufassen, sind einige bei anderen literarischen Werken selbstverständliche Fragestellungen immer noch weitgehend ausgespart.

Gewiß ist es hier und da gelungen nachzuweisen, daß Wilhelm Grimm während der ständigen Umarbeitung zuweilen Wendungen oder Namen aus älterer Literatur eingefügt hat – wohl weniger, um vermutete Zusammenhänge zwischen einem Märchentext und älterer deutscher Dichtung zu rekonstruieren, als eher, um den Texten dergestalt gleichsam philologisch nachprüfbare Patina zu verleihen. So fügte er z. B. in der Zweitauflage von 1819 ins *Tapfere Schneiderlein* die dadurch berühmt gewordene Sentenz ein: »Und sein Herz wackelte ihm vor Freude wie ein Lämmerschwänzchen« – nachweislich eine frische Lektürefrucht, und zwar aus Christian Weises Roman *Die drey ärgsten Ertznarren in der ganzen Welt* von 1672, wo man findet: »Dem guten Menschen wackelte das Hertz vor Freuden wie ein Lämmer-Schwäntzgen«. So steht es im 35. Kapitel, hat dort allerdings weder etwas mit einem Schneiderlein noch gar irgendwelchen ›Heldentaten‹ zu tun, sondern es freut sich ein Reisender über seinen wiederbeschafften Hut. Die Namen »Rumpelstilzchen« bzw. »Froschkönig« sind aus Johann Fischarts *Geschichtklitterung* vom Ende des 16. Jahrhunderts bzw. aus Rollenhagens *Froschmeuseler* von 1595 entlehnt; sie finden sich jedenfalls noch nicht in den Grimmschen Erstfassungen.

Zuweilen täuschen die Entdeckungen solcher Parallelen indes auch. Es ist Nachprüfung jedes einzelnen Falles geboten. Die mehrfach in Grimms Märchen interpolierte Formel »Du bist mein, ich bin dein« stammt z. B. nicht aus dem berühmten mittelhochdeutschen Sechszeiler, sondern nachweislich aus mündlicher Tradition, und zwar aus dem Erzählschatz der Frau Viehmann (damals konnten die Grimms die mittelhochdeutschen Verse noch gar nicht kennen); das frappant an Wolframs von Eschenbach »Lit marveille« erinnernde fahrende Bett im *Märchen vom Fürchtenlernen* begegnete den Grimms ebenfalls in der mündlichen Version, als ihnen dieses literarische Motiv noch nicht bekannt war (Beweis: Erst 1822 wiesen sie auf die Parallele hin, aber mit einem schier unglaublichen Fehler, indem sie das Bett Parzival statt Gawan zuwiesen – ein weiteres Zeugnis für die mündliche Tradition dieses Motivs). Wie gesagt, solcher Beispiele gibt es einige, und es sind wohl auch noch viele zu entdecken, wenn jetzt in diesen Tagen das kommentierte Verzeichnis der Grimmschen Privatbibliotheken erscheint: Was den Grimms von älterer Literatur zur Hand, bekannt oder sogar von ihnen durch Randglossen ausgezeichnet war, wird sich dann leichter eruieren lassen.

Ein noch fast gänzlich unbeackertes Feld ist der Einfluß der damals zeitgenössischen Literatur. Dafür zwei Beispiele. 1812 heißt es im Märchen *Die sechs Schwäne* (KHM 49):

»da kam er endlich zu einer Hexe, die bat er, sie mögte ihn wieder herausleiten [aus dem »großen Wald«]. Die Hexe aber antwortete, das geschehe nimmermehr, er müsse darin bleiben und sein Leben verlieren«. Daraus macht Wilhelm Grimm 1819: »Zeigt mir doch den Weg durch den Wald«. » [...] ihr müßt hier bleiben und Hungers sterben, denn ihr kommt nimmermehr ohne mich aus dem Wald« –

1837 schließt die Hexe ihre Rede bündig mit dem Wort:

»So kommt Ihr nimmermehr aus dem Wald«.

1815 war Eichendorffs berühmtes Gedicht *Waldgespräch* erschienen, in dem die Hexe dem im großen Wald Verirrten zuruft:

»Es ist schon spät, es wird schon kalt, Kommst nimmermehr aus diesem Wald.«

Der Zitatanklang bei Grimm ist subtil, aber unüberhörbar, vor allem weil die Gesprächssituationen so frappant übereinstimmen.

Viel unauffälliger verfährt Wilhelm Grimm bei einer stilistischen Änderung im *Sneewittchen* (KHM 53). Beim dritten Vergiftungsversuch durch die Stiefmutter hieß es 1812: »Der Apfel war aber so künstlich gemacht«; seit 1819 findet sich statt dessen die schöne Wendung: »Schneewittchen lusterte den schönen Apfel an.« Woher das? 1814 war Brentanos Schauspiel *Die Gründung Prags* mit vielen gelehrten, volkskundlichen und sprachwissenschaftlichen Anmerkungen des Romantikers erschienen. Gerade diese Anmerkungen lasen die Grimms sofort mit Begier und äußerten sich sehr enttäuscht, daß ihr ehemaliger Freund sie an keiner Stelle erwähnt hatte. In diesen Anmerkungen Brentanos aber steht wörtlich folgende Erklärung: »Etwas anlustern, mit Lüsternheit nach etwas schauen.« Gewissermaßen als Retourkutsche – und weil es auch durchaus unüblich gewesen wäre – verschwieg Wilhelm Grimm, wer ihm die schöne Wendung vermittelt hat. Das kann man hinsichtlich der KHM-Anmerkungen noch verstehen, aber wenn man in Grimms *Deutschem Wörterbuch* liest: »lustern, auch als anlustern, z. B. Sneewittchen lusterte den schönen

Apfel an«, dann wird klar, warum solche Filiationen bislang unentdeckt blieben.

Auch Privat-Biographisches findet sich in Grimms Märchen. Man hat das immer geleugnet und auf dieser Folie z. B. Musäus oder Bechstein wegen solcher Einsprengsel getadelt. Für diesen Bereich seien ebenfalls nur zwei Beispiele genannt:

Wiederum im *Sneewittchen* malt Wilhelm Grimm ab der Zweitauflage von 1819 die Angst des im Wald ausgestoßenen Mädchens aus:

»Nun war das arme Sneewittchen in dem großen Wald mutterselig allein und war ihm so Angst, daß es alle Blättchen an den Bäumen ansah.«

In einer Kindheitserinnerung schreibt Wilhelm Grimm von sich:

»Ich weiß noch [...] wie ich die [...] Baumwände, an welchen alle Blätter nebeneinander hingen [...] ängstlich schnell aber scharf betrachtete, wie mir die Stille [...] Angst machte.«

Angst beim Betrachten von Blättern ist das unübersehbare tertium comparationis für diesen wenig märchengerechten Einschub aus allerpersönlichster Erinnerung.

Gleichsam familiär geht es bei einer anderen Änderung im Grimmschen *Allerleirauh*-Märchen (KHM 65) zu. Dazu eine Vorbemerkung: Wilhelm Grimms Vorrede zur 3. Märchenauflage von 1837 ist datiert »Göttingen am 15 Mai 1837«. Dies ist eine verdeckte aber deutliche Anspielung auf den 15. Mai 1825 (also genau über 12 Jahre zurück): An diesem Tag hatten nämlich Wilhelm Grimm und Dortchen Wild geheiratet. Mit dieser Erkenntnis gerüstet, wird der Hintersinn einer Grimmschen Textänderung erhellt. 1812 liest man in Erstfassung von *Allerleirauh:*

»Der König schickte seine Jäger hin, die sollten sehen, was für ein Thier in dem Baum steckte« –

in seinem Handexemplar hatte sich Wilhelm Grimm unter diesen Text liebevoll handschriftlich notiert »Dortchen 9. Octbr. 1812«. Dortchen Wild war also die Erzählerin; und so änderte er denn in den späteren Auflagen den eben zitierten Satz beziehungsvoll ab:

»Sprach der König zu den Jägern: »Seht doch, was dort für ein Wild sich versteckt hat.«

In einen von Dortchen Wild erzählten Text wird interpoliert »dort [...] Wild« – subtiler, aber auch eindeutiger konnte dieser Hommage an die Gattin und Märchenerzählerin nicht eingebracht werden.

Wenn auch die Fragen nach der direkten Herkunft der meisten Grimmschen Märchentexte inzwischen – soweit das bei der teils komplizierten, teils desolaten Materiallage möglich ist – als gelöst erscheinen, so bleibt auf diesem Gebiet im Detail doch wohl noch viel zu tun und zu entdecken. Jedenfalls ist es geboten, bevor man zu psychoanalytischen, sozialhistorischen oder auch märchengeographischen Gesamtuntersuchungen zum Beiträgerkreis ansetzt, die bisherigen positivistischen Forschungsergebnisse genau zu rezipieren und in Einzelheiten weiter zu verfeinern. Dafür sei abschließend nur ein Beispiel geboten. Unter den Erstdruck der Märchen *Der singende Knochen* (KHM 28) und *Der liebste Roland* (KHM 56) hatte Wilhelm Grimm handschriftlich notiert: »Dortchen 19. Jan. 1812. am Ofen im Gartenhaus. (von Nentershausen)« bzw. »Dortchen 19 Jan. 1812. im Gartenhaus (von Nentershausen)«. Daraus könnte man schließen, die Kasseler Apothekerstochter Dortchen Wild habe diese Beiträge bei einem Besuch in Nentershausen (offenbar kurz vor dem festgehaltenen Datum) gehört und somit eine Erzähltradition aus dem niederhessisch-thüringischen Grenzgebiet eingebracht, denn Nentershausen liegt im Kreis Rotenburg an der Fulda. Das wäre zweifellos für oikotypische Fragen zum Typus dieser beiden Märchen von Interesse. Es ist jedoch zu berücksichtigen, daß Dortchen Wild seinerzeit in Nentershausen zweifellos ihre dort verheiratete ältere Schwester Johanna Christiane Fulda, geborene Wild, besucht hat. Es ist so gut wie sicher, daß sie ihrer Schwester von der entstehenden Märchensammlung der Brüder Grimm sowie ihrer eigenen Mitwirkung erzählt hat und sich daraufhin die Schwester der beiden Märchen vom singenden Knochen und vom liebsten Roland erinnerte.

Diese Vermutung macht es ziemlich gewiß, daß einerseits den bislang als Märchenbeiträgerinnen bekannten vier Geschwistern Wild nunmehr die 1785 in Kassel geborene Johanna Christiane Wild als indirekte Beiträgerin hinzugerechnet werden muß und daß andererseits das ›Einzugsgebiet‹ der bei Grimm dokumentierten mündlichen Märchentradition weiter einzuschränken ist: Dortchen Wilds Schwester dürfte aus denselben Kasseler Erzähltraditionen geschöpft haben wie diese selber, so daß »Nentershausen« hinsichtlich solcher Fragen keine selbständige Bedeutung zukäme.

Literatur

Brüder Grimm: KHM. Vergrößerter Nachdruck der zweibändigen Erstausgabe 1812 und 1815 nach dem Handexemplar des Brüder Grimm-Museums in Kassel. Göttingen 1986.

Brüder Grimm: KHM. Ausgabe letzter Hand. ed. von H. Rölleke (3 Bände). Stuttgart 1982.

Bluhm, L.: Prolegomena zu einer Historisch-kritischen Ausgabe der Kinder- und Hausmärchen. Mit einer textgenetischen Betrachtung des »König Drosselbart«. In: editio 3 (1989) 177–192.

Bluhm, L.: Neuer Streit um die ›Alte Marie‹? Kritische Bemerkungen zum Versuch einer sozialgeschichtlichen Remythisierung der Kinder- und Hausmärchen. In: Wirkendes Wort 39,2 (1989) 180–198.

Ellis, J. M.: One Fairy Story too Many. London 1983 (cf. Fabula 25 [1984], 330–332).

Rebel, H.: Why not ›Old Marie‹? In: Social History 13 (1988) 1–24.

Rölleke, H.: »Wo das Wünschen noch geholfen hat«. Gesammelte Aufsätze zu den KHM der Brüder Grimm. Bonn 1985.

Rölleke, H. (ed. in Verbindung mit L. Bluhm): »Redensarten des Volks, auf die ich immer horche«. Das Sprichwort in den KHM der Brüder Grimm. Bern/Frankfurt/New York/Paris 1988.

Rölleke, H.: Neue Erkenntnisse zum Beiträgerkreis der Grimmschen Märchen. In: Röhrich, L./Lindig, E. (edd.): Volksdichtung zwischen Mündlichkeit und Schriftlichkeit. Tübingen 1989, 83–91.

Taylor, P./Rebel, H.: Hessian Peasant Women, Their Families and the Draft: A Social-Historical Interpretation of Four Tales from the Grimm Collection. In: Journal of Family History 6 (1981) 347–378 (u. a. dazu: Zipes, J.: The Brothers Grimm. From Enchanted Forests to the Modern World. New York/London 1988).

Der Hinweis auf Johanna Christiane Wild in Nentershausen ist Herrn Manfred Hülsebruch (Bad Wildungen) zu verdanken.

Mecklenburgische Erzähler der Gegenwart und ihre Märchen

Siegfried Neumann

Unter den Erscheinungsformen mündlicher Kommunikation in der Gegenwart nimmt das Märchenerzählen einen Platz ein, über den mehr spekuliert als recherchiert wird. Selbst volkskundliche Erhebungen dazu sind relativ selten und haben meist weniger das Phänomen ›Märchen heute‹ im Blick als die noch auffindbaren Relikte alter Volksmärchen (z. B. Wehse 1983). Das ist natürlich einseitig, weist aber auf einen realen Ansatzpunkt hin. Denn die Eigenart des Märchenerzählens in der Gegenwart wird im Grunde erst deutlich, wenn man es vor dem Hintergrund der jeweiligen regionalen Erzähltradition sieht.

Das gilt speziell für eine Landschaft mit reicher Erzählüberlieferung wie Mecklenburg, aus der über 30000 Sagen-, rund 8000 Schwank- und mehr als 2000 Märchentexte vorliegen, die seit den 1890er Jahren von Richard Wossidlo und seinen Helfern nach der Erzählung von Tagelöhnern, Knechten, Kleinbauern, Dorfhandwerkern etc. im Plattdeutsch der jeweiligen Gewährsleute aufgeschrieben wurden (Neumann 1980a, 8ff.). Diese Aufzeichnungen, aufbewahrt im Rostocker Wossidlo-Archiv (einer Arbeitsstelle der Akademie der Wissenschaften der DDR) und erst zu einem geringen Teil publiziert, vermitteln nicht nur einen Eindruck von niederdeutscher Volkserzählkunst im späten 19. und frühen 20. Jahrhundert, sondern sie machen auch deutlich, daß es sich bei dem, was den Sammlern erzählt wurde, um das spezifische Erzählgut jenes Teils der mecklenburgischen Landbevölkerung handelte, der damals am unteren Ende der sozialen Stufenleiter stand.

Die Erzähler Wossidlos wie ihre Hörer lebten zumeist in dürftigen materiellen Verhältnissen, mußten Tag für Tag körperlich schwer arbeiten, konnten in der Regel nur notdürftig lesen und schreiben und waren von den kulturellen Leistungen ihrer Zeit so gut wie ausgeschlossen. Unter diesen Bedingungen äußerte sich bei vielen die geistige Aktivität im Erzählen, einer der wenigen Möglichkeiten gedanklichen Austauschs und geselliger Unterhaltung, zu der die Voraussetzungen bestanden. Dabei sprach man nicht nur über eigenes Erleben oder teilte sich Neuigkeiten mit, sondern erzählte auch jene alten gespenstischen, abenteuerhaltigen oder heiteren Geschichten weiter, die man von Eltern und Voreltern kannte. Das ist vielfach bezeugt:

»Abends nah dei Aust, wenn Fierabend wier, denn hebben wi uns Läuschen vertellt; dei ein wüßt dit un dei anner dat.« – »Wenn 't schummrig wier, Licht wier noch nich anstäken, denn würen Geschichten vertellt.« (Wossidlo/Henßen 1957, XIII) Oder: »Wenn Festtiden wiren, seten se tosaam – mien Vadder un Krischan Lehmann un de oll Wilck, un vertellten von Schöne Reda [Rethra]. Wi Kinner reten jo Näs' un Muul up.« (Wossidlo 1939, t. 2, XVII).

Durch dieses häufige Erzählen konnte es zur Ausbildung einer mündlichen Erzählkunst kommen, deren Reiz noch aus den bloßen Texten spricht, in denen sie uns überliefert ist. Doch die eindeutigen Lebensbezüge und sozialkritischen Töne auch in den Wiedergaben tradierter Sujets zeigen, daß es in der Regel um kein bloßes Nacherzählen von Geschichten, sondern vielmehr darum ging, in ihnen die eigene Weltsicht, eigene Ängste, Nöte, Freuden und Hoffnungen zu artikulieren, was in anderer Weise kaum möglich schien. Der geistige Reichtum der mecklenburgischen Landbevölkerung, der uns in den Volkserzählungen des späten 19. und frühen 20. Jahrhunderts entgegentritt, ist also zugleich ein Spiegelbild seiner kulturellen Zurückgebliebenheit. So bemerkte z. B. ein alter Gewährsmann Wossidlos in den 1920er Jahren treffend: »Wat hadden de Lüüd' früher anners, as so 'n Geschichten! Zeitungen gew dat jo nich up 'n Dörpen, un läsen deden de Ollen höchstens 'n bäten in 'n Klenner oder in 't Gesangbook« (Wossidlo 1939, t. 1, XIV).

Zu diesen Geschichten gehörten auch Märchen, wiewohl sie in der mündlichen Überlieferung der mecklenburgischen Landbevölkerung im 19. Jahrhundert hinter den Sagen und im 20. Jahrhundert hinter den Schwänken weit zurücktraten. Andererseits war Mecklenburg schon in den *Kinder- und Hausmärchen* der Brüder Grimm mit Märchentexten vertreten; und um 1900, als Wilhelm Wisser im benachbarten Holstein seine berühmt gewordene Märchensammlung zusammentrug, wurden auch in Mecklenburg so viele Märchentexte aufgeschrieben, daß sie eine Vorstellung vom Märchengut dieser Landschaft und von den damaligen Erzählern geben. Der Befund ist durch mehrere Textausgaben, von denen die Edition *Mecklenburgische Volksmärchen* (Neumann 1971) auch das gesamte handschriftliche Material verzeichnet, verhältnismäßig gut dokumentiert. Man kann daher ziemlich mühelos erkennen, daß die weitaus meisten Sujets, die in der Grimmschen Sammlung begegnen, im späten 19. Jahrhundert auch in Mecklenburg bekannt und – soweit häufiger aufgezeichnet – verbreitete Erzählstoffe waren. Hier haben wir es weithin mit Zeugnissen für Volksmärchen zu tun, deren Variantenreichtum und deren zum Teil sehr ausgeprägte soziale Akzente auf eine relativ lebendige Märchenüberlieferung deuten, in der selbst lang ausgesponnene Zaubermärchen ihren festen Platz hatten. In sie wurden sogar bevorzugt soziale Aussagen gekleidet, die teilweise deutlich antifeudal akzentuiert waren. Die Märchen vom starken Knecht und von den ›Teufelspferden‹ sind dafür beredte Beispiele (Neumann 1971, 242, 269). Zugleich läßt sich an den Zaubermärchen am besten der Stand damaliger Volkserzählkunst ablesen.

Es waren allerdings immer nur einzelne, die als herausragende Märchenerzähler in Erscheinung traten und die Sammler beeindruckten, wie es in einem 1892 an Wossidlo gerichteten Brief des Lehrers Hill zum Ausdruck kommt: »Ein Unicum aus der alten Welt, in Kniehose und weißen Strümpfen steckend, ist der Tagelöhner Hecht, ›Häken-Vadder‹. Sein Talent zum Märchenerzählen ist geradezu verblüffend. Er ist bis oben geladen mit fossilen Stoffen, und ein Projektil folgt dem andern, wenn er erst in Hitze kommt [...].« Erzählern wie ihm galt denn auch das besondere Interesse Wossidlos, der schon 1894, also zu Beginn seiner Sammeltätigkeit, an eine Publikation der aufgezeichneten Texte denken konnte: »Das Märchenbuch wird reichen Inhalt zeigen: einzelne Erzähler haben hier einen ganz erstaunlichen Besitz bewahrt« (Wossidlo/Henßen 1957, IX). Dagegen scheinen Frauen, die in dieser Weise mit Märchen aufwarten konnten, weit seltener anzutreffen gewesen sein.

Allerdings gilt es hier schon für die Zeit der Jahrhundertwende zu differenzieren: Während unter der mecklenburgischen Landbevölkerung, und zwar weithin im Kreise von Männern, die mündlich überlieferten Volksmärchen noch ein echtes Medium angeregter Unterhaltung und sozialer Aussage bildeten, wurden in bürgerlichen Familien, soweit man dort an Volkspoesie Interesse fand, schon im späten 19. Jahrhundert Märchen nahezu ausschließlich für Kinder erzählt, und zwar offenbar vor allem von Frauen, die sich dabei zunehmend auf Bücher, speziell auf die Grimmsche Sammlung, stützten. So wußte etwa die 1891 geborene Tochter eines Wariner Lehrers zu berichten: »In 'n Winter ... gew dat ümmer so 'ne schöne heimelige Schummerstund'. Dat Füer bullerte in den groten bruunen Aben, de Maand schiente dörch de Finsterruuten, in't Rühr pröddelten de Bratappel. Denn sett'te sick uns Mudding in de Abeneck, läd' ehr Knütt biesiet un nehm mi up'n Schot. Mien grot Brauder red' up de Sofalehn, mien Schwester haalte sick 'n Schämel un set vör Mudding ehr Knei ... Un denn füng Mudding an mit Geschichtenvertellen: All de Märchen von de Bräuder Grimm ...« Das war bereits eine ganz andere Erzählatmosphäre als die, in der sich das Erzählen von Märchen im Kreise der Dorfarmut vollzog.

Nach dem Ersten Weltkrieg, in den zwanziger und dreißiger Jahren, als in Mecklenburg erneut, wenn auch nur sporadisch, nach Volksmärchen gesucht wurde, war deren mündliche Überlieferung bereits stark zurückgegangen. Nur in stadtfernen ländlichen Gebieten, die von den geistig-kulturellen Einflüssen der herrschenden bürgerlichen Kultur noch kaum erfaßt worden waren, spielten – neben Schwänken und Sagen – auch Märchen gelegentlich in den Erzählkreisen der Erwachsenen eine Rolle. Was hier keinen Anklang mehr fand und auch nicht an Kinder weitererzählt wurde, blieb lediglich als passiver Besitz im Gedächtnis oder wurde vergessen. Zwar trafen Sammler dieser Zeit auch gelegentlich gute Erzähler von Volksmärchen an. Aber das waren in der Regel alte Männer, deren Sujetkenntnis und Erzählvermögen noch in eine Zeit reicherer Märchenüberlieferung zurückreichten. Sie lebten entweder in kleinen, abgelegenen Dörfern, in denen sich die Erzähltradition länger lebendig erhalten hatte, oder sie konnten, um Märchen angesprochen, dank ihres guten Gedächtnisses aus der Erinnerung schöpfen. Bei dem alten Erzähler Friedrich Tessin, der Gottfried Henßen noch 1938 zehn lange Märchen mitteilte, handelte es sich nicht zufällig um einen Waldarbeiter aus einem einsamen Heidedorf (Wossidlo/Henßen 1957, XIII, 202). Die mündliche Überlieferung von Volksmärchen befand sich offensichtlich im Ausklang. Zugleich erfuhren sie jedoch im Zusammenhang mit der Entwicklung des plattdeutschen Vereinswesens in den Städten während der zwanziger und frühen dreißiger Jahre eine starke ideelle Aufwertung. So waren selbst volkskundlich gebildete Sammler dieser Zeit bemüht, nur Märchentexte aufzuzeichnen und zu publizieren, die als Zeugnisse hoher volkstümlicher Erzählkunst gelten konnten; und manches von dem, was in Heimatzeitschriften und Kalendern erschien, war zweifellos schriftstellerisch aus- und weitergeformt (Neumann 1978, 145 ff., 204 ff.).

Nach dem Zweiten Weltkrieg kam es in Mecklenburg vielerorts zu einer Reaktivierung des mündlichen Erzählens, als Einheimische und Umsiedler ihr regionales Erzählgut austauschten und im Erzählen ihr Erlebnis der Kriegs- und Nachkriegszeit abreagierten. Dabei dominierte abenteuerhaltiges Erzählgut mit mehr oder minder persönlichem Einschlag, während Märchenhaftes, soweit es erzählt wurde, ausschließlich an Kinder gerichtet war. Zeitung, Radio und schließlich mehr als alles andere zusammen das Fernsehen, boten jedoch – auf dem Lande ebenso wie in der Stadt – schrittweise neue Möglichkeiten der Unterhaltung, die vor allem im Rahmen der Familie genutzt werden. Auch die mit dem Aufbau privater Bibliotheken einhergehende Zunahme des Bücherlesens vollzieht sich weitgehend individuell. Nachbarschaftskontakte spielen nicht mehr die kommunikative Rolle wie früher. So haben viele erzählfreudige Männer und Frauen nicht nur weitgehend ihre einstigen Zuhörer verloren, sondern sind selbst zu Lesern, Hörern und Zuschauern geworden, für die der mündliche Austausch an die zweite Stelle getreten ist.

Dennoch ist das Bedürfnis zu erzählen geblieben – und auch der notwendige Raum dazu. In Mecklenburg hatte dieses Erzählen in den sechziger und siebziger Jahren, als ich hier auf den Spuren Wossidlos Volkserzählgut sammelte, auf dem Lande und in der Kleinstadt vielfach sogar noch einen durchaus traditionellen Zuschnitt. Im Vordergrund stand natürlich – wie eh und je – der Austausch von eigenen Erlebnissen und von Neuigkeiten, die man gehört hatte. Aber häufig brauchte ich nur nach Geschichten oder Läuschen zu fragen, um auch sofort ein paar Schwänke oder Lokalanekdoten erzählt zu bekommen – wobei sich rasch zeigte, daß Schwänke und anderes heiteres Erzählgut noch einen relativ großen Platz in der mündlichen Unterhaltung einnahmen und nahezu bei jeder geselligen Zusammenkunft aufgetischt wurden. So waren die meisten meiner etwas über hundert Gewährsleute, von denen ich damals jeweils mehrere tradierte Volkserzählstoffe aufschreiben oder per Tonband festhalten konnte, vor allem Schwankerzähler, und von den gesammelten über tausend Erzähltexten (ohne Mehrfachaufzeichnungen) sind mehr als drei Viertel Schwänke und Schnurren. Nur wenige Männer und Frauen brachten auch spontan Sagen vor, deren Wiedergabe zumeist erst Nachdenken erforderte, und auf die Frage nach Märchen bekam ich jahrelang nur Tiermärchen zu hören.

Das mag daran gelegen haben, daß die meisten Leute, mit denen ich ins Gespräch kam oder die mir als Erzähltalente genannt wurden, Männer waren. Sie erzählten vorrangig, was sie auch sonst zu erzählen pflegten oder was ihnen zumindest am geläufigsten war; und da die Zeit für behutsames, die Erzähler nicht auf meine Erwartungen festlegendes Nachfragen in der Regel fehlte, kam auf Märchen oft gar nicht die Rede. Das betraf selbst Gewährsleute, die sich schon beim Kennenlernen als Erzähler mit größerem Repertoire erwiesen oder von sich aus betonten, daß sie bei etwas Nachdenken noch mehr wüßten, so daß ich sie nach Möglichkeit öfter aufsuchte. Besonders ausgesprochene Erzählerpersönlichkeiten wie der Gärtner Walter Hellmann in Retzow und der Maurer Heinrich Tiedemann in Groß Laasch, die schon Wossidlo befragt hatte, oder wie der Arbeiter August Rust und der Bauer Herbert Neumann in Cammin, selbstbewußte Männer zwischen fünfzig und siebzig mit einem scheinbar unerschöpflichen

Vorrat an Erzählstoffen, schienen so auf Schwänke und anderes heiteres Erzählgut festgelegt zu sein, daß daneben Märchen eigentlich gar nicht in Betracht kamen (Neumann 1969, 41 ff.). Und doch kannten sie natürlich welche, wie sich dann auf Befragen herausstellte.

Als Beispiel angeführt sei der alte Arbeiter Rust, der mir seine Märchen zum Teil so spät erzählte, daß sie erst in die 2. Auflage der ihm gewidmeten Monographie *Ein mecklenburgischer Volkserzähler* aufgenommen werden konnten (Neumann 1970, 131 ff., 171 ff.). Der 1890 Geborene hatte in seiner Jugend (als Zuhörer bei den Gesprächen der Alten) noch Märchen als mündlich tradiertes Erzählgut kennengelernt und sie bis ins Alter im Gedächtnis bewahrt. Aber auch er kannte schon weniger Märchensujets vom Hörensagen als aus dem Schullesebuch, das offenbar eine der wichtigsten Quellen für die Märchenkenntnis der jetzigen älteren Generation, besonders auf dem Lande, gewesen ist. Die Schule war wohl auch der Ort, an dem die heutigen Erzähler – außer in der Familie – die meisten Märchen zu hören bekamen. So bemerkte z. B. der alte Lehrer Wilhelm Greve in Neuhaus zu den mir in den siebziger Jahren plattdeutsch zugesandten Märchen: »So, in dieser Form, habe ich den Schulanfängern solche Geschichten erzählt. Ich war 24 Jahre in der Ritterschaft als Lehrer, und ein großer Teil der Schulanfänger verstand kein Hochdeutsch.« Das dauerte bis in die vierziger Jahre und ist mit eine Erklärung dafür, daß in Mecklenburg Grimmsche Märchen, von denen seit dem ausgehenden 19. Jahrhundert eine Anzahl zum Schulpensum gehörte, zum Teil bis heute in der Mundart wiedergegeben werden.

Doch zurück zu August Rust, der auch fast nur »up platt« erzählte – und erzählen konnte. Von seinen Erzählungen stand nur noch eine in der Nähe des Zaubermärchens: die Geschichte vom starken Knecht, der sich ein Jahr für das Recht verdingt, dem Gutsherrn als Lohn drei Schläge geben zu dürfen (Neumann 1970, 41). Diese Geschichte mit starkem Schwankeinschlag korrespondierte mit dem Tenor seiner anderen Sozialschwänke, mit denen er nicht nur Lachen hervorrufen, sondern das frühere Leben auf dem Lande illustrieren wollte. Da war ihm jeder Bekannte ein willkommener Zuhörer. Von seinem Repertoire an Tiermärchen erfuhr ich jedoch erst, als ich darauf zukam, wie er sie seinem Enkel Gerald erzählte; und es bedurfte einiger Überredungskunst, bis sie mitgeschrieben werden konnten, denn Rust meinte: »Wat willen Se dormit? Dat is doch bloß wat för Kinner!« Dabei war sein Enkel sichtlich derjenige, für den er im Grunde, wie er selbst zugab, am liebsten erzählte: »Ick vertell Gerald jo ok ümmer von de vier Bremer Stadtmusikanten. Un nüülich heff ick dat ok noch wedder vertellt, un dor heff ick dat ’n bäten spannend makt, un dor het he doch ganz still säten un tohürt ... Dee het so uppaßt, dat em ok nickst wegkem.« Aber das Erzählen von Märchen war für Rust nur etwas im Nebenbei, auf die Familie Beschränktes, das letztlich nicht viel galt. Und diese Einstellung fand ich bei Männern, die sich erinnerten, auch Kindern Märchen erzählt zu haben, generell.

Erzählfreudige Frauen, die ich im Laufe der Unterhaltung nach Märchen fragte, waren dagegen eher verlegen, wenn sie keine zu nennen wußten. In der Regel galt ihnen eine zumindest geringe Märchenkenntnis als selbstverständlich, mochte sie auch lediglich auf Jugenderinnerung beruhen. Spontanes Märchenerzählen, etwa in der Familie, entzog sich weitgehend unmittelbarer Beobachtung. So waren von daher nur schwer Erzählerinnen von Märchen auszumachen. Als Ausweg bot sich jedoch an, stichprobenartig die Kinder in der Schule zu befragen – mit verblüffendem Ergebnis: Fast alle Mädchen und Jungen der Klassen 1 bis 6 konnten ein paar Märchen angeben, die sie kannten und zum Teil auch nachzuerzählen vermochten, wobei sie als Quellen – neben einigen Märchenbüchern – in der Hauptsache die Mütter und ›Omas‹ nannten. Und alle Frauen, die ich anschließend aufsuchte, bestätigten diese Angaben. Zwar handelte es sich meist nur um zwei bis drei Märchen und dann um die ›üblichen‹ Sujets wie *Rotkäppchen, Hänsel und Gretel, Frau Holle, Aschenputtel, Dornröschen, Schneewittchen, Die Bremer Stadtmusikanten* oder *Der Wolf und die sieben jungen Geißlein,* die den Kindern oder Enkeln in Anlehnung an die Grimmsche Sammlung erzählt oder vorgelesen worden waren. Aber zum Teil begegnete auch eine schon beachtliche Stoffkenntnis. Die Gastwirtsfrau Bibow (geb. 1900) in Warin z. B. zählte mir Anfang der siebziger Jahre sofort zehn Grimmsche Märchen auf, mit denen sie »so aus der Erinnerung« jahrelang ihre Enkel unterhalten hatte: »Diese Märchen hab' ich so erzählt bei der Arbeit, daß sie den Kindern verständlich waren. Denn hatte ich ja ruhige Kinder, wenn ich erzählte. Hochdeutsch und plattdeutsch, wie es gerade kam. Die haben ja immer drum gebettelt.« Solche und ähnliche Äußerungen zeigten, daß hier Texte und Erzählmuster der Grimmschen Sammlung weitergegeben wurden, daß die Erzählerinnen sich jedoch auch auf die jeweilige Erzählsituation bezogen und auf ihre eigene Art erzählten, zumal wenn sie sich der vertrauten heimischen Mundart bedienten.

Die eindrucksvollste dieser plattdeutschen Erzählerinnen war die betagte (1891 geb.) Hausfrau Bertha Peters in Warin, die in der Monographie *Eine mecklenburgische Märchenfrau* mit ihrem Repertoire vorgestellt wurde (Neumann 1974). Sie entstammte einer Lehrerfamilie, in der das Märchenerzählen Tradition besaß. Großmutter und Mutter hatten den Kindern aus ihrer Kenntnis der mündlichen Überlieferung und der Grimmschen Sammlung Märchen erzählt und diese dabei ganz individuell auf kindliches Verständnis zugeschnitten. So war Frau Peters gleichsam im Banne des Märchens groß geworden und hatte früh begonnen, ihren Kindern und deren Spielgefährten selbst Märchen zu erzählen. Als ich sie kennenlernte, bekam ich die Märchen so zu hören, wie sie sie zuletzt ihren inzwischen erwachsenen Enkeln erzählt hatte. In diesen Versionen war die Erinnerung an alte heimische Volksmärchen schon nahezu völlig von der Kenntnis Grimmscher Texte überlagert, an denen sich Frau Peters mehr unbewußt als bewußt orientierte. Zugleich waren die Märchen jedoch im Laufe der Jahre zu ihren Märchen geworden, d.h. zu Geschichten, in die sie ihre kleinen Zuhörer und vor allem sich selbst einbezog. So bevorzugte sie unter den ihr bekannten Märchen solche mit weiblichen Hauptgestalten, jedoch nur insoweit, als sie sich mit diesen identifizieren konnte. *Rotkäppchen, Aschenputtel* oder *Dornröschen* z.B. erzählte sie ausgesprochen gern, *Rapunzel* oder *Allerleirauh* dagegen lehnte sie ab. Ihre Märchen handeln vor allem von zwei Themen: von dem Schicksal junger Mädchen, die nach dem Verlust der Mutter unter einer Stiefmutter zu leiden haben, und von dem schweren Leben alleinstehender Frauen, die es ihren Kindern so schön wie möglich machen möchten. Besonders in Frau Peters' Wiedergaben von *Schneeweißchen und Rosenrot* sind die herzlichen Beziehungen in einer solchen Teilfamilie liebevoll ausgemalt, während die Väter, soweit sie in ihren Märchen eine Rolle spielen, meist als Rabenväter erscheinen. Dahinter steht eigenes Erleben: Frau Peters' Ehe wurde nach wenigen Jahren geschieden, und sie mußte ihre drei Kinder allein großziehen (vgl. auch den Beitrag B. Holbeks in diesem Band). So mutet es fast symbolisch an, wenn am Schluß des Märchens vom Mädchen und seinen zwölf Brüdern die Kinder »ehr leiw' Mudding ... mit acht Pierd' vör'n Wagen« zu sich holen, vom Vater aber gesagt wird, »dee bleew nu up sien ollen Dag' ganz, ganz allein« (Neumann 1974, 84, 150).

Frau Peters' Märchen sind bis in die Details völlig in heimische Verhältnisse, ja in die eigene unmittelbare Lebenswelt eingebettet. Das Märchengeschehen vollzieht sich, mit genauer örtlicher Anknüpfung, in ihrem Wohnort und seiner näheren Umgebung, ja in ihrem eigenen Haushalt, wobei eine Reihe dort anfallender Hausfrauenarbeiten mitgeschildert wird. Die Kinder in ihren Märchen, die im Haushalt mithelfen, sind so gezeichnet, wie sich die Erzählerin brave Kinder vorstellte, und sie bekommen all die guten Lehren zu hören, die die Erzählerin selbst für nützlich hielt. Ich hatte beim Zuhören oft den Eindruck, daß für Frau Peters Märchengeschehen und eigene Erlebniswirklichkeit eins waren. Dabei hielt sie sich im Grunde an die Überlieferung, ja verließ eigentlich nie den inhaltlichen Rahmen der Grimmschen Versionen. Aber dieser Rahmen ist bei ihr eben so ichbezogenemotionsgeladen und detailreich ausfabuliert und auch sprachlich mit den Mitteln der Mundart so anschaulich verlebendigt, daß Wilhelm Grimms kunstvoll stilisierte Märchentexte im Vergleich dazu fast hölzern wirken. Das kann hier nicht näher ausgeführt werden, aber man kann sich durch vergleichende Lektüre leicht davon überzeugen.

Nun ist solche individuelle Märchenerzählkunst im Banne des überlieferten Volks- bzw. Buchmärchens natürlich mehr die Ausnahme als die Regel. Aber schon in dem Städtchen Warin habe ich nur eine Straße weiter in den siebziger Jahren noch eine Erzählerin kennengelernt, die mit Bertha Peters durchaus vergleichbar ist. Die ebenfalls schon über siebzigjährige Berta Freiwald stammte aus dem ehemaligen Westpreußen, war bei Paul Behrend (dem Sagensammler) zur Schule gegangen und wollte selbst Lehrerin werden. Sie wurde statt dessen Schneiderin und blieb (da ihr Verlobter im Ersten Weltkrieg fiel) unverheiratet, aber liebte Kinder über alles, war herzensgut zu ihnen und träumte ihren Traum, eine Lehrerin zu sein, lebenslang weiter. Und sie war tatsächlich so etwas wie eine Erzieherin, noch zumal eine, um die die Kinder der ganzen Straße, in der sie wohnte, sich drängten. Des öfteren, wenn ich unangemeldet zu ihr kam, saßen mehrere Vier- bis Zehnjährige bei ihr im Zimmer, auf Stühlen, auf dem Bett und auf dem Fußboden. Berta Freiwald saß am Tisch, nähte oder stopfte und erzählte Märchen, Grimmsche Märchen, ganz dem Erzählen hingegeben und mit einer erstaunlichen stimmlichen Variationsbreite. Aber dabei wich sie so erheblich von den Vorlagen ab, daß weithin neue Märchen entstanden.

Frau Freiwald mochte nämlich die Grimmschen Märchen eigentlich nicht. Sie waren ihr zu unlogisch, zu grausam und zu wenig kindertümlich. So erzählte sie sie, in einfach-naiver hochdeutscher Diktion, auf originelle Weise nach ihrem Ermessen um. *Die Bremer Stadtmusikanten* z. B., ein Märchen, das auch bei Rust und der Peters trotz enger Anlehnung an Grimm zahlreiche individuelle Eigentümlichkeiten aufweist, wurde von Frau Freiwald so einfühlsam aus der Sicht der Tiere erzählt, daß ihre kleinen Zuhörer geradezu gebannt dasaßen. Aber Frau Freiwald begnügte sich in ihrer Erzählung nicht mit der Vertreibung der Räuber. Sondern ihre Tiere finden im Räuberhaus viel Geld, kehren damit zu ihren früheren Besitzern zurück und werden von diesen in Gnaden wieder aufgenommen. Die Ausmalung des schönen Lebensabends, den die Tiere nun erleben, wird geradezu zum Höhepunkt der Geschichte. Vor allem jedoch war bemerkenswert, wie die Erzählerin es verstand, grausame Züge zu mildern oder zu überspielen.

So meinte sie etwa zu den *Bremer Stadtmusikanten:* »Eigentlich kommen die Räuber ja wieder, und der Hund beißt sie. Aber das mögen die Kinder nicht, wenn ein Hund beißt, und das habe ich auch nie erzählt. Das muß man den Kindern schon zuliebe tun. Die sollen sich ja nicht fürchten.« Aber Kinder sollten nach ihrer Meinung erzogen werden, und so steckten ihre Märchen voller unaufdringlicher Ermahnungen, die sie aus dem Märchengeschehen ableitete – mit dem Erfolg, daß ihr die Kinder beim Abschied tatsächlich versprachen, sie wollten brav sein. – Diese Erzählerin hätte (ähnlich wie Frau Peters) eine gesonderte Untersuchung verdient. Doch konnten zumindest zwanzig ihrer Geschichten auf Band oder schriftlich festgehalten werden, ehe sie starb.

Ihr Märchenerzählen war allerdings ebensowenig typisch für die Erzählsituation in der Kinderstube wie das von Frau Peters. Zum einen beschränkt sich das Repertoire der Märchen erzählenden Frauen in der Regel, wie schon bemerkt wurde, auf wenige Stoffe. Zweitens bleibt der Erzählkreis für gewöhnlich auf die Kinder einer Familie beschränkt (und ist nicht, wie bei Frau Freiwald, für jedes Kind offen, das zuhören will). Und drittens tritt das freie Fabulieren beim Märchenerzählen weithin zurück. Vielmehr wird versucht, in der Wiedergabe der Märchen so nah wie möglich an den Grimmschen Versionen zu bleiben.

Man würde heute vermutlich kaum noch Märchen erzählen, gäbe es nicht in nahezu jeder Familie eine Ausgabe der Grimmschen Sammlung, in der die Märchen jederzeit gelesen und nachgelesen werden können. Das Buch ist hier für die Erzählenden sowohl Quelle wie ständige Gedächtnisstütze; und auch die Kinder haben, sobald sie ins Lesealter kommen, die Möglichkeit, das Gehörte auf seine ›Richtigkeit‹ hin zu überprüfen. Nicht zufällig wurde wiederholt von Frauen, die ihren Kindern oder Enkeln Märchen zu erzählen pflegten, betont, sie wollten diesen doch ›nichts Falsches‹ beibringen. Frau Freiwald dagegen mußte es sich hin und wieder gefallen lassen, von ihren schon lesekundigen Zuhörerinnen korrigiert zu werden: »Die sagen denn: ›Nein, Tante Berta, du gammelst ja. So steht das nicht im Buch.‹«

Trotz aller Reaktivierung durch Lektüre nimmt das Märchen neben Schwank und Witz, Anekdote und Erlebnisbericht, die vorwiegend mündlich kursieren, im heutigen Erzählen nur einen bescheidenen Platz ein (Neumann 1980b, 94ff.). Doch werden die alten Märchen – neben den immer neuen Witzen – nicht nur als Bildungsgut, ihrer poetischen Inhalte wegen oder mit didaktischer Absicht weitererzählt. Aus manchen Märchen spricht immer noch deutlich das Ich des Erzählers. Nicht nur Rusts Geschichte vom starken Knecht oder die Frauenmärchen der Peters sind stark von der eigenen Erlebniswelt her geprägt. Auch die persönliche Note in den Märchen anderer Erzählerinnen zeigt, welche Beziehungen zu den Inhalten tradierten Erzählguts noch heute bestehen können. Dennoch bewirkt das literarische Vorbild der Grimmschen Märchen, daß die Wiedergaben im wesentlichen dem vorgegebenen Muster folgen. Dadurch hat das Märchenerzählen einen gleichsam verbindlichen Rahmen erhalten und ist allgemein auf die ›Form Grimm‹ festgelegt. Das macht es möglich, daß die Kinder dasselbe Märchen von verschiedenen Seiten hören können, ohne irritiert zu werden.

Das traditionelle Erzählen bietet ja selbst für die Kleinen im Vorschulalter längst nicht mehr die einzige Möglichkeit, Märchen kennenzulernen. Vielfach ist es in den Kindergärten üblich, den Kindern Märchen vorzulesen oder als Puppentheater vorzuspielen. In den Kindersendungen des Rundfunks werden fast täglich Märchen ›erzählt‹ oder als Hörspiel geboten; im Kino laufen Märchenfilme, und das Fernsehen bringt sie an jedem Wochenende unmittelbar in die Wohnung, in der vielfach auch Märchenschallplatten zum Anhören zur Verfügung stehen. Daneben bildet das individuelle Lesen von Märchenbüchern – etwa vom achten Lebensjahr an – nurmehr eine Art Ergänzung, wiewohl die jungen Leser dabei bewußter auf die Texte zu achten beginnen und neben deutschen Märchen vielfach auch die anderer Völker kennenlernen. Allerdings bilden Märchen in der Regel weder die einzige noch überhaupt die wichtigste Lektüre der Kinder. Das Leseangebot in den kommunalen Kinderbibliotheken, die eifrig frequentiert werden, ist so breit, daß es den vielfältigsten Interessen Rechnung tragen kann. Und der private Buchbesitz der Kinder weist auch für gewöhnlich ihre jeweilige Lieblingslektüre aus, unter der speziell für Kinder geschriebene Bücher mit Kindern als Helden, Abenteuerliteratur (vom Indianerbuch bis zu Science fiction), geschichtliche Ereignisse behandelnde Erzählungen etc. weit vor Märchen rangieren.

Eine ähnlich begrenzte Rolle spielen Märchen im Bewußtsein der erzählenden Erwachsenen, auch wenn es sich, wie bei vielen Frauen, um deren wichtigstes Erzählgut handelt. Für die Erzähler der Jahrhundertwende machte der Inhalt ihrer Märchen vielfach noch einen wesentlichen Bestandteil ihrer geistigen Welt aus. Wer heute Märchen erzählt, hat einen anderen Bildungs- und Erfahrungshorizont gewonnen, für ihn ordnen sich das Gefallen an diesem Erzählgut und der Spaß an dessen Wiedergabe in eine Vielzahl anderer geistiger Interessen und Möglichkeiten ein. Selbst eine so kenntnisreiche und engagierte Märchenerzählerin wie Bertha Peters, für die ihre Märchen noch ein wichtiges Medium der Selbstaussage bildeten, befriedigte ihre geistig-kulturellen Bedürfnisse vorrangig durch Lesen, Radio hören und Fernsehen, interessierte sich »für Gott und die Welt« und verstrickte mich bei meinen Besuchen oft in lange Gespräche, die die ganze Problemvielfalt des Lebens betrafen, ehe von Märchen die Rede war. Erst als der Band *Eine mecklenburgische Märchenfrau* vorlag, begann sie, ihren Märchen zunehmend Bedeutung beizumessen, und genoß das Echo, das sie nun – gedruckt – fanden. Einladungen, diese Märchen in der Öffentlichkeit vorzutragen, folgten und gaben ihr schließlich eine Ausnahmestellung unter den Frauen in Mecklenburg, die Märchen erzählten. Denn eine professionelle Märchenerzählerin der Art, wie sie in westlichen Ländern neuerdings öfter begegnet, existiert hier bislang nicht. Und wie es scheint, haben auch die verschiedenen Ausgaben plattdeutsch erzählter Märchen aus Mecklenburg das mündliche Erzählen in der Gegenwart bisher nicht beeinflußt.

Als Fazit ergibt sich: Die reiche mecklenburgische Märchenüberlieferung des späten 19. Jahrhunderts, Zeugnis hoher Volkserzählkunst wie sozialer und kultureller Zurückgebliebenheit, ist heute nur noch in Relikten greifbar. An ihre Stelle ist das Lesen und Vorlesen von Märchen und das Märchenerzählen im Zeichen des Buches, vor allem der Grimmschen Sammlung, getreten – soweit nicht die Märchenvermittlung durch die modernen Medien die Szene beherrscht. In der Regel hat das vielfältige Angebot von ›Märchen frei Haus‹ für Kinder als wichtigste Adressaten das traditionelle Märchenerzählen, speziell in der Familie, jedoch nicht einfach ersetzt, sondern zugleich Märchensujets als Erzählstoff neu verfügbar gemacht. Es gibt zahlreiche Familien, in denen Kinder bis ins Lesealter von Eltern, Großeltern oder älteren Geschwistern die ›gängigsten‹ Grimmschen Märchen weniger vorgelesen als nacherzählt bekommen. Soweit das nur sporadisch, auf Bitten der Kinder, geschieht, bilden sich dabei keine ›Erzähler‹ heraus. Männer oder Frauen, die mit wirklichem Talent und Engagement Märchen erzählen, sind (wie allerdings auch schon in der Vergangenheit) relativ selten. Bei Männern, selbst ausgesprochenen Erzählerpersönlichkeiten, die – unabhängig von Beruf und Bildungsgrad – Schwänke, Witze und Alltagsgeschichten bevorzugen, bilden Märchen im Repertoire deutlich die Ausnahme. Frauen, die beim Erzählen in der Kinderstube ihre Begabung entfalten, sind dagegen weit stärker auf Märchen fixiert, wobei die Kenntnis Grimmscher Texte im Vordergrund steht. Diese bilden generell das Muster, auf das die eigene Erzählweise, selbst in Mundart und bei starker innerer Anteilnahme, ausgerichtet ist. Gelegentlich aber werden Grimmsche Märchen auch aufgegriffen, um sie nach eigenen Vorstellungen ›für Kinder geeignet‹ wiederzugeben.

Alles spontane Märchenerzählen ist auf die Kinderstube beschränkt. Hier können jedoch auch die unter dem Einfluß des Buches erzählten Märchen noch Ausdruck individueller Erzählkunst wie Spiegelbild der Persönlichkeit des jeweils Erzählenden sein.

Tatsächlich zeigt selbst die Überlieferung eines so poetischen, inhaltlich stark dem Wunderbaren verhafteten Erzählgenres, wie es das Märchen darstellt, in welchem Maße mündliches Erzählen tradierter Inhalte von den jeweiligen sozialen und kulturellen Verhältnissen, von den Lebensumständen, Erlebnissen und Ansichten der Erzähler und Hörer einer bestimmten Zeit geprägt war und ist. Wer wann wo was erzählt, ist nicht zufällig – das gilt auch hier. Dabei ist der Wandel unübersehbar: Während das Märchenerzählen um die Jahrhundertwende in Kreisen der Landbevölkerung sichtlich von sozialen Akzenten geprägt war, weisen die heute im Zeichen des Buches daheim für Kinder erzählten Märchen eher kindgemäß-didaktische oder ganz individuell-persönliche Züge auf.

Literatur

Neumann, S.: Volkserzähler unserer Tage in Mecklenburg. Bemerkungen zur Erzähler-Forschung in der Gegenwart. In: Deutsches Jahrbuch für Volkskunde 15 (1969), 31–49.

Neumann, S.: Ein mecklenburgischer Volkserzähler. Die Geschichten des August Rust. Berlin (1968) ²1970.

Neumann, S.: Mecklenburgische Volksmärchen. Berlin 1971.

Neumann, S.: Eine mecklenburgische Märchenfrau. Bertha Peters erzählt Märchen, Schwänke und Geschichten. Berlin (1974) ²1976.

Neumann, S.: Plattdeutsche Märchen. Volkserzählungen aus Mecklenburg. Rostock 1978.

Neumann, S.: Richard Wossidlo und die mecklenburgische Volksdichtung. In: Kikut 5 (1980), 3–17.

Neumann, S.: Volkserzählung heute. Bemerkungen zu Existenzbedingungen und Daseinsformen der Volksdichtung in der Gegenwart. In: Jahrbuch für Volkskunde und Kulturgeschichte 23 (1980), 92–102.

Wehse, R. (ed.): Märchenerzähler – Erzählgemeinschaft. Kassel 1983.

Wossidlo, R.: Mecklenburgische Sagen 1–2. Rostock 1939.

Wossidlo, R./Henßen G.: Mecklenburger erzählen Märchen, Schwänke und Schnurren. Berlin 1957.

Rezente Erscheinungsformen der Märchen in Polen

Dorota Simonides

Wie aus dem Titel ersichtlich, werde ich nicht nur über polnische Märchen sprechen, sondern auch über Märchen, die in der polnischen Kultur Aufnahme fanden. Andererseits kann man kaum von typisch nationalen Märchen ausgehen, da ihr nationaler Charakter hauptsächlich in der Ausstattung mit kulturellen, historischen, geographischen und sittlichen Realien liegt oder auch in der Häufigkeit ihres Auftretens in der gegebenen Volksgruppe begründet ist. Der Anpassungsprozeß berührt nicht die Handlungsstruktur der Erzählung, sondern verleiht den Texten nur das Lokalkolorit.

Neuere Forschungen ergeben, daß über 80% der in Polen im Umlauf befindlichen Märchen dem gesamteuropäischen Märchenschatz angehören. Schon bis zur Mitte des 18.Jahrhunderts wurden über 60 bekannte Märchen in polnischer Sprache in gedruckter Form herausgegeben. Darunter befanden sich vor allem Predigtmärlein und solche Lieblingsmärchen wie *Schneewittchen, Die Schöne und das Tier* (Amor- und Psyche-Typ), *Dornröschen, Brüderchen und Schwesterchen* u. a. (Kapełus/Krzyżanowski 1957, 10–19; Krzyżanowski 1980; Kruszewska-Michałowska 1965, 299–301).

Außer den mittelalterlichen Quellen (*Gesta Romanorum* u. a.) lassen sich, historisch bedingt, vor allem italienische, französische und orientalische Einflüsse auf das Repertoire der Märchen feststellen. Die italienischen begannen im 16.Jahrhundert mit der Ansiedlung zahlreicher italienischer Künstler durch die polnische Königin Bona aus dem Hause Sforza. Die französischen Einflüsse wurden besonders stark um die Wende des 17.Jahrhunderts infolge des regen Kontakts des polnischen Adels mit der französischen Kultur. Insbesondere die Märchen Charles Perraults wie auch andere Feenmärchen (Contes des fées) sind auf diesem Wege ins polnische Sprachgebiet vermittelt worden. Die orientalischen Einflüsse resultieren einerseits aus den kriegerischen und kaufmännischen Kontakten mit dem Osmanischen Reich, und andererseits gehen sie auf die orientalische Märchenwelle in Frankreich im 18.Jahrhundert zurück, die in Polen nachwirkte (Kapełus 1968, 8–28). Einer großen Popularität erfreuten sich gleichermaßen die Märchen aus *1001 Nacht,* die hauptsächlich durch die französischen Übersetzungen in den Märchenschatz in Polen eingingen.

Wie in ganz Europa, so waren es auch in Polen vor allem Geistliche und Autoren aus adligen Kreisen, die zur Verbreitung der Märchen im Volk beitrugen. Selbstverständlich wurden in das mündliche Repertoire nur diejenigen literarischen Märchen aufgenommen, welche den ethnopsychologischen Bedürfnissen des Volkes entsprachen. Diese Bedürfnisse führten auch dazu, daß ein Teil dieser Märchen während der mündlichen Tradierung einer grundlegenden Veränderung unterlag (Simonides 1969, 199–258). Heute ist leider nicht mehr nachweisbar, wie das mündliche Repertoire des polnischen Volkes vor dem 19. Jahrhundert aussah, nur indirekte Hinweise gibt es, daß es dem westeuropäischen ähnelte. Die erste Sammlung polnischer Volksmärchen und Sagen erschien allerdings erst im Jahre 1837 (Wójcicki 1837). Seit dieser Zeit sind ständig Feldforschungen durchgeführt worden, die es erlauben, die Erscheinungsformen der Märchen kontinuierlich zu verfolgen; die seither edierten Märchensammlungen besitzen jedoch einen unterschiedlichen wissenschaftlichen Wert. Die Märchen aus den zuerst veröffentlichten Sammlungen zeigen sehr ausgeprägte Spuren einer literarischen Bearbeitung. Die wissenschaftlich nicht vorbereiteten Sammler sahen der romantischen Mode entsprechend im Volk den Träger ethischer und polnisch-nationaler Werte und gestalteten in diesem Sinne die Stoffe um und ergänzten die Vorlagen (Simonides 1981, 327–329). Diese Tendenz wurde noch von einer zweiten überlagert. Polen war in dieser Zeit durch die drei Nachbarstaaten – Preußen, Rußland und Österreich – besetzt. Die polnischen Intellektuellen fühlten sich verpflichtet, das Nationalbewußtsein in allen drei Teilen des ehemaligen polnischen Staates aufrechtzuerhalten und der Germanisierung und Russifizierung des Volkes entgegenzutreten. In der Verbreitung von Märchen- und Sagensammlungen sah man eines der wichtigsten Mittel, den Widerstand des Volkes zu wecken. Diese instrumentale Behandlung der Kultur durch die Intellektuellen ist charakteristisch für die ganze Periode bis zur Wiedererlangung der polnischen Souveränität im Jahre 1918. Die große Verbreitung von Sammlungen dieser Art führte zu einer Verfälschung der Vorstellung über das mündliche Repertoire des Volkes (Simonides 1988).

In der zweiten Hälfte des 19. Jahrhunderts, nach zwei gescheiterten nationalen Aufständen (1830, 1863), wurde die Feldforschung auf dem Gebiete der Erzählungen dann durch Wissenschaftler übernommen. Schnell erkannte man, daß sich die Märchen des mündlichen Repertoires in Form und Inhalt wesentlich von den bisher veröffentlichten Sammlungen unterschieden. Diese Erkenntnis trat noch deutlicher zutage, als der damals entstehende neue Zweig der Sprachwissenschaft – die Dialektologie – begann, Feldforschungen zu betreiben. Die

Sprache der von den Dialektologen aufgezeichneten Volksmärchen war weit entfernt von der Sprache der Märchensammlungen aus der Zeit der Romantik. Sie war meist derb und zeitweilig sogar vulgär. Obwohl in den Texten die typologischen Merkmale der Gattung erhalten waren, fehlt doch die durch die romantischen Sammler eingeführte Poesie. Der Inhalt der Märchen, so wie es auch Lutz Röhrich (^{5}1979) zeigt, entspricht den Realitäten und der Vorstellungswelt des einfachen Volkes. Ein gutes Beispiel für eine wissenschaftlich musterhaft durchgeführte Feldforschung in jener Zeit ist die 1869 entstandene Sammlung von über 200 Texten Lucjan Malinowskis, des Vaters des weltberühmten Ethnologen Bronisław Malinowski. Diese Sammlung erschien jedoch posthum, nach über hundert Jahren (Malinowski 1973). Die Aufzeichnungen waren so authentisch, daß die Texte weder in Schulbüchern noch in populären Sammlungen veröffentlicht werden konnten, eben wegen der Derbheit und Vulgarität der Sprache und des Inhalts. Ein ähnliches Schicksal traf auch andere Sammlungen dieser Art.

Man muß sich bewußt sein, daß diejenigen Texte, die in wissenschaftlichen Zeitschriften von Sammlern veröffentlicht wurden, immer ein wenig »geschönt« waren: Die Bearbeitung erfolgte zugunsten besserer Lesbarkeit, aber stets auf Kosten der Authentizität (vgl. Moser 1979). Dies gilt auch über die im monumentalen Werke Oskar Kolbergs (1857–90) enthaltenen Märchen und betrifft vor allem sexuell Anstößiges.

Um die Jahrhundertwende entstanden zwei für die Erzählforschung wichtige wissenschaftliche Zeitschriften. *Wisła* (Die Weichsel) und *Lud* (Das Volk), das Organ der Polnischen Gesellschaft für Volkskunde. Mitarbeiter dieser Zeitschriften waren die bedeutendsten Folkloristen und Dialektologen. Die Zeitschriften führten auch eine rege Zusammenarbeit mit ausländischen Wissenschaftlern (Kapełus/Krzyżanowski 1970, 1982). Die Sammelarbeit erbrachte eine große Anzahl von Texten (über 6000). Sehr groß war die Vielfalt von Varianten einzelner Märchentypen, zum Beispiel wurden vom Erzähltyp AaTh 756B (Erzählung vom Räuber Madej) über 50 Varianten aufgenommen. Trotz dieser beträchtlichen Zahl von Texten war man sich bewußt, daß diese Sammlungen nicht alle im mündlichen Repertoire lebenden Typen erfaßten. Daher forderte der Ethnograph und Folklorist Seweryn Udziela auf dem Kongreß der Polnischen Gesellschaft für Volkskunde im Jahre 1905, die Sammelarbeit auf bisher nicht erfaßte Märchentypen zu beschränken und die Anzahl der Varianten bekannter Typen nicht mehr zu vergrößern (Udziela 1905). Die Absicht Udzielas zielte auf die Edition einer kompletten Sammlung aller im polnischen

Sprachgebiet tradierten Erzähltypen und ihre Klassifikation. Leider wirkte sich jedoch dieser Appell negativ auf die Sammlertätigkeit aus. In den folgenden vierzig Jahren wurden praktisch keine Erzählungen mehr aufgenommen, einzelne neue Texte nur beiläufig von Dialektologen aufgezeichnet.

Die Philologen beschränkten sich in dieser Zeit auf komparatistische Studien, welche den Weg der Stoffe vom literarischen Märchen zur mündlichen Tradierung und von ihr zurück zur Hochliteratur zeigten. Die wichtigste Arbeit auf diesem Gebiet sind die *Paralele* Julian Krzyżanowskis, ›Vergleichende Studien aus dem Grenzgebiet der Literatur und der Folklore‹, deren erste Auflage im Jahre 1935 erschien, Krzyżanowski zeigt das stete, dynamische, gegenseitige Aufeinanderwirken der Literatur und der Volkserzählung und illustriert den regen Austauschprozeß zwischen Literatur und mündlicher Tradition mit Beispielen aus der polnischen Literatur vom Mittelalter bis zur Gegenwart. Das Werk hatte drei Neuauflagen. Die dritte, wesentlich umgearbeitete erschien erst nach dem Tode des Autors im Jahre 1977. Ein Abschnitt war der Dynamisierung des oben genannten Austauschprozesses durch die Massenmedien gewidmet. In der Arbeit wurde auf eine neue Tendenz hingewiesen, und zwar auf die Angleichung des Kulturniveaus der einzelnen sozialen Schichten durch die zivilisatorischen Ausgleichsprozesse der Nachkriegsjahre (Krzyżanowski ^{3}1977, 844–854).

Die bereits von Udziela 1905 angeregte Klassifikation der polnischen Volksmärchen, *Polska bajka ludowa w układzie systematycznym* 1–2 (Systematischer Katalog der polnischen Volksmärchen), erschien erst 1947, in zweiter überarbeiteter Auflage 1962/63 und stammte ebenfalls von Julian Krzyżanowski. Aus dem internationalen Typenkatalog *The Types of the Folktale* von Antti Aarne und Stith Thompson (1928, rev. Ausg. 1961) übernahm er die Typennummern und die Strukturierung der Stoffe. Der Begriff ›Volksmärchen‹ umfaßt bei Krzyżanowski alle Volkserzählungen außer mythischen und lokalen Sagen. Sagen mit märchenhaften Zügen nahm er jedoch auch in die Systematik auf, verbreiterte so die Numerierung der Erzähltypen und paßte das Schema an die Spezifik der polnischen Volkserzählung an. Die Systematik enthält alle in der Zeit von 1837 bis 1960 veröffentlichten Typen und Varianten. Die Varianten der einzelnen Typen sind regional geordnet. Für jede Variante ist die Quelle angegeben und, sofern vorhanden, die betreffende AaTh-Nummer, ferner die Nummer der Grimmschen *Kinder- und Hausmärchen* wie auch Band und Seite der Bolte-Polívka-Kommentare zu den *Kinder- und Hausmärchen* (Leipzig 1913–32).

Seit 30 Jahren führe ich selbst, unter Mitarbeit meiner jeweiligen Studenten, in ganz Polen Feldforschungen auf dem Gebiet der Volkserzählung durch. Dabei interessiert mich das gesamte Repertoire der verschiedenen sozialen Schichten und Berufsgruppen, sowohl auf dem Lande als auch in Industriegebieten. Die Forschung umfaßt die verschiedenen Altersgruppen der Bevölkerung, von den Vorschulkindern bis zu den alten Menschen. Das Ergebnis dieser Forschung sind zahlreiche wissenschaftliche Bearbeitungen der gesammelten, gegenwärtig tradierten Erzählungen, welche bislang in neun Textsammlungen herauskamen (Simonides 1968 ff.). In der ersten Phase der Feldforschung (Anfang der sechziger Jahre) bediente ich mich der herkömmlichen Methode der Märchenforschung, die älteste Generation zu befragen. Auf diese Weise wurde nicht nur der Bereich der Kontinuität der mündlichen Überlieferung der Märchen abgegrenzt, sondern auch die Art und vor allem die Tiefe ihrer Vermittlung (Transformation) festgestellt. Unter Transformation verstehe ich nicht nur die im Laufe der Zeit stattfindende Umgestaltung der Märchentypen, sondern auch ihre Deformation.

Die Forschungen ergaben, daß die älteste Generation ungefähr 60% der tradierten Märchen aus der eigenen Kindheit kannte, wobei als Quelle meist die Großmutter angegeben wurde. Man hat es also mit einem Generationssprung der Tradierung, von den Großeltern zu den Enkeln, zu tun. Dies führte dazu, in der nächsten Phase der Forschung die noch nicht lesenden Vorschulkinder zu befragen, um möglichst weitgehend den Einfluß des literarischen Kunstmärchens auf das mündliche Repertoire auszuschalten. Ich stellte fest, daß in dieser Altersgruppe die aktive Kenntnis der Märchen am größten ist (Simonides 1976, 249). Daher konzentrierte ich mich im Bereich der Märchenfeldforschung hauptsächlich auf diese Altersgruppe. Schon im Anfangsstadium mußte ich feststellen, daß das mündliche Repertoire wesentlich davon abhängt, ob das Kind in der Stadt oder auf dem Lande wohnt, aus welchem sozialen Milieu es stammt, und auch, ob es einen regen Kontakt mit der Großmutter hat. Außerdem versuchte ich herauszufinden, welche Märchen den Kindern erzählt werden und welche am beliebtesten sind. Typisch für diese Altersgruppe ist, daß das Repertoire einen eher regionalen Charakter trägt. Eine Gegenüberstellung des aktiven Repertoires dieser Kinder mit dem der Großeltern, von denen ja das Repertoire stammt, ergab, daß das Typenspektrum der Kleinkinder breiter ist als das aktive Repertoire der Erwachsenen selbst (Simonides 1975). Durch die Neugier der Kleinkinder und ihre große Aufnahmekapazität kommt es also zu einer Aktivierung der passiv im Gedächtnis der Großeltern bestehenden Stoffe. Bei der Tradierung durch die Erwachsenen werden die Stoffe meist didaktisch gefärbt und mit den Kindern bekannten Details und Requisiten ausgestattet. Dabei wird aus der primär für die Erwachsenen bestimmten Erzählung ein infantilisiertes, mit Morallehren durchsetztes Kindermärchen, wobei jedoch das morphologische und stoffliche Schema des konkreten Märchens erhalten bleibt. In dieser Gruppe fand ich Bruchstücke der ältesten noch tradierten Stoffe. Diese Spur aufnehmend, gelang es mir durch Befragung der Erwachsenen, die ältesten Stoffe zu rekonstruieren (Simonides 1978).

Zu einer wesentlichen Änderung des Repertoires kommt es, wenn die Kinder selbst zu lesen beginnen. An die Stelle der mündlich tradierten Stoffe treten die international bekannten Buchmärchen, vorwiegend von Perrault, Grimm, Andersen – und das in sehr guter Übersetzung ins Polnische und literarischer Bearbeitung: Dabei wird alles, was für die Kinder als nicht geeignet aufgefaßt wird, aus den Texten entfernt. Es entsteht also eine paradoxe Situation: Die älteren Kinder, welche den Unterschied zwischen Dichtung und Wirklichkeit besser begreifen, werden von den Herausgebern der Buchmärchen vor fiktiven Bedrohungen beschützt, den Kleinkindern dagegen wird weder Grausamkeit noch der stete Wechsel zwischen Phantasie und Wirklichkeit vorenthalten (Simonides 1974).

Es scheint wohl, daß die tradierenden Erwachsenen instinktiv fühlen, was auch Bruno Bettelheim in seinem bekannten Werk *Kinder brauchen Märchen* (Stuttgart 1977) über den psychotherapeutischen Wert der Märchen schreibt. Durch die intensive Aufnahme des neuen Repertoires wird das bisher übernommene zwar verdrängt, aber nicht vergessen und nach vielen Jahren durch die nächste Generation der kleinen Zuhörer aufs neue geweckt.

Klassische Märchen werden von den Jugendlichen gemieden. Unter der Bezeichnung ›Märchen‹ verstehen sie witzige Wortspiele, welche meist eine erotische Färbung tragen. Wie fast alle Wortspiele sind sie nur schwer übersetzbar. Anstelle der Märchen treten in dieser Gruppe moderne Sagen-Horrorgeschichten auf (Simonides 1975, 1987).

In Polen trifft man, wie zumeist im ganzen westlichen Kulturkreis, Märchenerzählen für Erwachsene nicht mehr an. Es gibt nur eine einzige Ausnahme, und zwar die von mir als ›Wettbewerbserzählung‹ bezeichnete Form des Erzählens, welche erst nach dem Zweiten Weltkrieg entstand (siehe unten). Die gegenwärtig in Polen auftretenden Erscheinungsformen der Märchen lassen sich in folgende Charakteristika unterteilen, wobei die künstlerische Gestaltung von Märchenillustrationen, philatelistische Märchenabbildungen und Märchenmotive als Reklame ausgespart bleiben.

1. Buchmärchen

1.1. *Buchmärchen ohne Texte.* In diese Gruppe der Märchenbücher kann man die für Kleinkinder bestimmten Malbücher einordnen. Vorausgesetzt wird, daß das Märchen dem Kinde gut bekannt ist. Jede Episode des Märchens tritt als separates Bild auf. Die Bilder enthalten graphische Darstellungen der Märchengestalten, welche von den Kindern mit Farbstiften ausgemalt werden. Stets handelt es sich dabei ausschließlich um klassische Standardmärchen (hauptsächlich Perrault, Grimm, Andersen).

1.2. *Buchmärchen mit Kurztexten.* Hierzu zählen zwei Gruppen von Märchenbüchern, ebenfalls für Kleinkinder bestimmt. Bei der ersten Gruppe entstehen beim Aufschlagen der Seiten dreidimensionale Bilder, welche die einzelnen Episoden des Märchens darstellen. Jede Episode ist mit einem sehr kurzen Text versehen, welcher jedoch durch das Bild dominiert wird.

Auch in dieser Gruppe treten fast ausschließlich klassische Standardmärchen auf. In der zweiten Gruppe stehen sich auf der einen Seite ein Bild und auf der anderen der Text gegenüber. Die Bedeutung des Bildes und des Textes sind ausgewogen. Der Text in Großdruck wird der Auffassungswelt des Kindes angepaßt und ist sowohl zum Vorlesen durch Erwachsene als auch als Lesestoff für Kinder der ersten Schulklasse gedacht. Die Texte dieser Gruppen von Märchenbüchern sind mit didaktischen Maximen durchsetzt.

1.3. *Literarisch bearbeitete Buchmärchen.* Diese Märchen sind für Schulkinder vorgesehen. Hier dominiert einwandfrei der Text, Illustrationen spielen eine untergeordnete Rolle. Die Texte sind meist von bekannten Schriftstellern bearbeitet und besitzen deswegen ein hohes literarisches Niveau. Durch den Vergleich verschiedener Varianten und Versionen bestimmter Märchen versuchen die Autoren, eine Idealform für jedes Märchen herzustellen. Sie bemühen sich in den Texten, die wesentlichen Merkmale der Gattung zu erhalten. Zu diesen Merkmalen gehören:

- die einfache und stereotype Konstruktion der Handlung,
- die Eindeutigkeit des Verhaltens der Märchenfiguren,
- die Klarheit der Bewertung des Handelns der einzelnen Märchenfiguren,
- die Steuerung der Handlung zum Happy-End,
- der kompensatorische Charakter der Handlung,
- die Unbestimmbarkeit der Zeit und des Ortes der Handlung (Ługowska 1981, 79f.; 1988, 12–15).

Die literarisch bearbeiteten Buchmärchen (es handelt sich hier immer um eine stilistische Umformung der Volksmärchen) gehören zu den beliebtesten Märchen – nicht nur bei Kindern. Der größten Popularität erfreuen sich diejenigen Texte, bei welchen die Struktur und die Handlung dem Volksmärchen entspricht bzw. stark angenähert ist. Befragungen von Kindern ergaben, daß Märchen, bei denen der Autor versucht, möglichst viele, z. T. weitschweifige Einschübe einzufügen, weniger beliebt sind. Dies geschieht zumeist in guter Absicht, und es wird versucht, Volkslieder, -rätsel und Zauberformeln zu ergänzen, um den Text möglichst volkstümlich erscheinen zu lassen; doch wird dadurch der Handlungsablauf unterbrochen und vergessen, daß für den Leser im Märchen die Handlung das Wichtigste ist und ihre Unterbrechung durch weitläufige Zusätze als sehr störend empfunden wird. Aus unserer Erfahrung geht hervor, daß die Leser bei einer mündlichen Tradierung den Text des Märchens von all diesen Einschüben ›reinigen‹ und so den ursprünglichen Text wiederherstellen.

Als sehr kurzlebig erwies sich eine vom sozialistischen Realismus erfundene ›Abirrung‹ der Märchen: Ausgehend davon, daß dem im Kommunismus lebenden Kinde Märchen schaden, wurden dem Volksmärchen nachempfundene Texte veröffentlicht, in denen die nicht dem Volke angehörenden Märchenfiguren verhöhnt wurden. Die Königstochter war stets häßlich und dumm, der König selbst liederlich, die Ritter feige, etc. Die Kinder wehrten sich gegen solche Märchen, da sie sehr gut das Falsche in ihnen erkannten und forderten »wahre Märchen« (Czukowski 1962; Simonides [im Druck]).

2. Volksmärchen

Die Abtrennung der Folkloristik von der Polonistik und der Volkskunde erfolgte in Polen erst nach dem Zweiten Weltkrieg. Dieser Prozeß ist bis heute noch nicht ganz abgeschlossen. Weiterhin wird die Erzählforschung vorwiegend von Polonisten betrieben. Seit Mitte der fünfziger Jahre ist eine ganze Reihe von Volkserzählungssammlungen erschienen. Diese Sammlungen stammen aus drei Quellen:

2.1. *Wissenschaftlich bearbeitete Ergebnisse der Vorkriegsfeldforschung.* Als erste Gruppe treten Erstausgaben von Ergebnissen der Feldforschungen bis zum Zweiten Weltkrieg auf, welche bis dahin nur als Handschriften in Archiven zugänglich waren. Die Texte wurden mundartgetreu oder sogar in phonetischer Aufzeichnung veröffentlicht. Sie kamen in kleinen Auflagen heraus, ohne Illustrationen, aber mit Anmerkungen und Klassifikation, primär für wissenschaftliche Zwecke bestimmt. In einem Teil der Sammlungen wird in den Kommentaren nicht nur auf die Texte selbst eingegangen, sondern auch dokumentiert, unter welchen Umständen sie gesammelt worden sind. Aus wissenschaftlicher Sicht gesehen waren dies die wertvollsten und für die Erzählforscher unentbehrlichsten Texte. Für die Studenten der Volkskunde und der Polonistik sind diese Märchensammlungen die besten Quellen, in welchen sie sich mit den authentischen Erscheinungsformen der Märchen im Volke bekanntmachen können (Malinowski 1973; Nitsch 1929; Zaręba 1961).

2.2 *Neuausgaben von Vorkriegssammlungen.* Als zweite Gruppe lassen sich wissenschaftlich neu bearbeitete Nachdrucke bzw. Neuauflagen von Sammlungen betrachten, welche bis zum Ende des 19. Jahrhunderts erschienen und nur noch in einzelnen Exemplaren in Privatbesitz vorhanden waren. Die Art der Ausgabe entspricht etwa der oben genannten Gruppe (Lompa 1965; Zmorski 1956; Siemieński 1975).

2.3. *Ausgaben von Sammlungen der Nachkriegsfeldforschungen.* Die Nachkriegsfeldforschungen umfaßten alle Gattungen der Volkserzählung und wurden nach modernen wissenschaftlichen Richtlinien durchgeführt, wobei die Folkloristen Unterstützung durch Dialektologen erhielten. Die erhobenen Texte sind auf Tonbändern archiviert und bislang fast alle publiziert, wissenschaftlich bearbeitet und in kleinen Auflagen. Nur ein Teil der Texte erschien auch als populäre Volkserzählsammlung. Durch diese Maßnahme finanzierte man die Ausgabe von wissenschaftlich bearbeiteten Volksmärchen (Kapełus/Krzyżanowski 1956; Simonides 1967 ff.). Aber selbst die populären Ausgaben enthalten auch Kommentare und verständliche Einführungen in die Märchenforschung. Die Texte wurden in Anlehnung an die Klassifikationssysteme AaTh und Krzyżanowski geordnet. Die Auflagenhöhe schwankt in der Regel zwischen zwanzig- und hunderttausend Exemplaren; der ›Schlesische Humor‹ (Simonides 1967 u.ö.) erreichte in gut zwanzig Jahren acht Auflagen (= 250000 Exemplare).

2.4. *Mündlich tradierte Märchen der Gegenwart.* Die von meinen Mitarbeitern, Studenten und mir durchgeführten Feldforschungen ergaben, daß der den Kindern erzählte Märchenfundus viel reicher ist und ein anderes Typenspektrum besitzt als das Gros der Kinderbuchmärchen. Das polnische Buchmärchen unterscheidet sich praktisch nicht von der übrigen europäischen Märchenliteratur für Kinder. Man findet hier vor allem den *Aschenputtel*-Zyklus, den *Gestiefelten Kater, Dornröschen, Schneewittchen, Rotkäppchen,* etc.

Im mündlichen Repertoire liegt eine ganz andere Situation vor. Hier überwiegen Märchentypen, welche dem Vorkommen nach als typisch für den slavischen Sprachraum gelten können. Es handelt sich dabei gleichzeitig um sehr alte Typen, in denen sich Elemente slavischen Volksglaubens widerspiegeln. Da es sich dabei oft um Derbheiten und Brutalitäten handelt, wurden sie von Pädagogen als ungeeignet für Kinder abgetan und nicht in Sammlungen von Kindermärchen aufgenommen. Gott sei Dank werden sie jedoch trotzdem von den Großmüttern den Enkeln erzählt, denn sonst wären sie ja längst aus dem Märchenschatz verschwunden. Charakteristisch für die oft erzählten Märchen ist die Vielzahl der notierten Varianten, was wiederum typisch für die überwiegend mündliche Tradierung erscheint.

3. Die Wettbewerbserzählung als neue Erscheinungsform der Märchen

Zur Phänomenologie des Märchens in Polen gehört seit einigen Jahrzehnten die sogenannte Form der Wettbewerbserzählung. Unmittelbar nach dem Zweiten Weltkrieg versuchte unser Staat, sich in der breiten Masse durch eine Förderung jeglicher Art von Volkskunst hervorzutun. Diese Bemühungen fanden großen Anklang, da ja während des Krieges alles Polnische durch die deutsche Besatzungsmacht rücksichtslos verfolgt worden war. Es bildete sich eine große Anzahl von Volkskunstgruppen. Im Jahre 1949 kam diese Form der Vermittlung durch die stalinistischen Einflüsse jedoch faktisch zum Erliegen. Für uns Heutige klingt es komisch: Aber auch aus Schulen und Kindergärten wurden die Märchen verbannt, da sie den Kindern »das Gift der feudalen Gesellschaft« einträufeln konnten. Erst nach dem Volksaufstand von 1956 lebte die Volkskunstbewegung spontan wieder auf, und die Märchen kehrten in das Leben der Kinder zurück. Eine der Aufgaben sahen die Volkskunstgruppen im Sammeln und Popularisieren der noch in der älteren Generation lebenden Volkserzählungen. Anfangs traten die erzählenden Gruppen fast nur im eigenen Milieu auf. Die Gelegenheiten dazu waren meist staatliche und regionale Festivitäten. Da die Zuhörergruppe immer gleich blieb, mußte das Repertoire oft gewechselt werden, was wiederum einen Antrieb zur Sammlung von weiteren Stoffen gab. Die Aktivität der Volkserzählbewegung erwies sich als sehr positiv. Sie führte zur Erfassung des noch bestehenden Volksgutes, das sowohl durch den Rundfunk, den Kulturfilm als auch durch die Volkskundler aufgezeichnet bzw. verbreitet wurde. Es entstanden Archive für Volkslieder, -tänze und -erzählungen. Film, Rundfunk und später auch das Fernsehen machten einzelne, sich hervorhebende Volkserzähler und ihr Repertoire im ganzen Land bekannt. Dies hatte unter anderem zur Folge, daß die so berühmt gewordenen Erzähler Einladungen zu Auftritten aus dem ganzen Land erhielten, was wiederum zu einem überregionalen Austausch des Repertoires zwischen den einzelnen Erzählern führte und auch zur Initiative, Volkskunstfestivals in den einzelnen Regionen und später auch zentrale Erzählungsfestivals zu veranstalten. Die Auswahl der besten Erzähler zur Teilnahme an den Festivals erfolgte durch stufenweise Elimination in Wettbewerben. Die regionalen, überregionalen und zentralen Erzählungsfestivals wurden auf diese Weise zu einer dauerhaften Institution unseres Kulturlebens.

Wie zu beobachten war, wirkte sich der institutionalisierte Wettbewerb nicht nur auf die Art der Darbietung aus oder auf den Inhalt des Märchens selbst, sondern auch auf den Erzähler und die ganze Erzählsituation (Simonides/Smolińska 1980).

Mit den Kriterien der Erzählforschung läßt sich der Entwicklungsprozeß der Wettbewerbe wie folgt strukturell analysieren:

»Wo?« Im Gegensatz zum normalen kleinen Kreis bekannter Zuhörer tritt beim Wettbewerb, in einer fremden Umgebung, ein großer Kreis anonymer Zuhörer auf. Statt in der Mitte der Zuhörer steht der Erzähler allein und in großer Entfernung von ihnen auf der Bühne. Unter diesen Umständen kann es keinesfalls zu der für die Volkserzählung wichtigen ›Rückkoppelung‹ zwischen Erzähler und Zuhörergemeinschaft kommen.

»Wem?« Obwohl im Raum eine größere Anzahl von Zuhörern zugegen ist, wird das Märchen praktisch nur für eine kleine Gruppe von Personen erzählt: für die Jury, von der die Bewertung und der Preis abhängen.

»Was?« Bei dem traditionellen Märchenerzählen hängt das, »was« erzählt wird, davon ab, »wem« erzählt wird. Auch das »Warum« hat einen Einfluß darauf, »was« vorgetragen wird – geht es doch darum, einen Preis zu gewinnen. Das Repertoire wird also zwangsläufig den mutmaßlichen Erwartungen der Jury angepaßt. Da der Auswahlkommission auch Erzählforscher angehören, versuchen die Erzähler, möglichst alte, nicht mehr im Umlauf befindliche Stoffe aufzuspüren und sie kreativ in die Märchen einzufügen. In dieser Hinsicht spielen die Wettbewerbe eine positive Rolle, da oft Stoffe erscheinen, zu denen der außerhalb der lokalen Gemeinschaft stehende Erzählforscher nie vorstoßen würde. Andererseits jedoch versuchen die Erzähler, durch positive Reaktion des Publikums die Jury zu beeinflussen. Aus diesem

Grunde werden komische Momente hervorgehoben und nicht selten obszöne Episoden in den Text eingefügt, ungeachtet dessen, daß sich auch Kinder unter den Zuhörern befinden.

»Wie?« Im Gegensatz zum normalen Erzählprozeß, wo der endgültige Text aufgrund der bestehenden Interaktion mit den Zuhörern spontan während des Erzählens entsteht, werden die Wettbewerbstexte schriftlich vorbereitet. Das hat vielerlei Gründe. Vor der Zulassung zur engeren Auswahl müssen die Texte eingereicht werden. Eine Zeitlang auch mußten die Texte vor dem Vortrag der Zensurbehörde vorgelegt werden.

Um einen guten Eindruck auf die Dialektologen in der Jury zu machen, verwendeten die Erzähler archaische Regionalismen im Text, für die Folkloristen dagegen waren alte Sprichwörter und Zauberformeln bestimmt. Den Erzählern war auch an einer kunstvollen Form des Vortrages gelegen. Das alles schien jedoch nur möglich, wenn der Text schriftlich vorlag.

»Warum?« Im Anfangsstadium der Wettbewerbe als Institution spielte zweifellos das Wettbewerbserzählen die gleiche Rolle wie im heimischen normalen Zuhörerkreis. Auch in der neuen Situation ging es um pädagogische, ästhetische und unterhaltende Ziele. Als persönliche Motivation reichte dem Erzähler traditionell außer der Schaffensfreude das Ansehen bei der eigenen Gemeinschaft aus. Da jedoch das spontane Erzählen im kleinen Kreis nahezu ausgestorben ist, bleibt für den geborenen Erzähler also nur noch der Wettbewerb übrig, bei dem er nicht nur das Ansehen der Umgebung, sondern sogar einen Preis gewinnen kann. Mit dem Preis, vor allem bei Zentralwettbewerben, sind aber noch weitere Forderungen verbunden:

- der Erzähler darf gegen Bezahlung als Volkserzähler in Kultur-, Kinder- und Altersheimen auftreten;
- die berühmtesten Erzähler/innen können Mitglied des Vereins für Volkskunstschaffende werden, wodurch sie im Pensionsalter eine erhöhte ›Pension für Kunstschaffende‹ erhalten.

Auch solcher Ansporn sollte für die Entstehung der Gruppe nicht außer acht gelassen werden.

»Wer?« Anfangs gab es Schwierigkeiten, die traditionellen Erzähler zur Teilnahme an den Wettbewerben zu überreden. Das hat sich im Laufe der Jahre geändert, wobei sich sozusagen eine regelrecht ›professionelle‹ Stammgruppe von Wettbewerbserzählern herausgebildet hat. Obwohl die Erzähler die Stoffe aus verschiedenen Quellen kompilieren, beanspruchen sie die Autorenrechte für die Texte. Nicht selten kommt es innerhalb dieser Gruppe zur Anklage wegen angeblicher Plagiate, wenn jemand dieselben Motive benutzt.

Vom Standpunkt der Märchenforschung gesehen unterlag die gut gemeinte Idee der Volkserzählungswettbewerbe einer Deformation. Aus Volksdichtung wurde eine Art von naiver Literatur – analog zur naiven Malerei. Um dieser Deformation entgegenzuwirken, wurden in einigen Regionen Polens die Wettbewerbe in Volkserzählungsfestivals, ohne Bewertung und ohne Preisvergabe, umgewandelt. Man kann schon die ersten Resultate dieser Änderung beobachten. Sowohl die Erzähler als auch ihr Repertoire haben sich im positiven Sinne geändert. Unter dem Deckmantel der Volkserzählung erscheinen auch Sammlungen solcher Wettbewerbsmärchen und -erzählungen (Widera 1978). Als Erscheinung des Folklorismus wurden die Wettbewerbe von folkloristischer Sicht einer wissenschaftlichen Analyse unterzogen und die Ergebnisse der Analyse in Arbeiten des Lehrstuhls für Folkloristik der Pädagogischen Universität in Opole veröffentlicht (Smolińska 1986, 1987).

Zu den rezenten Erscheinungsformen der Märchen in Polen gehört auch noch ein Wort zu den populären Märchenpublikationen heutiger Tage: So weit es der akute Papiermangel in unserem Lande erlaubt, wird ein kleiner Teil der bekanntesten Standardmärchen des europäischen Volksgutes in großen Auflagen und in vielerlei Bearbeitungen herausgegeben. Der mündlich tradierte und sehr reichhaltige polnische Märchenschatz ist zwar lückenlos aufgenommen, archiviert und systematisiert worden, aber außer den Erzählforschern ist er in seiner Gesamtheit nahezu unbekannt, da ja diese Texte nur in kleinen Auflagen in Originalfassungen für Erzählforscher herauskamen. Einer Ausgabe in großen Auflagen in Originalfassung haben sich bislang die Pädagogen, welche diese Fassung als für Kinder ungeeignet ansehen, widersetzt. Hier beginnt eigentlich mein Dilemma, da ich als Folklorist und als Leiter des einzigen Lehrstuhls für Folkloristik in Polen einer Veröffentlichung der Volksmärchen nur in Originalfassung zustimmen sollte. Ich sehe jedoch auch, daß der wertvollste Teil des Volksmärchens in Polen, das mündlich tradierte Märchen, der Gefahr ausgesetzt ist, auszusterben. Der Grund dafür liegt in der Atomisierung der Familie in Polen. Die schlechten Wohnverhältnisse haben zu einem Zerfall der traditionellen Drei-Generationen-Familie geführt, in welcher der enge Kontakt zwischen den Trägern der Tradition – den Großeltern – und ihren Empfängern – den Enkeln – die Kontinuität der Tradierung der Volksmärchen garantiert hatte. Dieser Kontakt, und damit die Kontinuität der Tradierung, droht zu zerreißen. Meiner Ansicht nach kann diese Gefahr nur dadurch gebannt werden, wenn man von dem Postulat der Originalfassung zurücktritt und diese Märchen in einer für Kinder geeigneten Fassung in großen Auflagen herausgibt. Ich höre schon die Empörung meiner folkloristisch-puritanischen Kollegen. Ist es jedoch nicht besser, den wertvollsten Teil des polnischen Volksmärchens in einer ein wenig bearbeiteten Form am Leben zu erhalten, als es unbearbeitet, folkloristischen Methoden getreu, aussterben zu lassen? Oder anders: Würden die *Kinder- und Hausmärchen* der Brüder Grimm so weltbekannt sein, wenn sie nicht Wilhelm Grimm, oft gegen den Willen seines Bruders Jacob, vom spröden Volksmärchen zum poetischen Kindermärchen umgestaltet hätte?

Literatur

Czukowski, K.: Od dwóch do pięciu (Von zwei bis fünf Jahren). Warszawa 1962.

Kapełus, H.: Bajka ludowa w dawnej Polsce (Das Volksmärchen im früheren Polen). Warszawa 1968.

Kapełus, H./Krzyżanowski, J.: Sto baśni ludowych (Hundert Volksmärchen). Warszawa 1957 (dt. Ausg.: Die Kuhhaut. Polnische Volksmärchen 1987).

Kapełus, H./Krzyżanowski, J. (ed.): Dzieje folklorystyki polskiej 1800–1863 (Die Geschichte der polnischen Folkloristik 1800–1863). Wrocław 1970.

Kapełus, H./Krzyżanowski, J. (ed.): Dzieje folklorystyki polskiej 1864–1918 (Die Geschichte der polnischen Folkloristik 1964–1918). Warszawa 1982.

Kolberg, O.: Dzieła wszystkie (Gesammelte Werke). Warszawa/Kraków 1857–90.

Kruszewska-Michałowska, T.: Różne historyje. Studium z dziejów nowelistyki staropolskiej (Verschiedene Geschichten. Studien aus der altpolnischen Novellistik). Wrocław 1965.

Krzyżanowski, J.: Paralele, Studia porównawcze z pogranicza literatury i folkloru (Komparatistische Studien über Literatur und Folklore). Warszawa 1935 (^{3}1977).

Krzyżanowski, J.: Bajka ludowa (Das Volksmärchen). In: Krzyżanowski, J. (ed.): Szkice folklorystyczne 2. Kraków 1980, 134–143.

Lompa, J.: Bajki i podania (Märchen und Sagen). Wrocław 1965.

Ługowska, J.: Ludowa bajka magiczna jako tworzywo literatury (Das Zaubermärchen als Grundstoff der Literatur). Wrocław 1981.

Ługowska, J.: Bajka w literaturze dziecięcej (Das Märchen in der Kinderliteratur). Warszawa 1988.

Malinowski, L.: Bajki śląskie (Schlesische Märchen). [ed.] H. Kapełus. Warszawa 1973.

Moser, D.-R.: Bearbeitung. In: Enzyklopädie des Märchens 2. Berlin/New York 1979, 1–6.

Nitsch, K.: Wybór polskich tekstów gwarowych (Auswahl polnischer mundartlicher Texte). Lwów 1929.

Röhrich, L.: Märchen und Wirklichkeit. Wiesbaden 1956 (^{5}1979).

Siemieński, L.: Podania i legendy polskie, ruskie i litewskie (Polnische, weißrussische und litauische Sagen und Legenden). Warszawa 1975.

Simonides, D.: Bery śmieszne i ucieszne. Humor ślaski [Schlesischer Humor]. Opole 1967 (u. ö.).

Simonides, D.: Współczesna śląska proza ludowa (Die gegenwärtige schlesische Volksprosa). Opole 1969.

Simonides, D.: Folklor a pedagogika pozytywizmu (Die Folklore und die Pädagogik des Positivismus). In: Simonides, D. (ed.): Prace z literatury ludowej i śląskiej. Opole 1974, 7–17.
Simonides, D.: Kinder als Träger der Tradition am Beispiel Polens. In: Schweizer Archiv für Volkskunde 71 (1975), 97–107.
Simonides, D.: Podanie wierzeniowe w ustnych przekazach współczesnych dzieci (Mythische Sagen in der mündlichen Tradierung der gegenwärtigen Kinder). In: Górski, R./Krzyżanowski, J. (edd.): Co wieś to inna pieśń, Studia folklorystyczne. Wrocław 1975, 7–22.
Simonides, D.: Współczesny folklor słowny dzieci i nastolatków (Gegenwärtige verbale Folklore der Kinder und Teenager). Wrocław 1976.
Simonides, D.: Kumotry diobła, opowieści ludowe Śląska Opolskiego (Die Gevatter des Teufels. Volkserzählungen aus Oberschlesien). Warszawa 1977.
Simonides, D.: Fantastyka baśni i innych tekstów folklorystycznych w zyciu dziecka (Die Phantastik des Märchens und anderer folkloristischer Texte im Leben des Kindes). In: Skrobiszewska, H. (ed.): Baśń i dziecko. Warszawa 1978, 110–133.
Simonides, D.: Folklor słowny (Die verbale Folklore). In: Frankowska, M. (ed.): Etnografia Polski. Przemiany kultury ludowej. Wrocław 1981.
Simonides, D. (ed.): Księga humoru ludowego (Das Buch des volkstümlichen Humors). Warszawa 1981.
Simonides, D.: Śląski horror. O diabłach, skarbnikach, utopcach i innych strachach (Schlesischer Horror. Über Teufel, Berggeister, Wassermänner und andere Spukgestalten). Katowice 1984.
Simonides, D.: Moderne Sagenbildung im polnischen Großstadtmilieu. In: Fabula 28 (1987), 269–278.
Simonides, D.: Folklor jako kryterium tożsamości narodowej wśród Słowian Zachodnich w pierwszej połowie XIX stulecia (Die Folklore als Kriterium der nationalen Identifikation innerhalb der Westslaven in der 1. Hälfte des 19. Jahrhunderts). In: Z polskich studiów slawistycznych 7 (1988), 475–483.
Simonides, D. (ed.): Górniczy stan w wierzeniach obrzędach, humorze i pieśniach (Der Bergmannsstand im Volksglauben, in Volkssitten, im Volkshumor und im Volkslied). Katowice 1988.
Simonides, D. (ed.): Skarb w garncu. Humor ludowy słowian zachodnich (Der Schatz im Topf. Volkshumor der Westslawen). Opole [2]1988.
Simonides, D.: Śląskie beranie, humor Górnego Śląska [Oberschlesische Lügenerzählungen]. Katowice 1988.
Simonides, D.: Jakób i Wilhelm Grimm a folklor polski (Jakob und Wilhelm Grimm und die polnische Folklore). In: Slizinski, J. (ed.): Bracia Grimm a folklor słowiański (im Druck).
Simonides, D./Ligęza, J.: Gadka za gadka, 300 podań, bajek i anegdot z Górnego Śląska (Lauter Erzählungen. 300 Sagen, Märchen und Schwänke aus Oberschlesien). Katowice 1973.
Simonides, D./Smolińska, T.: Folklor słowny a współcześni gawedziarze konkursowi (Die verbale Folklore und die gegenwärtigen Wettbewerbserzähler). In: Simonides, D./Zaremba, J. (ed.): Śląskie Miscellanea. Literatura-Folklor. Wrocław 1980, 93–107.
Smolińska, T.: Współcześni gawędziarze ludowi na Śląsku (Gegenwärtige Volkserzähler in Schlesien). Opole 1986.
Smolińska, T.: Z wybranych problemów dawnej i współczesnej sztuki opowiadania (Ausgewählte Probleme der einstmaligen und der gegenwärtigen Kunst des Erzählens). Opole 1987.

Udziela, S.: O potrzebie zestawienia i uporządkowania opowiadań ludowych (Von der Notwendigkeit der Zusammenstellung und der Systematisierung von Volkserzählungen). In: Lud 11 (1905), 393.

Widera, A.: Od Cieszyna do Gogolina. Gawedy, baśnie, legendy (Von Teschen nach Gogolin. Erzählungen, Märchen, Legenden). Opole 1978.

Wójcicki, K. W.: Klechdy, starożytne podania i powieści ludu polskiego i Rusi (Erzählungen, altertümliche Sagen und Geschichten des polnischen und weißrussischen Volkes) 1–2. Warszawa 1837.

Zareba, A. (ed.): Śląskie teksty gwarowe (Schlesische mundartliche Texte). Kraków 1961.

Zmorski, R.: Podania i baśnie ludu (Sagen und Märchen des Volkes). Warszawa 1956.

Der gegenwärtige Weg des Märchens in der Tschechoslowakei

Jaromír Jech

Märchen in mündlicher Überlieferung

Es ist eine allgemein bekannte Tatsache, daß die Märchen in der Tschechoslowakei gleiche oder verwandte Züge mit den Märchen anderer, hauptsächlich verwandter Völker aufweisen – dank der Hunderte Jahre währenden Koexistenz im gemeinsamen europäischen Haus. Diese Feststellung bezieht sich nicht nur auf die Strukturen und Inhalte der Märchen, sondern gilt auch für die Einschätzung und Funktion von Volkserzählungen überhaupt, für ihren ›Sitz im Leben‹. Angenommen, das Märchen habe früher für die gesamte Bevölkerung einen hohen Stellenwert besessen, so ist diese Bewertung heute, wie in ganz Europa, nicht mehr für das Märchen in der Tschechoslowakei zutreffend. Dies gilt besonders für das Zaubermärchen, und wenn es nicht völlig aus der oralen Tradition verschwunden ist, werden seine Zauberelemente verwischt. Die stoffliche Konzeption wird vereinfacht, der Stil im Zusammenhang mit anderen Erzählformen nivelliert, offensichtlich der Alltagssprache angenähert; traditionelle Charakteristika der Märchenpoetik entfallen. Zwar gilt das Märchen als wertvolles kulturelles Erbe, aber die Rezeption zielt mehr denn je ausschließlich auf Kinder. Es verläßt immer weiter sein ›ursprüngliches‹ orales Erzählmilieu und lebt sein zweites Leben, vor allem als Buchmärchen.

Diese Entwicklung ist nun keineswegs neu. Auch ist zu fragen, ob denn ein so ›urwüchsiges‹ Leben der Märchen überhaupt jemals bestanden hat. Wie oft schon wurde dem Märchen – schon vom Beginn der Sammeltätigkeit an – ein tragisches Los prophezeit! Die Frage ist erlaubt, ob das Märchen überhaupt so intensiv im Bewußtsein des Volkes verankert war, wie uns Heutigen immer wieder nostalgisch vor Augen geführt wird? Schon die Schriftstellerin Božena Němcová, die zu den ersten tschechischen Märchensammlerinnen gehört, mußte eingestehen, daß bereits damals Zaubermärchen nur schwer in mündlicher Überlieferung zu finden gewesen seien, durch witzige, schwankhafte Geschichten in den Hintergrund gedrängt. Das Interesse der Volksprosasammler wird daher oft mit der wirklichen Lage dieser populären Gattung identifiziert.

So wenig wie die Entwicklung des Märchens in unserer Zeit generalisierend aufgezeigt werden kann, so wenig lassen sich globale Aussagen über markante Änderungen des Märchenstils machen, die vielleicht als solche niemals bestanden haben. Denn schon für die Sammler des 19. Jahrhunderts galt die Maxime, daß man unter dem Druck der a priori ästhetischen Vorstellungen die Märchenaufzeichnungen ›schönen‹, einzelne Züge ausschmücken und einen idealisierenden ›Volkston‹ schaffen mußte, sollten die Märchen auf eine breitere Akzeptanz stoßen. Diese Entwicklungen sind mehr oder weniger gleichförmig in ganz Europa zu beobachten. Was aber läßt sich nun speziell für die Entwicklung des Märchens im Staatsgebiet der Tschechoslowakei feststellen?

In der Tschechoslowakei haben wir es mit den Überlieferungen zweier Völker zu tun. Die tschechischen und slowakischen Märchen stehen hier einander sehr nahe, aber aus dem ungleichen historischen Schicksal und der ungleichmäßigen Entwicklung in der Vergangenheit ergeben sich – zugleich mit der abweichenden Struktur der interethnischen Beziehungen – Unterschiede, die sich noch rezent auswirken. Davon abgesehen genügt es nicht, sich lediglich auf die populäre Erzählüberlieferung beider Völker zu stützen oder höchstens ergänzend die Märchen der mit etwa 600 000 größten Minorität – der Ungarn – zu berücksichtigen. Nicht vergessen darf man auch die zehn- bis zwanzigmal kleineren, nicht verstreut, sondern in einem zusammenhängenden Siedlungsgebiet lebenden Völkerschaften. Denn gerade in der Folklore, so auch in den Märchen, bewahrt nicht nur die ungarische, sondern auch die polnische und russinisch-ukrainische Bevölkerung besonders deutlich ihre Identität. Unter diesem Aspekt verdienen außerdem die Märchen der disparat lebenden deutschen Minderheit Beachtung sowie die Erzählüberlieferungen der in den verschiedensten Orten größtenteils seßhaften Familien oder Großfamilien der Roma, deren Erzählgut unter anderem in den von Heinz Mode unter Mitarbeit von Milena Hübschmannová herausgegebenen Bänden *Zigeunermärchen aus aller Welt* oder in der Sammlung Marie Voříškovás (*Zigeunermärchen.* Prag [7]1983) dokumentiert worden ist. Einbezogen werden müßte auch das Erzählgut der nach Ende des Zweiten Weltkrieges zurückströmenden tschechischen und slowakischen Heimkehrer, die mehrere Jahre in der Sowjetunion, in Rumänien, Polen und Ungarn verbracht hatten.

Während gleiche ökonomische und kulturelle Bedingungen im Rahmen eines staatlichen Organismus weitestgehend zu einer breit verlaufenden Integration unterschiedlicher Bevölkerungsgruppen sorgen, läßt sich Gleiches über die Entwicklung bzw. Lebensfähigkeit der Märchen nicht aussagen. Da unterscheidet sich die Lage des Märchens in den böhmischen Ländern wesentlich von der Situation des Märchens in der Slowakei. Dort kann man diese Erzählungen auch heute noch in einer relativ hohen Anzahl aufzeichnen, nicht überall aber mit gleichem Erfolg. Es gibt Gegenden in der Slowakei, die arm an Märchen sind, z. B. das Orava-Gebiet im Norden, wo statt dessen eine Vielzahl von dämonologischen Sagen in Umlauf ist, oder das westlich davon liegende Kysuce-Gebiet. Dagegen wird das Gemer-Gebiet im südlichen Teil der Mittelslowakei als eine Märchenfundgrube betrachtet. Dies allerdings mit Vorbehalt – man begegnet dort den Märchen nicht auf Schritt und Tritt, der aktive Märchenerzähler ist keine alltägliche Erscheinung, vielmehr leben die Märchen passiv, latent, im Gedächtnis der Gewährsleute. Eine reiche Ernte kann ein heutiger Sammler dagegen in den russinisch-ukrainischen Dörfern der Ostslowakei einfahren. Davon gibt die von 1965 bis 1979 in sieben Bänden erschienene große Sammlung von Mychajlo Hyrjak Zeugnis, der auch eine Monographie über die ukrainischen Volksmärchen der östlichen Slowakei (1983) verfaßte. Von der ›Biologie‹ der Märchen in der von Ungarn besiedelten Südslowakei weiß der bedeutende ungarische Folklorist Gyula Ortutay (1910–78) zu berichten. Er führte im Sommer 1956 dort gründliche Feldforschungen durch, doch gingen seine Tonbandaufnahmen leider während der ungarischen Ereignisse im Herbst des gleichen Jahres verloren.

So verläuft demnach in der Slowakischen Republik der heute überall zu registrierende Rückgang mündlicher Märchenüberlieferung wesentlich langsamer als in der Tschechischen Republik. Aber auch in Böhmen gab es bis in die fünfziger Jahre noch ein Märchen-Reliktgebiet, das sogenannte Chodsko im Südwesten, in dem ziemlich ergiebige Feldforschungen betrieben werden konnten. Wie schnell ein Umschwung zu konstatieren ist, läßt sich durch die Methode der wiederholten Aufzeichnung ermitteln: Zwischen den beiden Weltkriegen wurde eine breite, von Frank Wollman organisierte und alle Teile der Slowakei – mit Ausnahme der von Ungarn bewohnten Gebiete – umfassende Sammelaktion durchgeführt. Sie erbrachte wertvolle Textmaterialien, darunter zahlreiche Märchen. Neue Forschungen gegen Ende der sechziger Jahre initiierte, wenigstens in einigen Ortschaften, Viera Gašparíková, zum Teil bei den ehemaligen Erzählern, zum Teil bei deren Nachfolgern. Im ganzen zeigte sich, daß der damals erhobene Bestand kaum wesentlichen Veränderungen im negativen Sinn ausgesetzt war.

Für das tschechische Märchenmaterial konnte ich selbst zuvor, bei der Vorbereitung des folkloristischen Werkes von Josef Štefan Kubín, einen Vergleich anstellen: Hier wiederum zeigte sich eine Entwicklung im anfangs beschriebenen negativen Sinn, allerdings nicht in allen Fällen.

Eine ganz andere Tendenz, gewissermaßen beide Richtungen in sich vereinigend, bietet der sogenannte »Böhmische Winkel« der ehemaligen Grafschaft Glatz im heutigen Polen, die 1742 an Friedrich II. abgetreten werden mußte. Kubín hatte diesen schmalen Grenzstreifen in den Jahren 1902–08 erforscht, meine ersten Untersuchungen datieren rund 50 Jahre später. Ich konnte keine wesentliche Veränderung des Erzählguts feststellen, zumal das Erzählen dem Volk als Ersatz für die unzugängliche tschechische Literatur diente. Außerdem entdeckte ich in Filoména Hornychová eine hervorragende Erzählerin, bei der ich ungefähr 500 Erzählungen, darunter viele Märchen, aufnehmen konnte. Aber eben in diesem Gebiet wurde auch der schnellste Weg zur ›Nullstufe‹ beschritten. Nach der komplizierten Migration befinden sich in den Dörfern des »Böhmischen Winkels« nur noch einige Dutzend der eine tschechische Mundart sprechenden Bevölkerung.

Vergliche man die Position des Märchens in Böhmen mit der in Mähren, so scheint sie in Mähren fester zu sein, aber zugleich schwächer im Vergleich zur Slowakei. Hier darf man mit mehr Recht von erzählerisch noch heute gut ›erhaltenen‹ Gebieten sprechen, z. B. in Ostmähren, in der Nähe der slowakischen Landesgrenze, und besonders im Norden, im tschechoslowakischen Teil Schlesiens, in dem bereits in der Vergangenheit sowohl tschechische als auch polnische Sammler tätig waren. In diesem Zusammenhang ist an zwei Monographien über bedeutende Erzähler zu erinnern (Satke 1958, Kadłubiec 1973). Die beiden dort vorgestellten Erzähler Josef Smolka und Józef Jeżowicz sind nun nicht die einzigen ›Meister der Volkserzählung‹, die tschechischen und polnischen Forscher stellen auch noch weitere Märchenerzähler vor. Insgesamt kommen aber dort tätige Sammler, die sich mit Feldforschungen schon einige Jahrzehnte befassen und daher Gelegenheit hatten, den Weg des Märchens im Munde der Erzähler zu verfolgen, auch nicht um die Feststellung herum, daß diese Gattung in der mündlichen Überlieferung immer weniger präsent ist.

Weitere Unterschiede zwischen den slowakischen und tschechischen Märchen ergeben sich im Märchenstil. Auf den ersten Blick ist zu erkennen, daß die slowakischen Märchen in der Vergangenheit stärkere dekorative Züge aufweisen und auch heute noch so erscheinen. Bisher existiert noch keine Untersuchung, in welchem Maße der reiche, die Gesetze der Volksdichtung ›treu‹ bewahrende Stil erst durch slowakische Sammler der Frühzeit geschaffen wurde. Nur eins ist sicher: Es kristallisiert sich immer mehr heraus, daß Pavol Dobšinský als der bedeutendste slowakische Sammler vor mehr als hundert Jahren mit seinen sprachlich und stilistisch aufwendigen ›klassischen‹ Bearbeitungen unabsichtlich ein Vorbild schuf, das spätere Erzähler so sehr verinnerlichten, daß Märchen in dieser dekorativen Gestaltung noch einen großen Einfluß auf die heutige mündliche Überlieferung ausüben. Die tschechische Märchentradition wurde zwar auch vom Buchmärchen beeinflußt, am häufigsten von den stets beliebten Märchen Božena Němcovás, aber diese Schöpfungen sind längst nicht so ornamental wie die slowakischen. Auf der anderen Seite werden die heute tradierten tschechischen Märchen in den Ausdrucksmitteln nüchterner und im Aufbau sparsamer.

Wir würden nichts Neues sagen, wenn wir behaupteten, das gegenwärtige Vorkommen der Märchen in der oralen Tradition, ihre Umformung, Rolle und Funktion sei nur durch die jeweilige Zeit, die soziale Entwicklung, durch das ständigem Wandel unterliegende Normensystem bedingt, durch veränderbare zwischenmenschliche Beziehungen, den Fortschritt der Zivilisation oder durch mechanisches Überleben determiniert, wodurch dann auch die Bedingungen für den Weg des Märchens in der Tschechoslowakei geschaffen worden seien. Gewiß, das Märchen ist ein kollektives Eigentum, es schließt aber eine private bzw. persönliche Adaptation nicht aus. Ich denke jetzt nicht an das Standardrepertoire eines bestimmten Erzählers, auch nicht an seine Vorliebe für bestimmte Märchen, sondern vielmehr an den Grund für diese Vorliebe, an das, was ihm die Märchen bedeuten, was er darin zu sehen glaubt. Das Augenmerk muß somit der Psychologie der Märchenerzählung gelten und auf die Psyche des Märchenerzählers gelenkt werden. Dies geschieht während noch laufender Feldforschungen in der Tschechoslowakei. Aus bereits durchgeführten Untersuchungen bieten sich vier Beispiele an, die im folgenden kurz referiert werden sollen.

Meine Glatzer Erzählerin, die 1905 geborene Arbeiterwitwe Filoména Hornychová, verbrachte ihre Kindheit in einem abgeschiedenen kleinen Einzelhaus ihrer Eltern, umgeben von Märchen und Sagen, die zu Hause viel erzählt wurden. Alle diese größtenteils von der böhmischen Seite der Grenze übernommenen Erzählungen nahm sie in sich auf und bewahrte sie, ohne sie jemandem wiederzuerzählen. So wuchs sie heran. Zu diesem introvertierten Leben, das im Laufe der Zeit durch neue, später auch aus schriftlichen Quellen stammende Märchen und Sagen bereichert wurde, trugen zweifellos weitere Umstände bei: In ihrem 13. Lebensjahr verlor sie ihre Mutter und in ihrem 26. Lebensjahr ihren Mann, so daß sie von nun an allein, nur auf Sozialhilfe angewiesen, ihre drei Töchter großziehen mußte. Als sie 1962 mit der Familie ihrer jüngsten Tochter aus dem Glatzer Dorf Nouzín in die Industriestadt Duisburg-Hamborn übersiedelte, blieben Märchen und Sagen ihre eigentliche Welt. Ja, sie versenkte sich in diese für sie ›höhere‹ Realität noch tiefer als zuvor: Bis zu ihrem Tode lebte sie zwischen den Wänden eines Mietshauses und tat keinen einzigen Schritt nach draußen, in die Stadt, vor der sie Angst hatte. So von Märchen umschlossen und in sich abgeschlossen, bewahrte sie dank eines ausgezeichneten Gedächtnisses ein erstaunlich umfangreiches Erzählrepertoire.

Hinsichtlich der Struktur ihrer Erzählungen stand ihr die um zehn Jahre ältere, doch erst 1971 erforschte Mária Hlivárová, eine Landarbeiterin aus der Gemeinde Dačov Lom in der Mittelslowakei, nahe. Ähnlich wie Filoména Hornychová hatte sie alle wesentlichen Erzählungen aus mündlicher Überlieferung gehört, aber nicht aus der ganzen Region, sondern lediglich aus ihrem Heimatdorf. Bis auf wenige Ausnahmen fanden bei ihr Alltagserzählungen keinen Platz; davon wollte sie nicht erzählen – das Leben erschien ihr schon hart genug (während die Hornychová sich nicht gegen Alltagserzählungen in Form kleiner Memorate wehrte), und sie neigte auch nicht so sehr zu Sagen wie zu Märchen, hauptsächlich zu Zaubermärchen. Dabei konnte sie alles vergessen, was sie im Leben umgab, konnte sich in das Unwirkliche der Märchen versetzen und dort ihre Zuflucht suchen.

Ausschließlich Märchen und keine anderen Erzählungsformen bildeten das Repertoire der slowakischen Erzählerin Mária Prokopová (geb. 1906), ebenfalls eine Landarbeiterin, aus dem Dorf Jablonové im Kreis Bratislava-Land. Ihr Bestand an Erzählungen war zwar nicht so umfangreich wie der Mária Hlivárovás, aber dagegen übertraf sie alle anderen an Kreativität. Während F. Hornychová wegen ihres ausgezeichneten Gedächtnisses ein Märchen auch ›treu‹ wiederzugeben bemüht war und es nicht ausschmücken mochte, legte M. Hlivárová Wert auf stilistisch sorgsam ausgeformte Märchen. Das verband sie mit M. Prokopová, die allerdings noch weiter ging. In mehreren Fällen unternahm sie ein Spiel mit Themen und Motiven und verknüpfte sie entsprechend dem Gesetz der Affinität. An diesem Spiel fand sie bereits zu Lebzeiten ihres Vaters, der zugleich ihr Märchenlehrer und -mitarbeiter war, Gefallen. Später bedeuteten ihr die Märchen mehr als Unterhaltung, sie lebte nicht nur mit und in Märchen, sondern auch für Märchen. Von ihrem traurigen Lebensschicksal vermochte sie sich durch das Medium Märchen zu befreien. Als man sie 1969 im Zuge erneuter Feldforschungen aufsuchte, besaß sie keine Zuhörer. Sie sorgte für ihren Enkelsohn, der jedoch von Märchen nichts wissen wollte. Und doch erzählte sie ununterbrochen Märchen – in ihren Gedanken.

Neben die Slowakin Mária Prokopová kann die Tschechin Marie Bínová (geb. 1902) aus Lišov bei České Budějovice (Südböhmen) gestellt werden. Sie sorgte viele Jahre für ihren schwerkranken Mann, einen ehemaligen Bergmann. In die Welt der Zaubermärchen begab sie sich, um der ständigen Hoffnungslosigkeit zu entfliehen. Märchen wußte sie ausgezeichnet zu erzählen – mit dem Sinn für eine ausladende Schilderung, der man heute kaum noch in Böhmen begegnet. Als ich ihr Repertoire 1967 und 1968 aufzeichnete, war ich eigentlich der einzige Zuhörer nach einer längeren Pause, in der sie keine Gelegenheit zum Märchenerzählen gehabt hatte. Aber auf Märchen wollte sie nicht verzichten, und deshalb hatte sie ihre sehr langen Zaubermärchen schon mehr als zehn Jahre zuvor aufgeschrieben, und eben durch diese Niederschriften erhielt ich Kenntnis von ihr als einer bedeutenden Erzählerin.

Für alle vier Erzählerinnen stellt ein unglückliches Lebensschicksal den gemeinsamen Nenner dar. Die Märchen erfüllen hier – um mit Katalin Horn (s. den Beitrag in diesem Band) zu sprechen – eine therapeutische Funktion. Doch gilt es nicht immer, daß ein schweres Los zu einer festen Verbindung mit dem Märchen führt. Die Versenkung in die Märchenwelt geschieht nur dann, wenn der Mensch nicht völlig kapituliert, wenn ihm noch genügend Kraft übrigbleibt, nach Rettung oder nach Wiederherstellung seines seelischen Gleichgewichts zu suchen. Alles hängt von der jeweiligen Persönlichkeit, von der individuellen Konstitution, ab. Wenn die schweren Lebensbedingungen zu einer allgemeinen Erscheinung wurden, das Individuelle also mit dem Kollektiven in dieser Hinsicht übereinstimmte, nahm das Märchen keinen besonderen Platz im Leben des Volkes ein. So läßt es sich teilweise erklären, daß die erwähnten Gebiete Orava und Kysuce heute ›märchenarm‹ sind, obgleich die früheren markanten sozialen und ökonomischen Unterschiede zwischen den einzelnen Regionen in der Tschechoslowakei verschwunden sind. Für ein langes Märchen gibt es dort keinen Raum. Während heutiger Feldforschungen kann man oft hören: ›Wir hatten keine Zeit, wir mußten arbeiten.‹ Die Zeit reichte jedoch aus für die kurzen, mit dem engeren Lebenskreis aufs engste zusammenhängenden Erzählungen – für die dämonologischen Erzählungen. Doch trifft man auch hier auf Ausnahmen; gute Märchenerzähler hat die junge slowakische Folkloristin Gabriela Kiliánová erst kürzlich in dem früher ›armen‹ Gebiet von Kysuce entdeckt.

Die vier genannten Beispiele zeigen exemplarisch, wie das innere, durch den allgemeinen Trend fast unbeeinflußt gebliebene Verhältnis zu den Märchen bei mehreren Erzählern noch heute in den Weg des Märchens mündet. Damit sollte auch eine alte ›Wahrheit‹ betont werden: die Rolle der wirklichen Persönlichkeiten von Märchenerzählern, unter denen heute in der Tschechoslowakei Frauen dominieren.

Wenn der Weg des Märchens die Ebene der direkten Kommunikation verläßt und in die sekundäre Ebene der indirekten Kommunikation übergeht, verzweigt er sich in mehrere Richtungen, wie auch die Beiträge unseres Kolloquiums deutlich machen. Folkloristen und Literaturwissenschaftler in der Tschechoslowakei beschäftigen sich in der letzten Zeit häufig mit theoretischen und praktischen Fragen des Buchmärchens. Dabei sprechen manche – seit der Tagung über die Volkstümlichkeit in der tschechischen Literatur (1954) – von der Eingliederung des Märchens in die Literatur. In diesem Prozeß der Eingliederung entstehen verschiedene Formen, verschiedene Abstufungen zum Teil mit Übergängen, was wiederum eine befriedigende und akzeptable Zuordnung erschwert, wie sie tschechische Forscher in neueren Veröffentlichungen anstreben (Sirovátka 1990, Urbanová 1987, Šmahelová 1989). Meiner Meinung nach läßt sich die Phänomenologie des Buchmärchens in der Tschechoslowakei – und bestimmt nicht nur dort – folgendermaßen beschreiben:

1. Wissenschaftliche und populärwissenschaftliche Veröffentlichungen nach genauen Aufzeichnungen von Märchen. Nur in diesem Punkt bestehen Differenzen zwischen der Praxis in der Slowakei und der in den böhmischen Ländern. Für die Edition der tschechischen Texte wird bei der Wiedergabe mundartlicher Texte eine ›Lesertranskription‹ verwendet. In der Slowakei dagegen haben die Mundartforscher Grundsätze für die Publikation mundartlicher Erzählungen ausgearbeitet; solche Texte erscheinen teilweise in Fachzeitschriften oder in einem Sammelband mit anderen volkskundlichen Beiträgen. Slowakische Verlage nehmen die dialektologische Transkription nicht an und zwingen die Erzählforscher zur Übertragung der Texte in die Hochsprache. In dieser Transliteration aber haben die slowakischen Dialektforscher schon vor mehr als dreißig Jahren eine dreibändige Anthologie aus der grundlegenden Wollmanschen Sammelaktion vorbereitet, doch ist das Werk mit seinen 585 Texten, überwiegend Märchen, bis heute noch nicht erschienen. Gerade in diesen Tagen ist ein Versuch im Gange, eine leserfreundliche Transkription durchzusetzen, die auf ähnlichen Prinzipien wie die tschechische beruht, so daß das große Werk mit ausführlichen wissenschaftlichen Kommentaren möglicherweise in etwa zwei bis drei Jahren herauskommen könnte.

2. Adaptationen von Märchen aus mündlicher Überlieferung. Unter dieser Bezeichnung ist eine Vielzahl von Erzählungen zu verstehen, die einerseits durch einfache Übertragung in die Schriftsprache, ande-

rerseits durch Nachbildung und Umformung verschiedenen Grades charakterisiert wird.

3. Selbständige künstlerische Gestaltungen auf der Grundlage mündlich tradierter Märchen.

4. Variationen, Analogien, Parallelen zu mündlich überlieferten Märchen als unabhängige, jedoch deren Vorbild nacheifernde oder durch sie inspirierte Gebilde. Hierzu zählen Parodien, das heißt ›auf den Kopf gestellte‹ Märchen.

5. Literarische Werke mit Märchenelementen.

6. Unter dem Einfluß überlieferter Märchen entstandene Kunstmärchen, deren Handlung sich in den bekannten Märchenkulissen abspielt – unter Verzicht auf traditionelle Motive. Außerdem entstehen Kunstmärchen, offensichtlich ohne Anklang an mündliche Märchenüberlieferungen, sogenannte Alltagsmärchen (Zivilmärchen), moderne Märchen der Gegenwart.

Alle sechs Abstufungen sind im vielseitigen Werk des Sammlers und Schriftstellers Josef Štefan Kubín vertreten, der zugleich auch erstes Ehrenmitglied der 1959/60 von Kurt Ranke begründeten International Society for Folk Narrative Research (ISFNR) war. Sein Schaffen fällt noch hauptsächlich in die davorliegende Epoche, das heißt, daß die oben genannten Erscheinungsformen nicht nur auf die heutigen Märchen beschränkt sind, sieht man von den modernen Kunstmärchen ab. Diese existieren bereits seit längerer Zeit – unter anderem verbunden mit dem Namen des Schriftstellers Karel Čapek und des Dichters Jiří Wolker –, aber gehäuft treten Kunstmärchen – wenigstens in der Tschechoslowakei – erst in den letzten Dezennien auf: Kubín war einer der ersten, der solche Erzählungen nach Ende des Zweiten Weltkrieges veröffentlichte. Wichtig ist natürlich, daß Kubíns Werk immer wieder vollständig oder in Teilausgaben erscheint, so daß es im gegenwärtigen literarischen Kontext erhalten bleibt. Zu diesem Kontext gehören auch z. B. Neuauflagen der Märchenadaptationen Václav Říhas; hinter diesem Pseudonym verbirgt sich Václav Tille, neben Jiří Polívka der bedeutendste tschechische Märchenforscher.

Diesen Neuauflagen bzw. Nachdrucken kommt insgesamt eine entscheidende Bedeutung für die Weiterentwicklung des Märchens zu. Was z. B. für die deutschsprachigen Gebiete die *Kinder- und Hausmärchen* der Brüder Grimm bedeuten, stellen für die böhmischen Länder und teilweise für die Slowakei die Märchen der Schriftstellerin Božena Němcová dar, die zuerst in den vierziger Jahren des vorigen

Jahrhunderts tschechische und etwa zehn Jahre später slowakische Märchen gesammelt und herausgegeben hat. Aus ihrer slowakischen Sammlung übernahm dann wenige Jahrzehnte später Pavol Dobšinský, der Klassiker des slowakischen Märchens, viele Texte. Zwei bedeutende gegenwärtige Dichter, Vilém Závada und der Nobelpreisträger Jaroslav Seifert, versuchten, die Märchen B. Němcovás, eigentlich ihre Adaptationen ähnlich denen der Brüder Grimm, dem heutigen Leser noch näherzubringen. Während J. Seifert eine behutsame Bearbeitung vornahm und besonders die wenig kommunikativen slowakischen Dialoge ins Tschechische übertrug, ging V. Závada in der Bearbeitung von Němcovás Märchen weit darüber hinaus und schuf dadurch im Grunde freie Neubearbeitungen.

In diesem Zusammenhang läßt sich ein weiteres, zugegebenermaßen subjektives Beispiel anführen: Ein heutiger tschechischer Märchenliebhaber würde an den nach 1913 und noch später verfaßten Märchen Dominik Filips vermutlich kein Interesse finden. Und doch sind es Texte, die inhaltlich, im Hinblick auf Themen und Motive, etwas Neues, Unbekanntes brachten; nur wenige könnte man als Adaptationen oder selbständige Gestaltungen auf der Grundlage von Volksmärchen ansehen, vielmehr handelt es sich um originelle Parallelen. Was sie zu einem lediglich literarhistorischen Faktum machte, war die sehr nüchterne, dem Realismus des Schriftstellers und seiner Zeit verpflichtete Sprache, man könnte sagen, eine bewußt fast unkünstlerische Sprache mit Wiederholungen der einfachsten Verben, so daß die Handlung monoton verläuft, ohne innere Dynamik. Und doch war D. Filip wahrlich kein Unbekannter – Kritiker und Theoretiker der Kinderliteratur und Herausgeber ihrer theoretischen Zeitschrift Úhor. Als mich der Verlag Kruh in Hradec Králové [Königgrätz] bat, eine neue Auflage ausgewählter Märchen D. Filips zu besorgen, wußte ich – das Beispiel Závada und Seifert vor Augen –, daß ich eine Grenze nicht überschreiten durfte und daß es meine Pflicht war, von Änderungen, wenn überhaupt, nur sparsamen Gebrauch zu machen, daß ich mit der Sprache nicht so frei wie in meinen eigenen Märchen spielen, den Texten keine neuen dekorativen Züge verleihen durfte, mithin meinen ›Märchenton‹ unterdrücken mußte. Für eine in mancher Hinsicht jedoch notwendige Umformung des sprachlichen Gewandes gab mir indirekt der Autor selbst freie Hand, als er in einem theoretischen Artikel aus dem Jahr 1940 schrieb: ›Wenn Němcová jetzt noch lebte und ihre Märchen wiederum veröffentlichte, würde sie ihre Texte zweifellos den sprachlichen Gegebenheiten der Jetztzeit angeglichen haben.‹ Das Ergebnis meiner Bearbeitung der Märchen D. Filips ist der Band *Pohádky ze Zapomenuté země* (Märchen aus dem Vergessenen

Land), erschienen im Sommer 1988, allerdings mit dem Druckdatum 1987 versehen.

Zur ersten Erscheinungsform gehören insbesondere Monographien mit dem Repertoire heutiger Erzähler/innen (Satke 1958, Kadłubiec 1973). Eine bescheidenere Arbeit dieser Art, nur im Rahmen eines Sammelbandes, stammt von Mária Kosová über einen Märchenerzähler aus dem Gebiet von Hron [Gran] in der Mittelslowakei. Dieser monographische Abriß gehört zu den genannten Ausnahmen, denn die slowakische Forscherin ließ das Märchenrepertoire ihres Gewährsmannes in seiner Mundart veröffentlichen – ähnlich wie Antonín Satke (1958) und Karol Daniel Kadłubiec (1973), doch entsprechend der von den Mundartforschern aufgestellten Grundsätze.

Einige neuere Editionen authentischer Folklore erschienen in der von Rudolf Lužík im Prager Verlag Odeon begründeten und vorwiegend der Volksprosa bestimmten Reihe *Lidové umění slovesné*. Die bisher etwa 50 Bände dokumentieren jedoch hauptsächlich klassische Sammlungen – eine davon enthält z. B. Aufzeichnungen aus der zweiten Hälfte des vorigen Jahrhunderts: *Moravské národní pohádky a pověsti* (Mährische Volksmärchen und Sagen, 1983). Ich führe diese von Oldřich Sirovátka und Marta Šrámková betreute Ausgabe an, um zu betonen, daß die tschechischen wissenschaftlichen und populärwissenschaftlichen Ausgaben nur ausnahmsweise auf eine Gattung, in unserem Fall auf die Märchen, ausgerichtet sind. Antonín Satke hat in einem neueren Buch, *Pohádky, povídky a humorky ze Slezska* (Ostrava 1984), Sagen z. B. ganz ausgespart und Schwänke neben die Märchen gestellt.

Die erstgenannte Erscheinungsform heutiger Buchmärchen unterscheidet sich von allen folgenden dadurch, daß die darin aufgenommenen authentischen Märchen nicht für Leser im Kindesalter bestimmt sind. Es wäre jedoch verfehlt anzunehmen, daß die zweite Stufe lediglich mit Adaptationen für Kinder vertreten sei. Viera Gašparíková veröffentlichte in den Jahren 1984 und 1985 unter dem Titel *Zlatá podkova, zlaté pero, zlatý vlas* (Das goldene Hufeisen, die goldene Feder, das goldene Haar) 105 Zaubermärchen in zwei Bänden, welche die wichtigsten Erzähltypen des slowakischen Repertoires umfassen. Der Verlag bestand auf der Übertragung der mundartlichen Märchen in die Hochsprache, und bei einigen anderen Märchen verlangte er stilistische Überarbeitungen. So entstand also eine Auswahl von Adaptationen für Erwachsene.

In der Regel wird bei Adaptationen freilich mit einer Kinderleserschaft gerechnet, was dann auch nicht ohne Einfluß auf die Auswahl der Texte bleibt. Zu denken ist etwa an den dritten Band der ukrainischen Erzählungen von Mychajlo Hyrjak: *Golos Kyčar* (Die Stimme der Berge, 1986) oder an die 21 Zaubermärchen in der Anthologie des polnischen Folkloristen Józef Ondrusz: *Godki śląskie* (Schlesische Erzählungen, 1963), in Warschau 1984 dann als *Cudowny chleb* (Das Zauberbrot) erschienen. Eindeutig für Kinder gedacht, stellte Oldřich Sirovátka einen Querschnitt durch das tschechische Volksmärchen zusammen: *Plný pytel pohádek* (1978), in deutscher Sprache unter dem Titel: *Ein Sack voller Märchen.* Sirovátka, der sich sonst weniger an dieser populären Gattung orientiert als an Sagen, bezeichnet seine Methode als ›Versuch einer literarischen Übertragung des mündlich erzählten Märchens‹. Alle tschechischsprachigen Gebiete, also einschließlich der Gebiete in Polen und Rumänien, sind in meiner Sammlung *Pohádky z naší zahrádky* (Märchen aus unserem Garten, 1970) vertreten. Ferner sind unter dem Titel *České pohádky* (Tschechische Märchen) noch Märchen anderer Autoren erschienen, vor allem von Karel Jaromír Erben (1958), dem neben Božena Němcová Klassiker des tschechischen Märchens, und vom Schriftsteller Jan Drda.

Drdas 1958 erschienene Sammlung hatte großen Erfolg und wurde immer wieder neu aufgelegt, ähnlich wie das *Fimfarum* von Jan Werich. Beide Ausgaben, für Erwachsene wie für Kinder gedacht, repräsentieren nicht mehr die zweite, sondern bereits die dritte der genannten Erscheinungsformen, sind also selbständige künstlerische Fassungen auf der Grundlage von Volksmärchen.

Bei anderen Sammlungen, manchmal auch bei einzelnen Texten, erscheint eine systematische Einordnung problematisch. Dies gilt etwa für Otakar Moravec und sein Kinderbuch *Za Krušpánka krále* (Zu Zeiten des Königs Krušpánek, 1984), der als Untertitel hinzufügte: ›Nach Volksstoffen aus den verschiedenen Gegenden der Welt und auch nach eigenen Motiven erzählt von [...]‹. Auf schöpferische Weise benützt er das Volksmärchen, übernimmt einige seiner poetischen Mittel, jedoch wesentlich breiter ausgeschmückt, und findet neue Zusammenhänge und Episoden, jongliert mit der Sprache und verfaßt beinahe eine Märchenparodie. Nur einige seiner Texte oder Teile davon kann man als Adaptationen bezeichnen, öfter sind es wiederum selbständige Schöpfungen in lockerer Verbindung mit dem Volksmärchen (wie 3) oder sogar unabhängige Parallelen dazu (wie 4).

Ebenso schwierig charakterisieren läßt sich das umfangreiche Werk der Schriftstellerin Marie Kubátová. Wenn sie für Erwachsene schreibt, beobachtet man bei ihr im ideellen Gehalt, manchmal in der Ausdrucksweise und seltener in den inhaltlichen Verbindungen, Elemente von Volkserzählungen oder des volkstümlichen Denkens überhaupt (5). Manche ihrer Kinderbücher können als Parallelen (4), aber vor allem als Kunstmärchen unter dem Einfluß der oralen Märchentradition angesehen werden (6). Märchen aus oraler Tradition lernte sie eingehend als Begleiterin ihrer Mutter Amálie Kutinová kennen, die Märchen in den tschechischen Dörfern des Riesengebirges nachspürte. Einige Ergebnisse dieser Zusammenarbeit fanden ihren Ausdruck in gemeinsam herausgegebenen Büchern. Aber sonst verfolgt M. Kubátova einen anderen Weg. Sie will die mündliche Tradition nicht umformen, nachbilden oder gar nachahmen: Sie läßt sich von ihr inspirieren. Auf diese Weise hat sie in der 1981 erschienenen Ausgabe *Hořký bejlí* (Das bittere Unkraut) Kunstmärchen geschaffen, die in der Pflanzenwelt spielen, worüber sie als Apothekerin und promovierte Naturwissenschaftlerin gute Kenntnisse besaß. Mit diesen Kunstmärchen wendet sie sich nicht an Kinder, sondern an Erwachsene, was bereits durch die Sprache deutlich wird. Ihre Märchen verfaßt sie in der Mundart, besser gesagt in einem normalisierten, stilisierten Dialekt des Riesengebirges.

Für den gegenwärtig erfolgreichsten tschechischen Verfasser von Kunstmärchen wird der Schriftsteller Václav Čtvrtek gehalten. Berühmt geworden ist er besonders durch die Erfindung einer neuen Märchengestalt, des Räubers Rumcajs (1970). So heißt auch der erste Teil seiner Märchentrilogie, der 1989 zum siebten Mal in einer Auflage von 90000 Exemplaren herausgekommen ist. Auch andere Gestalten des Rumcajs-Zyklus sind Neuschöpfungen, doch trifft man hier auch Drachen und Riesen; der Sieg Rumcajs über den Kaiser und die Szenerie mit der in die Vergangenheit versetzten Handlung erinnern an traditionelle Märchen; die Handlungen mit ihrem Motivaufbau sind allerdings nicht traditionell. Der Erfolg dieser Serie ist nicht allein auf Neuauflagen beschränkt. Rumcajs und mit ihm andere Gestalten V. Čtvrteks begegnen auch in anderen Massenmedien – im Hörspiel, Fernsehen, auf Schallplatten, im Theater (hier z. B. auch in der Bearbeitung des polnischen Dramatikers Ernest Bryll), Rumcajsfiguren werden als Identifikationsobjekte verkauft, etc. Die Räubergeschichte wurde zu einer Lektüre nicht nur für Kinder, sondern faszinierte auch Erwachsene. Ein beliebtes Motel in der Nähe der Stadt Jičín, in der Rumcajs angeblich als Schuster gearbeitet haben soll, trägt gar seinen Namen.

Die außerordentliche Beliebtheit des auf einem hohen künstlerischen Niveau stehenden Rumcajs-Zyklus und der darauf folgenden anderen Märchenbücher von V. Čtvrtek basiert nicht allein darauf, daß er etwas Neues, Unbekanntes erfand. Entscheidend ist wahrscheinlich, in welcher Tradition sich das Erfundene befindet. Ich sehe in seinem Werk eine Fortsetzung des Volksmärchens – wie wohl auch die Rezipienten der Kunstmärchen Čtvrteks, der einmal von sich selbst sagte, daß er beim Volksmärchen in die Lehre gegangen sei.

Beachten die Autoren dieses Verhältnis zum traditionellen Märchen nicht, so werden die meisten der zahlenmäßig zunehmenden Kunstmärchen nur einmal gelesen und sogleich vergessen. So feiert das Volksmärchen auch heute einen Sieg über die Mehrzahl der Kunstmärchen, vor allem der Alltagsmärchen, obwohl es von offizieller Seite nicht mehr so gefördert wird wie in den fünfziger Jahren. Man kann von einem latenten Kampf gegen das Volksmärchen sprechen, der mit dem Hunger danach seitens der Konsumenten (Kinder, Eltern) kontrastiert. Die Geschichte wenigstens in der Tschechoslowakei lehrt, daß der Kampf gegen das traditionelle Märchen zwar immer wieder auflebte (nach 1910, in den dreißiger Jahren), daß diese populäre Gattung aber dadurch nicht unterzukriegen war. Eine Prognose, wie lange der heutige latente Kampf dauern wird, ist zu ungewiß, doch sind Veränderungen in Verbindung mit der Umgestaltung der Kulturpolitik zu erwarten.

Märchen in der audiovisuellen Kultur und Bild-Lore

In der heutigen Epoche der audiovisuellen Kultur hat das Märchen wie andere Erzählungsgattungen natürlich längst die Medien erobert. War es anfangs bekanntlich nur durch das Theater vertreten, findet es heute – in allen Spielarten – seinen Platz im Rundfunk, im Film, auf Schallplatten und im Fernsehen, wie schon mit den Märchen von Václav Čtvrtek angedeutet. Die jüngste und sicher nicht letzte Weiterentwicklung stellt der Märchen-Videofilm dar, doch ist diese Technik in der Tschechoslowakei erst sichtlich verspätet aufgegriffen worden. Denkt man daran, daß jede dieser Formen über viele Möglichkeiten verfügt und ihre eigenen Gesetze hat, kann die komplexe Teilnahme an der so sehr differenzierten audiovisuellen Kultur für den gegenwärtigen Weg des Märchens in der Tschechoslowakei lediglich in einer speziellen Abhandlung erfaßt werden. Gleichwohl sollen skizzenartig einige Entwicklungen angedeutet werden:

Das dramatisierte Märchen ist im Theater, Puppenspiel, Rundfunk, Film und Fernsehen das häufigste Genre für Kinder. Man spricht heute in der Tschechoslowakei von ›Märchenspielen‹ anstelle von ›Für Kinder spielen‹. Diese Regel gilt jedoch nicht ohne Ausnahme. Exemplarisch ist auf zwei Werke hinzuweisen, die ein internationales Echo ausgelöst haben: der auf einer sorbischen Vorlage aufgebaute Film *Čarodějův učeň* (Der Zauberlehrling) von Karel Zeman und das Hörspiel, Bühnenspiel und Fernsehspiel *Jak přišla basa do nebe* (Wie der Baß in den Himmel kam) von Marie Kubátová. Diese Werke sind nicht für Kinder, sondern primär für erwachsene Zuhörer und Zuschauer gedacht. Umgekehrt wurde das Filmmärchen *Pyšná princezna* (Die stolze Prinzessin, 1952), eine Version des Themas *König Drosselbart*, ursprünglich als Kinderfilm konzipiert, erweckte aber ein außerordentlich großes Interesse bei Erwachsenen. Seit der Uraufführung bis zum Jahr 1977 hatte der Film zehn Millionen Kinobesucher angelockt, ein großes Publikum erbrachte außerdem die Ausstrahlung im Fernsehen – und so wurde *Pyšná princezna* zum beliebtesten tschechischen Film aller Zeiten überhaupt.

Den Schlüssel zu dieser Popularität bietet die Vorlage zum Film: Denn das Märchen stammte wiederum von der beliebtesten tschechischen Schriftstellerin Božena Němcová. Bald danach folgte eine lange Reihe von Filmen nach Motiven ihrer Märchen. Außerdem gelangten diese Märchen unzählige Male auf die Bühne, ins Marionettentheater, in den Rundfunk, auf Schallplatten, es entstanden einige Opern und drei Ballette … Gegenüber dieser ›Märcheninvasion‹ nimmt sich der Anteil anderer Autoren wie Karel Jaromír Erben, Pavol Dobšinský oder František Hrubín, des gegenwärtigen Schöpfers von Versdichtung auf der Grundlage der Volksmärchen, eher bescheiden aus.

Die wenigen Ausführungen machen deutlich, daß dem Buchmärchen heute eine zentrale Bedeutung in der Tschechoslowakei zukommt. Es ist gewissermaßen eine Achse, die alle Kommunikationsmittel der audiovisuellen Kultur verbindet, und Impulse geben und zugleich Quelle sein kann. Auch der umgekehrte Weg ist denkbar. Die eine oder andere Form der audiovisuellen Kultur mündet nicht selten in ein Buchmärchen ein. Manchmal bestehen komplizierte Verbindungen. Das Drehbuch zum Film *Pohádka o staré tramvaji* (Das Märchen von einer alten Straßenbahn) z. B. hat sein Verfasser Ota Hofman zu einem Buch verarbeitet, das im Rundfunk in Fortsetzungen vorgetragen wurde; in Deutschland kam eine dramatisierte Fassung auf die Bühne.

Kürzlich war in Zeitungen unseres Landes zu lesen, daß wir Filme machen, die ein paar Sekunden, aber auch einige Tage dauern. Wenn man diese zugespitzte Formulierung nicht wortwörtlich nimmt, kann man sie auf die Märchen vor dem Schlafengehen im tschechischen und slowakischen Fernsehen anwenden, d. h. auf selbständige Kurzgeschichten, etwa acht Minuten lang und als Fortsetzung für jeweils einige Tage konzipiert. Ihr Niveau, besonders das der Kunstmärchen aus dem Alltag, ist größtenteils unbefriedigend. Zu den besseren und erfolgreichen Serien hingegen gehört ein Rübezahl-Zyklus von Marie Kubátová. Wenn für ein einziges ›Märchen vor dem Schlafengehen‹

ein Buchtext gewählt wird, muß darin oft soviel gekürzt werden, daß vom Buchmärchen nicht selten nur ein Torso übrigbleibt. Andere Fernsehmärchen dauern ungefähr 60 Minuten, ein Filmmärchen manchmal bis zu zwei Stunden. Falls dafür als Vorlage eine Adaptation des Volksmärchens dient, deckt die Handlung natürlich nicht den ganzen Zeitraum ab. Als zwangsläufige Folge geraten in die dramatisierten Bearbeitungen oft dem Volksmärchen fremde Elemente. Solche unnötig in die Länge gezogenen Dramatisierungen werden kritisiert, man verlangt von den Filmautoren tiefere Kenntnisse der literarischen Märchentheorie. Wie es scheint, ›gibt es unter unseren Rundfunkdramatikern eher routinierte Handwerker als wirkliche Künstler‹, stellte der slowakische Literaturwissenschaftler und Theoretiker Ján Poliak fest (*Zlatý máj* 14, 1970, 262), und diese Feststellung läßt sich ohne weiteres auch auf andere Formen der audiovisuellen Kultur übertragen.

Abschließend darf derjenige Kulturbereich nicht vergessen werden, in dem das Auditive fehlt und nur das Visuelle bleibt. Ich meine hier ikonographische Aspekte, beschränkt auf die Phänomenologie des mit einer knappen Unterschrift versehenen Bildwitzes. Derzeit bringen verschiedene Zeitschriften (hauptsächlich die humoristische wie der slowakische *Roháč* und der tschechische *Dikobraz*), oftmals sogar in jeder Nummer, gezeichnete Märchenmotive, denen ein anderer, aktueller Sinn unterlegt ist, wobei die Autoren allgemeine Kenntnisse bestimmter Volksmärchen voraussetzen.

Was die Provenienz dieser Märchen betrifft, so sind es einerseits weltbekannte, andererseits einheimische Fassungen. So begegnen etwa Bildwitze, die auf den Grimm-Märchen *Rotkäppchen* oder *Hänsel und Gretel* basieren; beliebt sind auch Travestien des durch den Film Walt Disneys in der Erinnerung stets lebendigen Märchen *Snow White and the Seven Dwarfs* (1937). Die einheimischen Versionen sind meistens durch die Texte von Božena Němcová vertreten, z.B. durch ihr schönstes tschechisches Märchen von den zwölf Monaten (vgl. AaTh 403B) oder durch ihr slowakisches Märchen *Čert a Káča* (Káča und der Teufel) – auch Vorlage für eine Oper Antonín Dvořáks (1899), das die *Belfagor*-Thematik behandelt, und besonders durch die verschiedensten Versionen, in denen hloupý Honza (der dumme Hans) die Hauptrolle spielt; die Beliebtheit dieser Gestalt wurde noch erhöht durch Adaptationen in einer umfangreichen und immer wieder neu aufgelegten Auswahl von Jiří Horák: *Český Honza* (Der tschechische Honza). Nicht zu vergessen sind auch die Märchen Karel Jaromír Erbens, von denen das vielleicht populärste *Dlouhý, Široký a Bystrozraký* (Der Lange, der Dicke und der Scharfsichtige) ist, das im deutschsprachigen Gebiet als *Sechse kommen durch die ganze Welt* (KHM 71) geläufig ist. Bekannt ist auch ein satirisches Gedicht von Karel Havlíček Borovský, worin der Typ von den Eselsohren des Königs Midas bearbeitet wurde (AaTh 782).

Noch bis vor kurzem waren es fast ausschließlich harmlose, wenn auch Zeitgeschehen glossierende Witze. Hänsel z. B. ruft von einem hohen Ast herab (im Tschechischen zu Mařenka = Mariechen): »Mariechen, ich sehe ein Licht!« Und in der Ferne leuchtet ein Fernseher. – In den vergangenen zwei Jahren ist es zu einer Wende gekommen – aktuelle Probleme, gerade auch die Gefährdung der Umwelt, sind Gegenstand des Bildwitzes: Der dumme Hans zieht in die Welt, und die Eltern rufen ihm nach: »Geh und mach ein Loch in die Welt [d. h. vollbringe etwas Großes], aber kein Ozonloch.«

Oder beim Abschiednehmen will die Mutter dem dummen Hans etwas Geld geben, der jedoch, mit verschiedenen Etiketten auf seiner Kleidung, ausruft: »Mutter, siehst du nicht, wieviel Sponsoren ich bereits habe?«

In einem anderen Witz gibt die Mutter dem dummen Hans eine Menge Buchteln mit auf die Reise. Dargestellt ist das Bistro ›Dummer Hans‹, und der Besitzer sagt, wahrscheinlich zu seinem kleineren Bruder: »Richte der Mutter aus, daß mir die Buchteln ausgehen.« Damit werden schon Probleme der Versorgung der Bevölkerung mit verschiedenen Waren angeschnitten. Einige davon werden heimlich ›unterm Ladentisch‹ verkauft: Eine Frau trägt in einem Korb Erdbeeren und sagt zu einer anderen Frau: »Nein, das ist nicht vom ›unterm Ladentisch‹, ich war bei den zwölf Monaten« – dieser gezeichnete Witz lehnt sich also an das erwähnte slowakische Némcová-Märchen mit dem Motiv von den Erdbeeren im Winter an.

Konnten früher Probleme der Versorgung mit den Dingen des täglichen Lebens nicht satirisch dargestellt werden, ist jetzt eher das Gegenteil der Fall. Viele Leute in der Tschechoslowakei möchten eben das Begehrteste besitzen, u. a. einen Videorecorder, den neuesten und teuersten Škoda-Wagen ›Favorit‹ und ein Tuzex-Konto, damit sie vor allem westliche Waren kaufen können: Der Teufel trägt auf dem Rücken Káča, die er nicht loswerden kann, und ruft: »Wer hat dir, Káča, gesagt, daß ich ein Video, einen Favorit-Wagen und ein Tuzex-Konto habe?« Die von Michail Gorbatschow proklamierte ›Glasnost‹ wird unterstützt, doch oft nur verbal nach außen hin: Einer alten Weide, ähnlich wie im Midasmärchen, vertraut ein Mann sein Geheimnis an: »Ich bin nicht für Glasnost.« Die Grenze wurde also verschoben, doch sie besteht weiter. Das Tabu, hochgestellte Persönlichkeiten nicht im Witz darzustellen, existiert immer noch, obgleich in der Presse sogar schon zu lesen war, daß man in solchen Witzen nichts Feindliches sehen soll.

Im ganzen läßt sich für den gegenwärtigen Weg des Märchens in der Tschechoslowakei feststellen: Obwohl das mündlich überlieferte Märchen seine Position heute verliert oder bereits verloren hat, ist die Vielfalt von Erscheinungsformen einschließlich der Anklänge oder Nachklänge an Märchen wesentlich gewachsen.

Literatur

Červenka, J. (ed.): O pohádkách (Über Märchen). Praha 1960.

Gašparíková, V.: Slovenská ľudová próza a jej súčasné vývinové tendencie (Die slowakische Volksprosa und ihre gegenwärtigen Entwicklungstendenzen). Bratislava 1986.

Gašparíková, V.: Slowakische Volksmärchen. Berlin (im Druck).

Höfig, W.: Film. In: Enzyklopädie des Märchens 4. Berlin/New York 1984, 1111–1132.

Hyrjak, M.: Ukrajinski narodni kazky schidnoji Slovaččyny (Ukrainische Volksmärchen aus der östlichen Slowakei). Prešov 1983.

Jech, J.: Lidová vyprávění z Kladska (Volkserzählungen aus Kladsko). Praha 1959.

Jech, J.: Tschechische Volksmärchen. Berlin ²1984.

Kadłubiec, K. D.: Gawędziarz Cieszyński Józef Jeżowicz (Der Erzähler Józef Jeżowicz aus dem Teschen-Gebiet). Ostrava 1973.

Kazda, J.: Božena Němcová a dramatické umění (Božena Němcová und die dramatische Kunst). In: Božena Němcová, paní našeho času. Praha 1986, 117–174.

Kosová, M.: Rozprávkár Jozef Rusnák-Bronda (Der Märchenerzähler Jozef Rusnák-Bronda). In: Gašparíková, V. (ed.): Horehronie. Bratislava 1988, 13–82.

Kubín, J. Š./Jech, J.: Na vaši radost (Zu Ihrer Freude). Hradec Králové 1985.

Satke, A.: Hlučínský pohádkář Josef Smolka (Der Hultschiner Märchenerzähler Josef Smolka). Ostrava 1958.

Satke, A.: Prohádky, povídky a humorky ze Slezska (Märchen, Erzählungen und Schwänke aus Schlesien). Ostrava 1984.

Sirovátka, O.: Současná česká literatura a folklór (Gegenwärtige tschechische Literatur und Folklore). Praha 1985.

Sirovátka, O.: Česká pohádka a pověst v lidové tradici a dětské literatuře (Tschechische Märchen und Sagen in der Volkstradition und in der Kinderliteratur). Praha [1990].

Šmahelová, H.: Návraty a proměny (Rückkehr und Verwandlung). Praha 1989.

Urbanová, S.: Tradice ústní lidové slovesnosti v literatuře na Ostravsku (Traditionen der mündlichen Volksdichtung in der Literatur des Ostrava-Gebietes). In: Pfeffer, V. (ed.): Tradice lidové slovesnosti v současné literatuře. Opava 1987, 15–23.

Betrachtungen zum Begriff »Lieblingsmärchen«

Bengt Holbek

Auf den Begriff »Lieblingsmärchen« stieß ich zum ersten Mal in Ottokar Graf Wittgensteins *Märchen – Träume – Schicksale* (1965). Seitdem fand ich es wieder bei Hans Dieckmann in seinen *Märchen und Träume als Helfer des Menschen* (1966) und in einigen Artikeln aus den sechziger Jahren in der Zeitschrift *Praxis der Kinderpsychologie und Kinderpsychiatrie*. Was diese Verfasser meinen, sind eigentlich keine bestimmten Märchen als solche, sondern ein bestimmtes Verhältnis zwischen einer Person und einem Märchen. In einer Lebensphase, meistens in der Kindheit, bekommt ein Märchen eine besondere Bedeutung. Man liest es immer wieder oder wünscht, es immer wieder vorgelesen zu bekommen; man träumt sich hinein, lebt damit. Später wird es vielleicht völlig vergessen, jedoch kann die Erinnerung wieder wachgerufen werden. Das war es, was Wittgenstein fand: Die Lieblingsmärchen unterstützten seine psychoanalytische Arbeit; er konnte seine Analysanden fragen, welche Märchen ihnen in ihrer Kindheit besonders viel bedeutet hatten, um somit herauszufinden, welche Probleme sie damals besonders beschäftigten.

Vor einigen Jahren suchten mich zwei Psychologiestudenten auf, die gemeinsam eine Diplomarbeit über dieses Thema schreiben wollten. Sie hatten u. a. Bruno Bettelheims *The Uses of Enchantment* (1976) gelesen und herausgefunden, daß sie beide Kindheitserfahrungen dieser Art hatten. Wir suchten dann gemeinsam nach weiteren Behandlungen des Themas, fanden aber eigentlich nicht besonders viel, in erster Linie vielleicht weil die Bezeichnung und der Begriff »Lieblingsmärchen« nicht den Status eines spezifisch fachlichen Terminus hat. Auch die *Enzyklopädie des Märchens* hat bislang kein Stichwort hierfür vorgesehen. Die beiden Studenten schrieben ihre Abhandlung gemeinsam (Rose/Juul 1984). Ich möchte ihre Beobachtungen kurz zusammenfassen.

Heidi erinnert sich daran, daß sie sich im Alter von 6 bis 8 Jahren sehr mit dem Grimm-Märchen *Rapunzel* beschäftigt hat. Sie lebte sich in das Märchen hinein und wünschte, es immer wieder vorgelesen zu bekommen. Als sie ihre Abhandlung schreiben sollte, schaffte sie sich den Text wieder an und entdeckte zu ihrer Verwunderung, daß er ganz anders war, als sie ihn in Erinnerung hatte. Darum geht es in einem Teil der Analyse. Sie erkannte, daß sie sich eine »Erinnerungsausgabe« des Märchens geschaffen hatte, die nur zum Teil der gedruckten entsprach. Eine der Änderungen war, daß sie die Einleitung »wegzensiert« hatte, in der das Mädchen der Hexe ausgeliefert wird. Sie war selbst der Meinung, daß es die bei Kindern übliche Separationsangst war, die sie diesen Abschnitt verdrängen ließ. Eine weitere Änderung war, daß es in der »Erinnerungsausgabe« das Mädchen selbst war, die sich ihr Haar abschnitt und flüchtete. Eine dritte, daß es wiederum das Mädchen selbst war, die den blinden Prinz findet und heilt. In Heidis Erinnerung ist die Heldin eine tatkräftige Person, die ihr Schicksal selbst in die Hand nimmt. Sie empfindet sich in keiner Weise als Opfer ihrer Umstände.

Warum war *Rapunzel* Heidis Lieblingsmärchen? Sie wuchs als älteste Tochter in einer amerikanischen jüdischen Familie auf und kam erst später nach Dänemark. Ihre Mutter war, der Beschreibung nach zu urteilen, der Prototyp einer American Jewish Mother, die außerordentlich Liebe- und Aufopferungsvolle, aber zugleich die außerordentlich Dominierende – eigentlich jemand wie die Hexe in *Rapunzel,* die die Heldin einsperrt und in jeder Beziehung über ihr Leben bestimmt. Sich von der Hexe zu befreien bedeutet, Selbständigkeit statt Geborgenheit zu wählen; eine Wahl, die Heidi, wie sie schreibt, immer noch als wesentlich und schwierig empfindet. Wie so viele andere hat sie gelernt, die elterliche und speziell die mütterliche Autorität zu internalisieren, und sie erfährt ihr Handeln gegen diese internalisierte Autorität als etwas, das mit dem Verlust von Liebe bestraft wird. Das Mädchen im Märchen wählt dagegen den Mann, was auch als ein männlicher Aspekt ihrer selbst gedeutet werden kann. Heidi meint, daß die Vertiefung in das Märchen ihr Züge ihrer Persönlichkeit zeigt, die auch für das Selbstverständnis der erwachsenen Frau immer noch von Bedeutung sind.

Mette wollte als Kind andauernd Hans Christian Andersens Märchen von der *Schneekönigin* hören. Das ist ein langes und äußerst kompliziertes Märchen, komponiert im typischen Andersen-Stil als eine Sequenz aus sieben Bildern oder Situationen. Im Gegensatz zu Heidi versucht Mette nicht zu fixieren, was sie aus ihrer Kindheit erinnert; es geht hier also nicht darum, eine »Erinnerungsausgabe« mit der gedruckten zu vergleichen.

Mette wuchs in einem Künstlermilieu auf, wo, wie sie schreibt, »die Phantasie bessere Bedingungen hatte als der Abwasch«. In diesem Milieu gab es den Großvater, der Andersen liebte und geduldig seine Märchen für das kleine Mädchen las, das erst 4–5–6 Jahre alt war, als sie sich in die *Schneekönigin* verliebte. Sie hatte selbstverständlich nicht die Möglichkeit, die versteckten Tiefen der Erzählung zu verstehen, konnte sich aber mit der Hauptperson identifizieren, dem kleinen Mädchen, dessen Kindheitsfreund es verläßt und der dann im Reich der Schneekönigin lebt, mit Körper und Seele eingefroren. Das Mädchen macht sich auf die Suche nach ihm, trifft verschiedene Personen und macht verschiedene Erfahrungen, die erst die erwachsene Mette viele Jahre später durchschauen kann. Mette schreibt, es habe ihr Verhältnis zu den Märchen geprägt, daß ihre Eltern beide so sehr mit ihrem eigenen Leben beschäftigt waren, daß sie sich oft abgewiesen fühlte und allein, dem Großvater überlassen und der Phantasiewelt der Märchen, die eigentlich über ihrem Horizont lag. »In meinem einsamen Herumschlagen mit meinen wütenden Gefühlen und meiner Angst, alleingelassen zu werden, hat die *Schneekönigin* gleichzeitig die Konflikte beim Namen genannt und Handlungsanweisung und Hoffnung gegeben. Das Märchen nennt alle konfliktreichen Erlebnisse, durch die das kleine Mädchen ›muß‹, nennt sie beim wahren und tabuisierten Namen, aber tut dies in einer Symbolsprache, die garantierte, daß weder ich noch andere ›wußten‹, was geschah. Zum Beispiel gab es ein Räubermädchen und eine Räubermutter, und das Räubermädchen war ›so wild und ungezogen, daß es eine Freude war‹ – Oh, welch seliger Gedanke!«

Es ist nicht meine Absicht, diese Abhandlung weiter zu referieren. Sie wurde hier genannt, weil es sich um zwei geübte Psychologen handelt, die eigene Erfahrungen beobachten; eine authentischere Aussage bekommt man wohl kaum.

Andere Beispiele aus der Fachliteratur zeigen ein ähnliches Bild. In *Märchen – Träume – Schicksale* erzählt Wittgenstein u.a. von einem Mann, den er analysierte, der sich in seiner Kindheit sehr mit dem Perrault-Märchen vom *Däumling* beschäftigt hatte. Dieser Däumling war der jüngste und kleinste von sieben Brüdern. Er war schwächlich und sagte niemals ein Wort, heißt es im Märchen, und außerdem war er der Sündenbock des Hauses. Was immer auch geschah, er bekam immer die Schuld. Nichtsdestoweniger zeigt es sich, daß er der geistesgegenwärtigste der sieben Brüder ist; er rettet sie alle vor dem drohenden Kannibalen und bringt der Familie einen unsagbaren Reichtum, so daß sie nie wieder Not leiden muß.

Der Analysand erinnert sich: »Genauso war es bei mir. Auch ich war der Prügelknabe für alles, was zu Hause geschah. Ich konnte sagen, was ich wollte, immer war es falsch. So habe ich gelernt zu schweigen.« Auch in seiner Familie war es der Vater, der die harten Entscheidungen traf, zum Beispiel, daß der Junge in ein Internat geschickt werden sollte, und die Mutter war es, die sich dagegen wehrte. Es gibt natürlich keine vollständige Parallelität zwischen dem Handlungsverlauf des Märchens und dem der Wirklichkeit, aber das Märchen bietet eine Vielfalt von Persönlichkeiten und Situationen, die der Wirklichkeit gleicht, und der Junge kann einen Platz im Märchen finden, der es ihm erlaubt, vom zukünftigen Sieg und Erhöhung zu träumen.

In einem kurzen, aber sehr interessanten Artikel *Little Red Riding Hoods on the Couch* beschreibt Lilla Vészy-Wagner eine Reihe von Analysanden, die alle versucht haben, die Probleme im Verhältnis zum Analytiker oder anderen mit Hilfe von *Rotkäppchen* zu erklären. Es wird nicht direkt im Artikel gesagt, kann wohl aber gefolgert werden, daß diese Analysanden sich schon als Kinder mit jenem Märchen beschäftigt haben. Es gehört zu Vészy-Wagners Beobachtungen, daß sie das Märchen verschieden auffassen. Sie finden nicht alle den gleichen, unveränderlichen Kern eines innewohnenden Sinnes, sondern die Hauptfiguren – Rotkäppchen, der Wolf, die Großmutter – dienen dazu, die Personen in der sehr unterschiedlichen Wirklichkeit der Analysanden zu deuten. Es ist zu bemerken, daß Wittgensteins klinische Erfahrung – auch mehrere seiner Analysanden haben sich mit diesem Märchen beschäftigt – die Erfahrung Vészy-Wagners bestätigt.

Es wäre wohl möglich, noch weitere Beispiele zu finden, aber die genannten reichen aus, um zu illustrieren, was ich hier unter dem Begriff »Lieblingsmärchen« verstehe. Ich möchte noch hinzufügen, daß Walter Scherfs *Die Herausforderung des Dämons* (1987) sich zwar eher an Märchentypen orientiert als an Verhältnissen bestimmter Erzähler zu den Märchen, aber eindeutig ist, daß es die theoretische Voraussetzung der Arbeit ist, die Märchen als Mittel der Kinder zu betrachten, sich zu orientieren und sich zu ihrer eigenen Rolle im Verhältnis zu Eltern, Geschwistern etc. zu definieren. Diese Art der Betrachtung hat sich im großen und ganzen unter Psychologen und Pädagogen etabliert.

Die Frage ist, ob der Volkskundler Nutzen durch diese Einsichten gewinnen kann? Können sie auf das Studium von Volksmärchen übertragen werden, die nach alten, jetzt ausgestorbenen mündlichen Erzähltraditionen aufgezeichnet worden sind? Es ist ja bekannt, daß die Volkskundler durchgehend sehr skeptisch den psychologischen Deutungen gegenüber eingestellt sind.

Auch ich war skeptisch, als ich selbst mit Märcheninterpretationen zu arbeiten begann, in erster Linie aus methodischen Gründen. Ich muß grundsätzlich Vészy-Wagner Recht geben, daß es möglich ist, verschiedene Bedeutungen in ein und demselben Märchen zu finden. Man könnte sagen, eine Interpretation sei das Resultat einer Begegnung zwischen einer Person und einem Text – wenn verschiedene Personen dem gleichen Text begegnen, ist es beinahe undenkbar, daß die Resultate nicht verschieden ausfallen. Aber ein für mich noch entscheidender Kritikpunkt war, daß die Interpretatoren die Märchenaufzeichnungen gar nicht in ihrem ursprünglichen »Sitz im Leben« betrachtet haben. Es ist ein langer Weg von der traditionellen Erzählung, wie sie in einem armen Haus in einem fernen Dorf vor 200 Jahren lautete, bis zu dem literarisch geformten, eleganten Text, der gestern gedruckt wurde. Dieser lange Weg kann beschrieben werden und wurde es auch, und alle Mißdeutungen und halb unbewußte Verdrehungen, die sich unterwegs einschleichen, lassen sich analysieren und wurden es auch in einem gewissen Umfang. Ich möchte nur zwei bekannte Tendenzen nennen: auf der einen Seite die Neigung der bürgerlichen literarischen Welt, die Sexualität der Volksmärchen zu dämpfen und ihre Bedeutung herunterzuspielen; das kann man zum Beispiel an Andersens Bearbeitung dänischer und Grimms Bearbeitung deutscher Volksmärchen beobachten. Auf der anderen Seite eine ähnliche Neigung, die sozialkritische Tendenz vieler Volksmärchen zu dämpfen. Lutz Röhrich hat viele konkrete Beispiele zur Existenz solcher Tendenzen im Volksmärchen in *Märchen und Wirklichkeit* (1956) gegeben. Es sind in erster Linie Erfahrungen dieser Art, die bewirken, daß Volkskundler sich äußerst skeptisch gegenüber psychologischen und literarischen Märcheninterpretationen verhalten müssen, die ohne ausreichendes quellenkritisches Bewußtsein vorgelegt werden.

Man kann aber das Kind nicht einfach mit dem Bad ausschütten. Wenn man ausreichend deutlich unterstrichen hat, daß viele der bisherigen psychologischen Märcheninterpretationen verfehlt sind, so bleiben immer noch die Erfahrungen zurück, die hier den Begriff »Lieblingsmärchen« ausmachen. Ich betrachte es als undenkbar, daß das sogenannte »Volk« die Märchen von Generation zu Generation überliefert hätte, wenn sie nicht sowohl für den Erzähler als auch für die Zuhörer von Bedeutung gewesen wären. In meiner Habilitationsschrift *Interpretation of Fairy Tales* (1987) habe ich gewisse Beobachtungen gemacht, die meiner Meinung nach zweifellos die Existenz eines persönlichen Verhältnisses zwischen den einzelnen Erzählern und ihren Märchen dokumentieren. Am deutlichsten zeigt sich dies bei einer einfachen Einteilung der Märchen in bezug auf das Geschlecht der Hauptperson: es zeigte sich, daß beinahe 90% der Märchen der Männer eine männliche Hauptperson hatten, während die Märchen der weiblichen Erzähler sich bei diesem Kriterium ungefähr gleich verteilten. Dieses spiegelt ohne Zweifel die unterschiedliche Erzählsituation von

Männern und Frauen wider: Während die Frauen in der traditionellen Bauerngesellschaft innerhalb der heimischen vier Wände erzählten, oft für ein gemischtes Publikum von Kindern, erzählten Männer in bedeutendem Umfang außerhalb des Heimes und in rein männlicher Gesellschaft, zum Beispiel während der Militärzeit, bei Reisen, in der Arbeitspause, im Wirtshaus. Das Märchen von *Schneewittchen* ist vielleicht nicht das, worauf der Soldat zuerst kommt, wenn er die Kameraden in der Freiwache unterhalten soll.

Allein diese Einteilung zeigt, daß die Erzähler bewußt gewählt haben, wenn sie ihr Repertoire aufbauten. Besieht man es aber näher, entdeckt man Beweise anderer Wahlen, die zusammen den Geschmack und die Neigungen der einzelnen Erzählerpersönlichkeiten widerspiegeln. Ich muß hier meine Argumentation auf meine Beobachtung des Materials stützen, das Evald Tang Kristensen im letzten Drittel des 19. Jahrhunderts in Jütland aufgezeichnet hat. Es ist nicht einzigartig; man könnte ein ähnliches Material gesammelt von z. B. Wilhelm Wisser, Richard Wossidlo oder Rikard Berge auf die gleiche Weise gebrauchen, aber ich gehe von dem aus, was ich selbst kenne.

Der unterschiedliche Geschmack der Erzähler zeigt sich, wie gesagt, deutlich in der Wahl ihres Repertoires. Schon in der Verteilung der Untergattungen der Märchentradition wird das deutlich. Der eine bevorzugt Zaubermärchen, der andere romantische Märchen, der dritte religiöse Märchen, der vierte Schwankmärchen. Das bestätigt meine Behauptung, daß es sich nicht um eine mechanische Übernahme der Tradition vorhergehender Generationen handelt. Aber das wirklich Interessante kommt zutage, wenn man sieht, wie unterschiedlich das gleiche Märchen sich bei verschiedenen Erzählern gestaltet. In Wahrheit, so entdeckte ich am Schluß meiner Untersuchung, drückt jeder Erzähler seinem Repertoire einen höchst persönlichen Stempel auf, zum ersten bei der Wahl der Typen, zum anderen bei der Art des Erzählens. Ich möchte hier kurz die fünf Erzähler charakterisieren, die ich genauer untersucht habe.

Die einfachste Erzählerin war Ane Dorotea Jensdatter. In all ihren Märchen kam irgendwie eine Aufzählung von Pflichten oder Arbeitsaufgaben vor. Die Hauptperson des Märchens mußte ihre Pflichten erfüllen oder Aufgaben lösen, und wenn dies geglückt war, war er oder sie frei oder wurde belohnt. In Ane Doroteas Märchen, die sehr einfach und schematisch aufgebaut waren, fand ich kein Beispiel von der ›Spaltung‹, der Dr.-Jekyll-and-Mr.-Hyde-Technik, die eine Person in mehreren verschiedenen Erscheinungen, die jeweils ihren emotionellen Aspekt ausdrücken, auftreten läßt. Diese Technik ist sonst sehr gebräuchlich bei Märchenerzählern, und wenn sie bei Ane Dorotea fehlt, hängt das wahrscheinlich damit zusammen, daß sie nur in geringem Grade an emotionellen Konflikten, die die meisten anderen Erzähler beschäftigen, interessiert ist. Wenn ihre Helden und Heldinnen nur tun, was sie sollen, geht es ihnen gut. Diese Anschauung, glaube ich, ist die Essenz von Ane Doroteas Lebensweisheit. Aufgrund dessen ist es nicht erstaunlich, daß sie Tang Kristensen gegenüber ihren Vater als einen Arbeitshelden schilderte. Er arbeitete immer, 24 Stunden am Tag, behauptet die Tochter, und es ist deutlich, daß sie ihn bewunderte. Man kann wohl nicht behaupten, daß dieses Märchen, das eine Summe all der Märchen ist, die sie erzählt hat, also sozusagen das Märchen ihres Lebens, genau das gleiche ist wie das, was hier als Lieblingsmärchen definiert wurde, aber in beiden Fällen besteht das gleiche innerliche, persönliche Verhältnis.

Ein ganz anderer Erzählertyp ist Kjeld Rasmussen. Er wurde im Armenhaus geboren und starb auch im Armenhaus. Zu Hause hatte er keine Märchen gehört, sagt er, aber als alter Mann war er im Besitz eines beachtlichen Repertoires, das beinahe ausschließlich aus Zaubermärchen bestand, und die muß er auf seinen Wanderungen gesammelt haben. Er lernte den Beruf des Schmieds und lebte sein ganzes Leben als Wandergeselle, ohne je geheiratet oder ein Heim gegründet zu haben. Man kann sich denken, daß er als Schmied viel mit Pferden zu tun gehabt hat, denn in seinen Märchen treten häufig Pferde auf, auch in den Typen, wo in den Parallelaufzeichnungen andere Gestalten auftreten. Das ist ein kleiner persönlicher Zug, der etwas über die Haltung des begabten Erzählers aussagt: Er fühlt sich in der Lage, die Märchen nach seinem eigenen Geschmack zu verändern.

Das Wesentlichste bei Kjelds Märchen ist das Bild, das er vom Charakter der Hauptperson zeichnet. Es handelt sich immer um einen jungen Mann, der ungeduldig, eigenwillig und aufbrausend ist. Er läßt sich nicht von Vorschriften, Regeln oder Geboten stoppen. Wenn er es leid ist, sich von anderen herumkommandieren zu lassen, tut er, was ihm paßt. Es ist klar, daß Kjeld sich von einem Märchen wie *Der Zauberlehrling* angezogen fühlt, in welchem der Lehrling ja die Dinge selbst in die Hand nimmt. In einem Märchen, einer Version von AaTh 400: *The Man on Quest for his Lost Wife,* besitzt der Held ein Gewehr mit der magischen Eigenschaft, all das zu töten, worauf man mit dem einen Ende zeigt, und wiederzuerwecken, worauf man mit dem anderen Ende zeigt. Diese Waffe ist ganz nach Kjelds Geschmack. Sein Held tötet den König und alle Tiere, die das Schloß bewachten, heiratet die Prinzessin und erweckt sie später alle wieder zum Leben. Kann der König nicht mit diesem fait accompli leben, kann er ja gehen.

Ein weiterer Zug bei Kjeld ist, daß die Frauen absolut nichts zu sagen haben. Die Prinzessinnen sind Belohnungen, die nach vollendeter Heldentat ausgeliefert werden, und sie werden nicht einmal gefragt, ob sie es wollen. Wie gesagt, hat Kjeld niemals geheiratet, sonst hätte ihn das Leben vielleicht eines Besseren belehrt; oder es ist auch denkbar, daß seine – mit einem modernen Ausdruck – chauvinistische Haltung seinem Glück bei Frauen im Wege stand.

Ein dritter, sehr hervortretender Zug ist die sozialkritische Tendenz, die in Kjelds Märchen zum Ausdruck kommt. Sein ganzes Leben hatte er auf Wanderschaft verbracht, die meiste Zeit in Deutschland, und es ist wahrscheinlich, daß auf jeden Fall ein Teil seines Märchenrepertoires das widerspiegelt, was man sich noch in der zweiten Hälfte des 19. Jahrhunderts unter Handwerkern in Deutschland erzählte. Aber es ist gleichzeitig ein Gebiet und eine Periode, wo die Gegensätze zwischen Handwerkergesellen und Meistern stärker als je zuvor hervortreten, und das Bewußtsein über diese Gegensätze nimmt auch zu. Ich meine, daß man in Kjelds Märchen Spuren davon finden kann.

Betrachtet man sie als ein Ganzes, entsteht das Bild eines unterdrückten Mannes, der sich sehr bewußt ist über die Kräfte, die sein Leben bestimmen. In seinen Märchenhelden sammeln sich Trotz, Aggression und Eigensinnigkeit zu einer Synthese: Der kleine Mann schlägt zurück. Das ist Kjelds Lieblingsmärchen.

Ein beinahe diametraler Gegensatz zu Kjeld ist Niels Hansen Li, ein Meistererzähler, den Tang Kristensen sehr hochschätzte. Als er Niels' Märchen aufzeichnete, war er ein alter Mann und seit vielen Jahren blind. Das hatte vielleicht einen Einfluß auf seine Märchen, die verschlossen und träumend wirken. Niels' Helden sind oft schwach; in der Regel wird ihnen von einer mächtigen, heimlichen Gestalt geholfen, die nur der Held sehen kann. Daß der Held in einem von Niels' Märchen weinen kann, weil er eine unüberschaubare Aufgabe lösen soll, zeigt eine Situation, die in Kjelds Märchen undenkbar wäre. Ohne mich in Einzelheiten zu vertiefen, will ich behaupten, daß dies das Grundthema bei Niels ist: der Traum vom heimlichen, zauberkundigen Helfer, der den Helden aus seiner Not befreit und alles an seinen rechten Platz bringt. Das ist sein Lieblingsmärchen.

Bei Mette Marie Jensdatter finden wir die sanften Heldinnen, die Opfer, die leiden und erleiden und deren wahrer Wert erst zum Schluß erkannt wird. In ihren Märchen klingt es nach Schuld- und Minderwertigkeitsgefühlen. Hier gibt es keinen Stolz, nur Dankbarkeit dem Schicksal gegenüber, wenn es der Heldin schließlich lacht, und die Gegner werden nur wenig oder gar nicht bestraft – dies in ausgesprochenem Kontrast zu Niels, dessen schwache, haltsuchende

Helden erstaunlich rachsüchtig sind, wenn sie gewinnen. Mette selbst war eine sehr alte Frau, als Tang Kristensen sie aufsuchte. Wie die meisten anderen Erzähler kam sie aus armen Verhältnissen und hat sich immer allein zurechtfinden müssen. Sie war ihr ganzes Leben ledig. Tang Kristensen nennt ein Gerücht, nach dem sie heimlich ein Kind geboren haben soll, aber darüber weiß man nichts. Ihre Haltung ist sanftmütig und vergebend. Das Lieblingsmärchen, das durch alle ihre Erzählungen hindurchscheint, ist das der Geringgeschätzten, die allen Erwartungen zuwider schließlich Liebe und Anerkennung gewinnt.

Mads Thomsen Bœks Märchen drücken eine gesunde und muntere Haltung aus. Seine Helden sind immer zu Abenteuern bereit, sie sind eigensinnig und tatkräftig wie Kjelds Helden und sind sich der Gegensätze zwischen Klein und Groß in der Gesellschaft bewußt, aber sie verfügen eher über Lebenslust und Draufgängertum als über Trotz und Aggressivität.

In den letzten Jahren haben mehrere Studenten unter meiner Anleitung andere von Tang Kristensens Märchenerzählern untersucht. Sie gründeten ihre Untersuchungen auf verschiedene Prinzipien; keiner hat versucht, die Grundhaltung der einzelnen Erzähler so zu charakterisieren, wie ich es eben versucht habe. Das ist allerdings auch eine neue Perspektive, die bei weitem nicht so durchgearbeitet ist, als daß sie als eine neue Methode gelten kann. Wenn ich aber die Materialsammlungen gelesen habe, wurde der Eindruck immer wieder bestätigt, daß ich hier zu vermitteln versucht habe: daß der einzelne Erzähler ein ganz persönliches Verhältnis zu seinen Märchen hat. Das Repertoire ist nach dem Geschmack des Erzählers ausgesucht – man muß annehmen, daß jeder Erzähler viel mehr Märchen kannte, als er/sie in sein/ihr eigenes Repertoire aufgenommen hat – und außerdem wurden sie bearbeitet, so daß sie als individueller Ausdruck von Stil und Haltung hervortreten.

Es ist unmöglich zu wissen, ob die jeweiligen Erzähler in ihrer Kindheit über Monate oder Jahre hinweg von bestimmten Märchen fasziniert waren, so wie es von modernen Psychologen und Psychotherapeuten beschrieben wird. Aber wir können sehen, daß sie sich zu einem späteren Zeitpunkt in ihrem Leben eine Lebenshaltung geschaffen haben, die sie durch ihr Märchenrepertoire haben ausdrücken können. Die Summe der Botschaften, die durch ein solches Repertoire zum Ausdruck kommt, können wir nach meiner Meinung zu Recht als die Lieblingsmärchen dieser Erzähler bezeichnen.

Diese Art der Betrachtung widerspricht natürlich der historisch-typologischen Methode, die die Märchenforschung so lange beherrschte. Von einer traditionellen Betrachtung ist diese beinahe auflösend. Aber die isolierten Einzelheiten können zu neuen Einheiten zusammengeführt werden, wenn man dazu übergeht, die traditionelle Märchenerzählung als eine *Sprache* aufzufassen, als einen Weg, seine Erfahrungen wiederzugeben. So betrachtet, sind die traditionellen Erzähler als Künstler zu sehen, die überlieferte Ausdrucksmittel dazu gebrauchen, ihre individuelle Lebenserfahrung weiterzugeben. Dies ist die Inspiration, die ich als Volkskundler aus dem modernen psychologischen Studium von Lieblingsmärchen zu holen meine.

Literatur

Bettelheim, B.: The Uses of Enchantment. New York 1976.

Bettelheim, B.: Hänsel und Gretel, mein Lieblingsmärchen. In: Psychotherapie und medizinische Psychologie 37 (1987), 1–9.

Dégh, L.: Frauenmärchen. In: Enzyklopädie des Märchens 5. Berlin/New York 1987, 211–220.

Dieckmann, H.: Märchen und Träume als Helfer des Menschen. Stuttgart 1966.

Dieckmann, H.: Das Lieblingsmärchen der Kindheit und seine Beziehung zur Neurose und Persönlichkeitsstruktur. In: Praxis der Kinderpsychologie und Kinderpsychiatrie 16 (1967), 202–208.

Dieckmann, H.: Das Lieblingsmärchen. In: Praxis der Psychotherapie 19 (1974) 27–37.

Dieckmann, H.: Typologische Aspekte im Lieblingsmärchen. In: Analytische Psychologie 6 (1975) 318–335.

Enzyklopädie des Märchens. Begründet von K. Ranke. ed. R.W. Brednich u.a. Berlin/New York 1977ff.

Holbek, B.: Interpretation of Fairy Tales (FFC 236). Helsinki 1987.

Röhrich, L.: Märchen und Wirklichkeit. Wiesbaden 1956 (u.ö.).

Rose, H./Juul, M.: Eventyr og psykologi. Univ. Kopenhagen, Humanistische Fakultät: Specialebiblioteket (ungedr.) 1984.

Scherf, W.: Die Herausforderung des Dämons. München u.a. 1987.

Vészy-Wagner, L.: Little Red Riding Hoods on the Couch. In: The Psychoanalytic Forum 1 (1966) 400–408, 414–415.

Wittgenstein, O. Graf: Märchen – Träume – Schicksale. Düsseldorf/Köln 1965.

Lebenshilfe aus »uralter Weisheit«?

Psychologische und populärpsychologische Märchenrezeption unter ihrem therapeutischen Aspekt

Katalin Horn

Apoll war u.a. ein Heilgott und Gott der Künste. Daran soll erinnert werden, wenn man die wachsende Rückbesinnung auf die therapeutischen Möglichkeiten der Dichtung und der Künste beobachtet. Kunst als der »Rückweg von der Phantasie zur Realität« (Freud) wird vermehrt heilend angewendet. Dabei wird in der sogenannten Bibliotherapie und in der Kunsttherapie die ästhetische Seite nur als Vehikel betrachtet, im Vordergrund steht die kommunikative Funktion, deren allmählichen Verlust man gleichzeitig beklagt. So heißt es etwa in der Aufgabendefinition der kunsttherapeutischen Sozialpädagogik; »In diesem Sinne ist [...] Kunst nicht ein ästhetischer Gegenstand, sie ist ein Ausdrucks- und Kommunikationsmittel. Kunst wird damit zurückgeführt auf das, was sie ursprünglich war: eine ›Umgangssprache‹, die jedem Menschen zur Verfügung steht.« (Aissen-Crewett 1986, 22). Ähnlich sieht der Englischprofessor und Bibliotherapeut Joseph Gold in der fiktiven Erzählung ein ›biologisches Modell‹, und gar in ihrer höchstentwickelten Form, im Roman, ein Sprachmodell menschlichen Verhaltens (»language model of human behavior«), einen kodierten Erfahrungsvorrat, der Lebenshilfe zu spenden vermag. Die literarische Geschichte (»story«) sei ein primäres postlinguistisches Instrument der Organisation und der Aufbewahrung wichtiger menschlicher Informationen (Gold 1988). Die konkreten Aufgaben werden in der Kunst- und in der Bibliotherapie ebenfalls ähnlich formuliert. Es sind dies etwa: »Identitätsstärkung verbunden mit einer Erweiterung und Intensivierung der Kommunikationsmöglichkeiten [...] Überwindung von sozialen und psychischen Schwierigkeiten [...], Selbstrealisierung, ausgedrückt durch Ich-Stärke, Autonomie« sowie Entwurf von Handlungsmöglichkeiten, Suche nach alternativen Wegen etc. (Aissen-Crewett 1986, 23; Gold 1988, 259f.).

Es ist nicht verwunderlich, wenn neben Musik-, Kunst- und Bibliotherapie auch das Märchen (vornehmlich das Grimmsche Märchen) in der Psychotherapie, aber auch in der Populär-, ja Vulgärpsychologie immer mehr eingesetzt wird. Zwei seiner Eigenschaften machen es für diese Aufgabe geeignet: Erstens sind Märchen, und Volkserzählungen im allgemeinen, Modelle der Lebensbewältigung, in denen sich Erfahrungen von Generationen niedergeschlagen haben. Diese ihre ontologische, anthropologische und psychologische Modellhaftigkeit wird von Volkskundlern und Erzählforschern wie Kurt Ranke (1958), Lutz Röhrich (1972), Max Lüthi (1978, 76–97), Walter Scherf (1987) und Bengt Holbek (1987) bestätigt. Unter den Volkserzählungen liefern insbesondere Märchen mit ihren Konfliktlösungsmustern besonders nachahmenswerte Modelle. Denn »Erlösung ist das märchentypischste [...] Motiv [...]. Erlösung ist [aber] im allgemeinen Sinne eine positive Veränderung der Existenzform« (Röhrich 1972, 20). Zweitens: Da Märchen kurz und dramatisch sind, sind ihre therapeutischen Möglichkeiten direkter als etwa die eines Romans wie *Krieg und Frieden*. Vor allem aber ist das Märchen Allgemeingut, es behauptet im Leben beinahe eines jeden Menschen seinen festen Platz, so daß Sigmund Freud sogar beobachten konnte: »Bei einigen Menschen hat sich die Erinnerung an ihre Lieblingsmärchen an die Stelle eigener Kindheitserinnerungen gesetzt« (zitiert in Grummes 1976, 566). Der Dichter Peter Rühmkorf soll sich beklagt haben, daß Märchen heute »die einzige literarische Anspielungsebene [sind]. Es gibt sonst keine Anspielungsebene mehr. Die klassische Literatur wird nicht mehr gelesen, dann kann man darauf auch nicht mehr herumklavieren« (zitiert in Fabula 29 [1988], 218).

Nun, da stoßen wir schon auf eine leise Kritik, die angesichts der manchmal hemmungslosen Ausbeutung der Märchen nicht immer gar so leise bleiben kann. Denn autogenes Training, Meditation, populäre Lebenshilfe verkaufen sich ausgezeichnet mit der Ware Märchen. So erstaunt es nicht, daß auf dem therapeutischen Gebiet ein bunter Reigen stattfindet: Klinik-Erfahrungen mit Pubertätskrisen, Neurosen, gar mit Psychosen (Kienle 1959; Crames 1975) stehen oft populären Ratgebern gegenüber, die nur eine fade Suppe nach dem Rezept ›Man nehme ein bißchen Freud, ein bißchen Jung und eine Prise Bettelheim ...‹ aufwärmen. Die Gefahr des Dilettantismus und der Kommerzialisierung ist hierbei freilich groß, kennt doch selbst die medizinisch integrierte Bibliotherapie ihre eigenen Gefahren. Denn: »Für Arzneimittelprüfung und -anwendung gibt es [...] gesetzliche Regelungen [...] Dagegen besteht für die gesetzliche Prüfung psychotherapeutischer Heilverfahren noch eine empfindliche Lücke, ihr medizinischer Wert nach Nutzen und Risiko braucht nicht statistisch vor einem medizinisch-juristischen Gutachterausschuß nachgewiesen zu werden« (Gold/Gold 1986, 137).

Keine gesetzliche Regelung, sondern das Prinzip Hoffnung untermauert oft die Märchentherapie. Doch herrschen auch in der Einschätzung des Märchens als Hoffnungsträger und Lebenshilfe-Spender geteilte Meinungen. Während etwa der Psychoanalytiker Ulrich Grummes die Lösung im Märchen als ein Zeichen der Hoffnung verstehen möchte (Grummes 1976, 579), fragt Rudolf Schenda mit Unbehagen: »Haben wir denn wirklich keine unverdächtigeren Zeugnisse menschlichen Hoffens und Wagens, träumerischer Überwindung und phantasievoller Bewältigung dieser Welt [als das Märchen]?« (Schenda 1983, 40).

Nun, man soll das Märchen doch nicht so unterschätzen; auch ist Unverdächtiges nicht immer nur positiv. Schließlich hat schon Scheherezade die durch die Untreue seiner Frau entstandene mörderische Neurose des Sultans mit ihren Erzählungen geheilt und dadurch das staatliche Gleichgewicht wieder hergestellt. Denn »Scheherazede weiß ganz genau, daß Erzählen nie unschuldig ist, daß eine erzählte Geschichte ein Leben verändern kann« (Brooks 1988, 286). Aber nicht nur in der Märchenwelt, – auch in den Lebensgeschichten einfacher Leute wird immer wieder auf die heilsame Wirkung der Märchen zurückbesonnen (Noltenius 1988, 65–67, 77). Vor allem aber wußten Dichter und traditionelle Erzähler immer schon um die heilende Funktion des Märchens. Seine Anwendung in der medizinischen, psychologischen, analytischen und pädagogischen Therapie ist freilich eine Errungenschaft unseres Jahrhunderts, seit dessen erstem Jahrzehnt neben volkskundlicher, literatur- und religionswissenschaftlicher Märchenforschung auch eine psychologische betrieben wird. Bevor diese Instrumentalisierung der Märchen ihre heutige Intensität erreichen konnte, mußte jedoch in der tiefenpsychologischen Märchenrezeption eine grundlegende Änderung stattfinden. Sigmund Freud sah noch nämlich im »Zeitalter des Märchens« eine überwundene primitive Stufe, in den Märchen selbst »entstellte Überreste« dieser Stufe. Der erfahrene, reife Mensch sollte nach ihm das Märchen als unbrauchbare Illusion erkannt haben. Das Märchen hatte demnach für Freud nur historisches Interesse: er sah in seinen Symbolen Relikte früherer phylo- und ontogenetischer Vorgänge oder Produkte hysterischer Neurosen. Symbole waren für ihn wie Symptome, Darstellungen eines intrapsychischen Konflikts. Er rückte die Wirklichkeit des Menschen in einen Bereich, der außerhalb der Phantasie liegt. C. G. Jung dagegen wertete die Märchen- und Mythensymbole als Quellen der Weisheit auf. In ihnen drückten sich Triebwelt und Geisteswelt des Menschen in einer Integration aus. Das tiefenpsychologische und psychologische Interesse am Märchen gründet von da an in der Annahme einer objektiven, wenn auch symbolhaften Darstellung des Menschen und zwar – ganz im Gegensatz zur Auffassung Freuds – des nichtneurotischen Menschen. Märchen könnten angesehen werden als Selbstdarstellung der Psyche; sie zeigen, daß »eine irgendwie gestörte, schicksalhaft herabgeminderte Lebensordnung durch ein Vertrautwerden mit neuen ungeahnten Lebensimpulsen und -möglichkeiten [...] wieder hergestellt und ins Heilvolle gewandelt« werden könne (Grummes 1976).

Begünstigt wird die therapeutische Rezeption durch eine Renaissance des Märchens als Text und als mündliche Kommunikationsform. Die ›Krise der Aufklärung‹, die postmoderne Rückbesinnung auf die Phantasie, das wachsende anthropologische Interesse leisten dieser Wiederbelebung Vorschub. In einer Zeit, in der »Der Mensch [...] nicht mehr [weiß], was er ist« (Scheler), bietet das Märchen u.a. ein von vielen als gültig empfundenes Menschenbild an. Meines Erachtens gründet die große Beliebtheit Max Lüthis unter anderem auch in seinen großartigen Studien über eben dieses Menschenbild im Märchen.

Im allgemeinen nimmt man an, daß Volksmärchen auf jahrtausendealte Tradition zurückblicken, und »Tradition im wohlverstandenen Sinn ist zugleich Ausweis für Wahrheit und Gültigkeit« (Janning 1983, 127). Märchen vermögen deshalb eine Antwort auf unsere Zweifel zu geben, sie sind Mittel für die »Einübung in die Wirklichkeit« (Siegmund 1982, 126). Anvisiert wird dabei die individuelle Konfliktlösung, denn die psychologische Interpretation liest die Märchen im Hinblick auf Selbstverwirklichung. Doch durch die Heilung soll natürlich auch soziale Integration erreicht werden, bei der die Märchen als »Schlüssel zur Welt« (Felicitas Betz) behilflich sind.

Märchen sind keine Nur-Kindermärchen. So arbeiten viele Psychologen und Psychiater nicht nur mit Kindern, sondern auch oder gar ausschließlich mit Erwachsenen. Denn »kein Mensch [ist] am Ende seines Lernweges angekommen [...]. Und vor allem geraten wir alle noch in Krisen« (Betz 1985, 64). Während aber die psychologische Deutung nicht mit diagnostischer und therapeutischer Tätigkeit einhergehen muß (man denke etwa an das Werk Hedwig von Beits), beschäftigt sich die praktische Psychologie und Psychotherapie oft mit einer regen Interpretation. Denn um die psychologische Funktion des Märchens bestimmen zu können, muß man es freilich nach seinem Wesen und nach seiner Aussage befragen. Was nun die Interpretation betrifft, sollte indessen zwischen zwei Ansätzen unterschieden werden. Denn die Frage ›Was sind Märchen?‹ ist beileibe nicht identisch mit der Frage ›Wozu kann ich Märchen gebrauchen?‹. Die psychologische Aneignung der Märchen tritt gleichwohl oft mit Ausschließlichkeitsanspruch auf. Aussagen wie: »Dabei ist es interessant zu beobachten, wie die eigentlichen Märchenforscher, soweit sie auf dem richtigen Wege sind, aus der philologischen in die psychologische Sicht hinüberwechseln« (Jöckel 1986, 198); oder: »Aber die eigentliche Anziehung, die für Kinder und Erwachsene von den Märchen ausgeht, kann nur mit Hilfe der Psychoanalyse erklärt werden. (Rosenkötter 1980, 168 f. [Hervorhebungen von K. H.]) – Solche Aussagen gehen doch zu weit, und nicht zuletzt implizieren sie auch einen funktionalen Reduktionismus: Soziale, pädagogische, ästhetische, epische, eskapistische, spielerische und unterhaltende Funktionen der Märchen werden schlichtweg übergangen.

Bevor einige Methoden der Deutungen kritisch betrachtet werden, sollen hier die psychologischen Wesens- und Funktionsbestimmungen der Märchen kurz umrissen werden.

Psychologen und Psychiater sehen eine Analogie zwischen menschlichen Reifungsprozessen, psychodynamischen Geschehen, der »Kultivierung der Wirklichkeit« (Salber) einerseits und den Ereignissen in den Märchen andrerseits. Märchen werden dabei sehr oft auf der Subjektstufe gedeutet, das heißt: ihre Figuren als innerseelische Komponenten wahrgenommen. Märchen können nach dieser Auffassung, Handlungsmuster anbieten, sie können als Vorbild dienen. Als solche helfen sie, typische Fehlverhalten zu erkennen und zu korrigieren. Da die Märchenbilder, mit denen die Analytiker und ihre Patienten arbeiten, Aufbausteine in einem Entwicklungsprozeß darstellen, können sie solche Prozesse im wirklichen Leben des Patienten anregen und/oder auf die richtige Bahn lenken. Märchen sind gleichsam ein Reservoir von Lebensgeschichten ehrwürdigen Alters. Vermöge dieser ihrer Autorität zeigen sie, wie es »der Mensch schon immer gemacht hat« (Dieckmann 1983, 17). Aus Märchen lernt man Bewältigungsstrategien: Durch Identifikation mit dem Helden und der Heldin – oder gerade umgekehrt: durch Ablösung von der falschen Identifikationsfigur – gewinnen wir Kraft, uns selbst zu entwickeln, unser Leben zu verändern. Beim Kind dient das Märchen als Modell des Reifungsprozesses, es hilft ihm, seine Trennungs- und Schuldängste, seine Regressionen zu bewältigen bzw. zu überwinden. Nach Christa Crames findet das Märchen »psychodramatische Verwendung [u. a.] in der Neurosenbehandlung. Durch die ihm eigene auflockernde, belebende und persönlichkeitsstärkende Wirkung auf die Psyche wird es als Rollen-, Stegreif- oder Puppenspiel mit Erfolg inszeniert. Ein positiver Einfluß auf die psychische Heilung wird auch beim Märchenhören, -lesen, -imaginieren oder -meditieren beobachtet« (Crames 1975, 111). Der Nervenarzt Kienle faßt seine klinischen Erfahrungen mit Märchen folgendermaßen zusammen: »Intellektuell und rational läßt das Märchen seinen Hörer unberührt. Wenn der Hörer aber das Schicksal des Helden miterlebt, werden bei ihm der elementare

Lebenswille, die Initiative zum Handeln, die Hinwendung zur aktiven Anpassung an die Welt, die Unbefangenheit der Erlebnisfähigkeit sowie das Gefühl der Geborgenheit im Weltgeschehen angesprochen« (Kienle 1959, 49). Nicht zuletzt bietet demnach die Märchentherapie auch Sinngebung an, ein emotionelles Gegengewicht zu unserem einseitigen Rationalismus und Materialismus. Sie will bei den Jungianern gar den Menschen mit seinem göttlichen Kern konfrontieren. Darum überrascht es nicht, wenn der amerikanische Psychiater J. E. Heuscher auch die Psychoanalyse von ihrer einseitig naturwissenschaftlichen Methodik zu ihrem ›wahren Ziel‹, d. h. in eine geistig-seelische Sphäre (»spiritual realm«), hinführen möchte (Heuscher 1974, 124).

Der Mediziner und ehemalige Präsident der Europäischen Märchengesellschaft, Wolfdietrich Siegmund, hat auf die Tatsache hingewiesen, daß das Wunder den gemeinsamen Wesenskern der Mythen, der Volksmärchen und der Psychose bildet. Daher vermag der Arzt mit dem seelisch kranken Menschen in der Sprache der Märchen einen Dialog zu führen, indem er diese gleichsam als Parabeln, Gleichnisse oder Metaphern gebraucht (Siegmund 1984).

Neben dieser kommunikativen besitzen Märchen, nach Aussagen medizinischer Psychotherapeuten, auch eine wichtige kognitive Funktion: Das Märchen und seine Bilder als kollektives psychisches Produkt helfen ihnen, jene Bilder zu verstehen, die ihnen täglich von ihren Patienten entgegengebracht werden. Die Psychotherapie versucht demnach, mit Hilfe der Märchen Einsicht in verborgene Schichten des Unbewußten zu gewinnen, ja sie zieht sie gar beim Verstehen psychotischer Inhalte heran. Indem Märchen somit einen Beitrag zur Ätiologie medizinischer Symptomatik zu leisten vermögen, gewinnen sie große Bedeutung auch für die Therapie, zielt doch diese auf eine Stärkung der von der mythischen Vorstellungswelt, von den entfesselten Kräften des Unbewußten bedrohten oder überrannten Persönlichkeitsstruktur (Wittgens 1987, 2–5, 101 f.; Stork 1987, 9; Crames 1975, 86). Ich glaube, die Richtigkeit und Wichtigkeit dieses analogischen Verständnisses muß man vor Augen halten, wenn im folgenden einige methodische Fragwürdigkeiten der psychologischen Märchendeutungen kritisiert werden. Statt sich an eine rezeptionsorientierte Methodik zu halten, verstehen nämlich etliche Verfasser und Verfasserinnen die Symbolsprache des Märchens als geschlossenes Kommunikationssystem, als eine wörtlich übersetzbare geheime Botschaft. Sie betrachten dementsprechend jedes Motiv, jedes auch nur zufällige Bild als Chiffren für seelische Begebenheiten. Dabei wird, wie schon Hermann Bausinger (1955) und Lutz Röhrich (1985) kritisch bemerkten, ein fertiges Bezugssystem an das Märchen herangetragen. Ich möchte im folgenden vorerst auf die apodiktische, autoritäre Sprache hinweisen, die glaubt, auf jeglichen Beweis und Beleg verzichten zu dürfen. Hierzu einige Beispiele:

»Im Märchen heißt es, sie gehen tiefer in den Wald hinein. Aus der Märchensprache übersetzt bedeutet das, daß eine Zeit der Selbstbesinnung [...] vonnöten ist« (Schäfer 1985, 132).

»In der Tiefe des Meeres, das mit dem Unbewußten gleichzusetzen ist« (Dieckmann 1983, 115). »Die schöne Schürze, die natürlich für ein Stück geglücktes Leben steht« (Kast 1986, 109). »Vieles, was hier an Dornröschenschlaf erinnert und was natürlich den verschlafenen Seiten im Prinzen entspricht, wird jetzt wach« (ebenda, 152). »Schuhe stellen den Standpunkt dar« (von Franz 1985, 27). »Ich behaupte, daß die Märchen Lebenskrisen [...] durchspielen« und: »Brüderchen und Schwesterchen stehen für die ‹zwei Seelen in einer Brust›« (Schäfer 1985, 11, 123 f.). »Es leidet an und für sich keinen Zweifel, daß dieser ›Zauberer‹ der Vater der schönen Königstochter [in KHM 197: *Die Kristallkugel*] ist« (Drewermann 1988, 40). »Daß die Hexe die dunkle Seite der großen Erdgöttin repräsentiert, gilt für das Märchen allgemein« (von Franz 1985, 38). Die Hexe ist jedoch für einen anderen Verfasser etwa in *Hänsel und Gretel* keineswegs die große Erdgöttin, vielmehr die materialistische Einstellung, die egoistisch nur den Geist (d.h. Hänsel) füttert, während die Seele (d.h. Gretel) darben muß (Heuscher 1974, 123). Hier zeigt sich bereits auch ein hermeneutisches Problem: Indem man das Märchen in das System der eigenen Ideologie übersetzt, präsentiert sich die gleiche Erzählung dermaßen vieldeutig, daß es diesen Deutungen an Glaubwürdigkeit gebricht. Beispiele für solchen Methodenpluralismus hat Lutz Röhrich schon früher gebracht (Röhrich 1973).

Der apodiktische Stil der Deutungen bedient sich oft auch eines verdächtigen Syllogismus: Das Käppchen, die eine Hälfte des Apfels sind rot; Monatsblutung ist rot: ergo symbolisieren Käppchen und Apfel die Geschlechtsreife der Frau. Ferner: Der Vater und Ehemann ist ein männliches Wesen; der Jäger oder der Zauberer sind auch männliche Wesen, folglich sind Jäger und Zauberer identisch mit dem (verdrängten, »magisch getöteten«) Vater. In dieser Weise arbeitet auch oft die Methode der sog. Amplifikation: Schneewittchens Apfel wird zu mythologischen Äpfeln in Beziehung gesetzt (Adam und Eva; Paris und Aphrodite), die Pferde Goldeners, die rot, schwarz bzw. weiß sind, symbolisieren mal die Instinktsphäre, mal die apokalyptischen Reiter (Lutz, Heuscher). Der Fischer, der die ausgesetzten goldenen Söhne aus dem Wasser errettet, entspricht – als angebliche Synekdoche – dem Archetyp *des* Retters, ja – als angebliche Metapher – Christus, dem »Menschenfischer« (von Franz). Und hier sind wir bereits bei der Überinterpretierung von Motiven: Daß die kluge Else (KHM 34) von ihren Eltern verheiratet wird und sich ihren Bräutigam nicht selber aussucht, daß sie Brei kocht und nicht Fleisch brät, seien nicht Widerspiegelungen gesellschaftlicher und wirtschaftlicher Verhältnisse der Zeit, in der die Brüder Grimm lebten, sondern Zeichen der »infantilen Persönlichkeitsstruktur« der Else (Lutz). Und wenn das Schwesterchen in *Die sieben Raben* Brot und Wasser auf die lange Suchwanderung mitnimmt, so zeige dies seine orale Fixiertheit (Rosenkötter). Ähnlicherweise sei Enthauptung nicht ein historischer Strafvollzug, vielmehr eine »nach oben verlegte Kastration« (Lutz).

Der suggestive Stil ermöglicht, auch mit religionshistorischen Fakten frei umzugehen. Wenn etwa in der ersten Ausgabe des Märchens *Die drei Federn* die Feder des Jüngsten auf einen Stein fällt, dann werden wir – freilich ohne Beleg – darauf aufmerksam gemacht, daß »in altsemitischer Zeit [...] heilige Steine als Behausung der Gottheit« galten; ferner daß »in Ägypten [...] besondere Steine, ebenso wie in der Antike, der Urgottheit bzw. bestimmten Göttern geweiht« wurden (Lutz 1988, 71).

Die Urgottheit: das ist gleichsam ein Schlüsselwort. Mit der magischen »ur«-Silbe mythologisieren manche Autoren die Märchen, deren Bilder heute »wie vor Urzeiten« wirken: Am Brunnen fühlt die Königstochter die wirkende Kraft des Urschoßes; das Versprechen der nämlichen Königstochter wurde beim urmütterlichen Wasser geleistet; aus uralter Vergangenheit entsteht das Märchen mit seiner uralten Symbolik (alles bei Jöckel 1986).

Nun, während die historische und volkskundliche Märchenforschung nach dem Alter jedes einzelnen Märchens fragt, während sie sich über die Probleme der Kontinuität und der Wirklichkeitsbezüge Gedanken macht, gehen manche psychologische Märchenforscher mit Alter und Wirklichkeitsgehalt der Märchen unbekümmert um. Denn von wann bis wann genau erstreckt sich die Urzeit? Wie alt ist uralt? Was ist ein Urschoß, eine Urmutter und ein Urgott? Diese starke Mythologisierung der Märchen steht im Dienste einer dargebotenen Pseudoreligion. So überrascht es nicht, wenn für die anthroposophische Märchendeutung Märchen »die tiefste Offenbarung des Volksgemüts«, die Märchengestalten aus der »Lichtsubstanz der Kindheit gewoben« und »echte Märchenerzähler Hüter des [...] uralten heiligen Goldhortes« oder »Bewahrer geistiger Geheimnisse« sind (Meyer 1944, 7–12). Die Märchen weisen aber auch in der Anschauung der Jungianerin Marie-Louise von Franz den lebendig-religiösen Weg in einer Welt der erstarrten Buchreligionen (von Franz 1985, 67f.).

Mit der quasi-religiösen Märchenrezeption hängt auch eine oft geäußerte Vernunftsfeindlichkeit, Animosität gegen »den geschulten Intellekt«, gegen »verschulte Köpfe« zusammen. Märchen sollen – wie die Bibel – »ohne Umweg über den Intellekt unmittelbar an das [...] dem Menschen eingeborene Wahrheitsorgan« rühren (Betz 1976, 48).

Freilich soll die emotionelle Funktion der Dichtung im allgemeinen und die des Märchens im besonderen auf gar keinen Fall geleugnet werden, doch dürfte diese wichtige Funktion nicht mit einer Ersatzreligion verwechselt werden. Dafür aber gibt es mehr als genug Beispiele in der populärpsychologischen Literatur, wie etwa das folgende: »Die Märchen sprechen von einer Zeit, die älter ist als die organisierte Religion [...] so gesehen ist das Erlebnis des Märchens religiöse Selbsterfahrung, die wahre religio nämlich, die Rückverbindung zu unserem Ursprung« (Wittmann 1985, 10). Man muß demnach befürchten, daß Märchen »zur subjektiven Privatreligion« werden (Will 1988, 10–13). Es wäre zwar nichts dagegen einzuwenden, daß die Frage nach dem Sinngehalt des Märchens »nicht vom Kopf, sondern vom Herzen« beantwortet werden soll (Lutz 1988, 7), doch die emotionelle Wahrnehmung entbindet die Verfasser keineswegs von der Pflicht der Wissenschaftlichkeit.

Das Problematische an den ahistorischen Deutungen liegt auch in der Annahme einer einheitlichen auktorialen Intention in sämtlichen Märchen, wobei der ›Autor‹ einer weisen »Ur-Instanz« entspricht. Die Frage nach der Absicht des Autors ist freilich integrierender Teil jeder Deutung eines dichterischen Werkes. Nur kann der Interpret sich im Fall der Individualdichtung auf biographische und autobiographische Quellen stützen, während dies bei dem anonymen und traditionellen Märchen nicht möglich ist. Untersuchungen über die auktorialen Absichten können aber sehr wohl dort ansetzen, wo die Märchen schriftlich fixiert und bearbeitet wurden, nämlich bei den Brüdern Grimm. Es überrascht daher nicht, wenn die jüngste amerikanische gesellschaftskritische Erzählforschung – nicht zuletzt als Reaktion auf die »Kanonisierung und Verherrlichung« der *Kinder- und Hausmärchen* – ihre diesbezüglichen Chancen wahrgenommen und mit ihrer oft »grimmigen« Kritik für die einseitigen psychologischen Deutungen den nötigen Ausgleich geliefert hat (Bottigheimer 1987; Zipes 1979 und 1988).

Trotz all dem Gesagten sollte man sich angesichts der positiven klinischen Erfahrungen (und der von verschiedenen Gewährsleuten mündlich mitgeteilten Heilerfolge) einer allzu strengen Kritik wohl enthalten. Wir müssen den folgenden Standpunkt auch zur Kenntnis nehmen: »Dieselbe Berechtigung [wie der Märchenforscher] hat auch der Psychoanalytiker, der die historische Dimension oft nur unzureichend in seine Argumentation einbezieht, weil er das Märchen als Träger einer Aussage und eines Sinnes versteht, der unabhängig von Zeit und Raum ist« (Stork 1987, 14). Doch vor dem Anspruch einer absoluten Gewißheit über die letzten Geheimnisse *des* Märchens muß gleichwohl gewarnt werden, denn

Wie sehr der Mensch nach Wissenschaft verborgner Dinge ringt,
So bleibt ihm doch unzählig viel, davon er sagt: Mich dünkt.

Friedrich von Logau: Menschliche Unwissenheit

Oder eben: sagen sollte, will er seine Glaubwürdigkeit nicht verlieren.

Literatur

Aissen-Crewett, M.: Kunstpädagogik – Kunsttherapie – Sozialpädagogik. In: Kunst + Therapie 8 (1986), 17–26.

Bausinger, H.: Aschenputtel. Zum Problem der Märchensymbolik. In: Zeitschrift für Volkskunde 52 (1955), 144–155.

Betz, F.: Plädoyer für das Volksmärchen. In: Betz, F. (ed.): Erfahrung vorbereiten. Wege christlicher Erziehung heute. München 1976, 38–55.

Betz, O.: »Erzählen ist Sinngeben«. Das Märchen in der Erwachsenenbildung. In: Erwachsenenbildung 2 (1985) 63–66.

Bottigheimer R. B.: Grimms' Bad Girls and Bold Boys. The Moral and Social Vision of the Tales. New Haven/London 1987.

Brooks, P.: The Tale vs. the Novel. In: Novel 21 (1988) 285–292.

Crames, C.: Das Märchen in der Psychiatrie. Diss. Tübingen 1975.

Dieckmann, H.: Märchen und Träume als Helfer des Menschen. Stuttgart 1966.

Dieckmann, H.: Gelebte Märchen. Hildesheim ²1983.

Drewermann, E./Neuhaus, I.: Die Kristallkugel. Olten/Freiburg i. Br. ³1988.

Franz, M.-L. von: Die Suche nach dem Selbst. Individuation im Märchen. München 1985.

Gold, C./Gold, R.: Bibliotherapie und Medizin. In: Schauplatz. Aufsätze zur Kinder- und Jugendliteratur und zu anderen Medienkünsten. ed. J. Schmidt. Berlin 1986, 135–139.

Gold, J.: The Function of Fiction: A Biological Model. In: Novel 21 (1988), 252–261.

Grummes, U.: Die Bedeutung des Märchens für die Psychoanalyse. In: Die Psychologie des 20. Jahrhunderts 2. ed. D. Eicke. Zürich 1976, 564–581.

Gutter, A.: Es ist ein Band von meinem Herzen ... Zur Bedeutung des Märchens »Der Froschkönig oder der eiserne Heinrich« für die Psychohygiene. Solothurn 1976.

Heuscher, J. E.: A Psychiatric Study of Myths and Fairy Tales. Springfield, Ill. ²1974.

Holbek, B.: Interpretation of Fairy Tales. Danish Folklore in a European Perspective (FFC 239). Helsinki 1987.

Janning, J.: Märchenerzählen: Läßt es sich lernen – kann man es lehren? In: Wehse, R. (ed.): Märchenerzähler, Erzählgemeinschaft. Kassel 1983, 126–140.

Jöckel, B.: Das Reifungserlebnis im Märchen. In: Laiblin, W. (ed.): Märchenforschung und Tiefenpsychologie. Darmstadt ³1986, 195–211.

Kast, V.: Märchen als Therapie. Olten/Freiburg i. Br. 1986.
Kienle, G.: Das Märchen in der Psychotherapie. In: Zeitschrift für Psychotherapie und medizinische Psychologie 9 (1959), 47–53.
Lüthi, M.: Das europäische Volksmärchen. München [6]1978.
Lüthi, M.: Psychologie des Märchens und der Sage. In: Die Psychologie des 20. Jahrhunderts 15. ed. G. Candrau. Zürich 1979, 935–947.
Lutz, C.: Psychologisches Wissen im Märchen. Fellbach-Oeffingen 1988.
Maaß, H.: Der Seelenwolf. Das Böse wandelt sich in positive Kraft. Erfahrung aus der aktiven Imagination. Olten/Freiburg i. Br. 1984.
Meyer, R.: Die Weisheit der Schweizer Märchen. Schaffhausen 1944.
Noltenius, R. (ed.): Alltag, Traum und Utopie. Lesegeschichten – Lebensgeschichten. Essen 1988.
Ranke, K.: Betrachtungen zum Wesen und zur Funktion des Märchens. In: Studium Generale 11 (1958), 647–664.
Reutter, A.: Rapunzel – wo finde ich Dich? Einsiedeln 1987.
Röder, K.: Warum Märchen heilend wirken. Hohenschwangau 1987.
Röhrich, L.: Volksdichtung als anthropologisches Modell (Verleihung der Friedrich-Metz-Stipendien 1972). Waldkirch 1972, 5–24.
Röhrich, L.: Rumpelstilzchen. Vom Methodenpluralismus in der Erzählforschung. In: Schweizerisches Archiv für Volkskunde 68/69 (1972/73), 567–596.
Röhrich, L.: Zur Deutung und Be-Deutung von Folklore-Texten. In: Fabula 26 (1985), 3–28.
Rosenkötter, R. M.: Das Märchen – eine vorwissenschaftliche Entwicklungspsychologie. In: Psyche 34 (1980), 168–207.
Salber, W.: Psychologische Märchenanalyse. Bonn 1987.
Schäfer, M.: Märchen lösen Lebenskrisen. Freiburg i. Br. [2]1985.
Schenda, R.: Märchen erzählen – Märchen verbreiten. In: Doderer, K. (ed.): Über Märchen und Kinder von heute. Weinheim/Basel 1983, 25–43.
Scherf, W.: Die Herausforderung des Dämons. Form und Funktion grausiger Kindermärchen. München etc. 1987.
Schramm, H.: Märchen und Heilmittel. Imaginative Einführung in die anthroposophische Metalltherapie. Schaffhausen 1988.
Siegmund, W.: Bericht eines Psychiaters über die Verwendung von Märchenmotiven in der Therapie. In: Hetmann, F. (ed.): Traumgesicht und Zauberspur. Märchenforschung, Märchenkunde, Märchendiskussion. Frankfurt a. M. 1982, 119–130.
Siegmund, W.: Ein Weg durch Märchen, Mythos, Wahngebilde. In: Siegmund, W. (ed.): Antiker Mythos in unseren Märchen. Kassel 1984, 159–186.
Stork, J.: Das Märchen – ein Märchen? In: Stork, J. (ed.): Das Märchen – ein Märchen? Psychoanalytische Betrachtungen zu Wesen, Deutung und Wirkung der Märchen. 5. Symposion der Poliklinik für Kinder und Jugendpsychotherapie. Stuttgart-Bad Cannstatt 1987, 9–19.
Will, H.: Die Privatisierung Gottes. In: Kursbuch 93 (1988), 1–16.
Wittgens, W.: Der Heros im Märchen und seine Auseinandersetzung mit der Frau. Herne 1987.
Wittmann, U.: »Ich Narr vergaß die Zauberdinge«. Märchen als Lebenshilfe für Erwachsene. Interlaken 1985.
Zipes, J.: Breaking the Magic Spell. Radical Theories of Folk and Fairy Tales. London 1979.
Zipes, J.: The Brothers Grimm. From Enchanted Forests to the Modern World. New York etc. 1988.

Funktion und Bedeutung der Kindermärchen heute

Strukturanalytische Betrachtungen zur mündlichen und domestizierten Überlieferung

Walter Scherf

Nahezu jedes eigentliche Märchen beginnt mit einer unmittelbar erfaßbaren Konfliktkonstellation. Sie erregt die Aufmerksamkeit der Zuhörer oder Leser, seien es Erwachsene oder Kinder. Dieses Rasch-zueinander-Finden gilt für drastisch erzählte Fassungen mündlicher Überlieferung ebenso wie für domestizierte, für den Umkreis bürgerlichen Wohlverhaltens bestimmte. Was diese Eingänge anzeigen, heißt geradeaus: Hier wird ein elementar menschlicher Beziehungskonflikt zwischen Kindern und Eltern ausgespielt. Die Signale zeigen unmißverständlich Zuwendung und Versagung an, Überbehütung und Austreibung, Liebe und Haß. Ordnet man grob nach der Häufigkeit ihres Auftretens in dem Buchmärchen-Schatz, der heute dem jungen Leser zugänglich ist, so sind diese Beziehungskonflikte sofort an den Sohn/Vater-Polarisierungen zu erkennen, den Tochter/Vater-, Tochter/Mutter- und den Sohn/Mutter-Polarisierungen (Scherf 1974; 1983). Ja es scheint, daß es zur Strategie der Erzähler gehört, diese oft extrem aufgebauten Positionen als Eingangssignale zu verwenden, so als wollten sie auf eine latente Erwartungsspannung antworten.

Wägt man die Eingangssätze genauer ab, so kompliziert sich das freilich. Was man voreilig mit dem Etikett Sohn/Vater-Konflikt versehen hat, erweist sich beispielsweise als ein Zusammenstoß des scheinbar allerunschuldigsten und doch so erstaunlich raffinierten Besitzanspruches eines Knaben mit der Partnerschaftsbeziehung seiner Eltern. Aus der Sicht des Vaters allerdings macht der Sohnemann ihn zum entthronten Liebhaber.

Sonderbar genug: Selbst erwachsene Zuhörer oder Leser erleben diesen Zusammenstoß nie aus der Perspektive des Erwachsenen. Wir sind stets Partei des Kindes und Heranwachsenden. Wo ist der Grund für diese Ausschließlichkeit des Einstiegs zu suchen?

Wer einmal angefangen hat, sich mit den Eingängen auseinanderzusetzen, entdeckt nicht nur eine aufregende Mustersammlung der Ambivalenzkonflikte, sondern muß auch den Fragen der Identifikation nachgehen. Das Sich-Einbringen und Mitspielen ist konstituierend für die Erzählgattung. Vom ersten Signal an muß der Zuhörer oder Leser mit seiner Mitspiel-Erwartung einbezogen werden.

Ein merkwürdiges Beispiel liefert der zweite Anlauf von Ulrich Jahns symmetrisch gebauter Erzählung von *Hans dem Grafensohn und der schwarzen Königstochter* (Jahn 1891, Nr. 16). Ist da lediglich von einer schwerwiegenden Beziehungsstörung eines Erwachsenenpaares die Rede? Der Gewährsmann aus dem pommerschen Quatzow, der sich zuerst humorvoll mit der Aussteigerkarriere des jüngsten Grafensohnes beschäftigt hat, setzt neu an und erzählt nach totalem Szenen- und Figurenwechsel von einer zaghaften Königin und einem wahnhaft im Wald umherirrenden König. Er erzählt von einem Paar, das kein Kind bekommen kann; es scheint auf der Hand zu liegen, daß dieser partnerschaftliche Erwachsenen-Beziehungskonflikt allbeherrschendes Thema ist. Doch damit haben wir uns in die Irre führen lassen. Wir haben das Kind als Zuhörer oder Leser aus der Rechnung ausgeschlossen. Denn ein Märchentext ist nichts ohne seinen Leser, ebensowenig wie ein Märchenerzähler ohne den Zuhörer bestehen kann – und wenn der Autor auch nur auf den Zuhörer in sich selber hörte. Das zuhörende Kind aber bringt sich mit ein, und zwar noch ehe es eine Identifikationsgestalt in einem Märchentext gibt. Anders gesagt: Ist nur von Mutter und Vater die Rede, so macht das Kind als Zuhörer sogleich die Triangulation vollständig. Der langen Rede kurzer Sinn: Ein Erzähler setzt, mag er es wissentlich tun oder unwissentlich, unüberhörbare Eingangssignale. Er will die stets vorhandene Bereitschaft zum Mitspiel in seinem imaginativen Theater wecken. Ist ihm das gelungen, dann folgt er einer zielgerichteten prozessualen Konfliktstrategie. Wohin? Und nach welchem Skript? Darüber sollte man reden, sobald die methodische Untersuchungsmöglichkeit geklärt ist.

Daß eine exakte Strukturanalyse die immanente Dramaturgie eines halbwegs vollständigen Märchentextes überprüfbar offenlegen kann, darüber dürfte Einverständnis herrschen (Lämmert 1970; Ingarden 1972). Daß die Miterlebens- und Verarbeitungsweise nur empirisch zu erfassen ist, ebenfalls (Holbek 1987; Scherf, Dämon, 1987). Der wichtigste Erfahrungssatz aber lautet: In der geschichtlich überprüfbaren Zeit, seit man in der Versailler Gesellschaft einander Märchen mitzuteilen begann, haben diese Erzählungen eine ganz erstaunliche Aufnahme insbesondere bei Kindern gefunden (Fink 1966; Grätz 1988). Sie waren alles andere als Eintagsfliegen und Wegwerfprodukte und haben sich gegenüber einer Unmasse von modischen Begleiterscheinungen und Konstruktionen durchgesetzt. Für diese Betrachtungsweise sprechen auch die mehr oder minder geglückten Einschmelzungen einzelner literarischer oder trivialer Produkte. Auch aus dieser historischen Tatsache läßt sich auf die außerordentliche Anziehungs- und Lebenskraft des Märchens und die ständig vorhandene Mitspielbereitschaft seiner doch wohl recht zahlreichen Liebhaber schließen. Vergleicht man aber die textimmanente Erzählstruktur mit den Konfliktgeschichten aus tiefenpsychologischer Erfahrung, insbesondere der Psychoanalyse, und ihrer Weiterentwicklung durch die britische und französische Schule der Psychoanalyse früher Beziehungskonflikte, so liegt die Kongruenz der beiden Strukturen auf der Hand (Stork 1987). Genauer gesagt: die Kongruenz zwischen der zielgerichteten prozessualen Konfliktstrategie des Märchens, dem Weg also, den seine Protagonisten unbeirrbar und stufenweise zu Eigenständigkeit und, in reicher ausgebauten Formen, zur Partnerschaft gehen, einerseits – und den Entwicklungs- und Reifungsvorstellungen andererseits, denen jede tiefenpsychologische Therapie folgt. Sie will zur Ablösung, Arbeits- und Liebesfähigkeit führen, zur Integration und Identität, zur ineinander verschränkten Selbst- und Partnerfindung, zur Bewältigung der Trennungs-, Vernichtungs- und Schuldängste oder wie auch immer die Ziele psychologischer Störungsbewältigung und Konfliktverarbeitung benannt werden.

Die Erzählstrategie des Märchens und die verborgenen Selbsthilfen des Kindes und Heranwachsenden, zumindest nach dem Verständnis der modernen Tiefenpsychologie, sind aus demselben Guß. Daraus ergibt sich als Interpretationsmöglichkeit des Märchenerzählens ein dualistischer Ansatz: zum einen die strenge Analyse der Erzählstruktur, zum anderen das Bemühen, den Miterlebens- und Verarbeitungsvorgang zu erfassen (Holbek 1987; Scherf, Dämon, 1987). Vorauszusetzen ist freilich, daß der Zuhörer oder Leser sich nicht wahllos wechselnd einbringt, sondern sich identifizierend an feste Rollen und ihren Ablauf hält.

Folgt man dieser Spur, versucht man, die individuellen Erlebensweisen und wechselseitigen Beeinflussungen auch in ganzen Zuhörgruppen zu erkennen, im offenen Gespräch miteinander, so macht man eine grundlegende Entdeckung. Bei aller Mannigfalt der Variation und Akzentuierung stellen die Märchen zwar eine Mustersammlung an leicht überschaubaren Grundkonflikten dar – aber mit offenen Figurationen. Das heißt, die ins Spiel gebrachten Figuren und konflikthaften Beziehungen sind so offen und elementar (und das hat Max Lüthi ja deutlich genug ausgeführt), daß jeder Zuhörer und Mitspieler seine eigene Konfliktbiographie einbringen und auf seine Weise miterleben und verarbeiten kann.

Beispiel zwei, diesmal aus der Grimmschen Sammlung: Es kann kein Zufall sein, wenn die erzählerische Stilisierung eines Märchentextes, wie das im *Teufel mit den drei goldenen Haaren* geschieht (KHM 29), eingangs die überaus glückhafte Sohn/Mutter-Beziehung betont (mit einer Glückshaut geboren) – im Verlauf der Erzählung dann den jungen Mann zwar ständig in tödliche Gefahren bringt, ihn aber stets auf ältere Frauengestalten treffen läßt, die ihm entscheidend helfen: so die Alte im Räuberunterschlupf oder die Ellermutter in des Teufels Behausung. Die Textanalyse zeigt das ständige Wiederaufgreifen dieser Schlüsselmotive mütterlicher Hilfe. Aber sie zeigt auch ihre prozeßhafte Wandlung, ihre Verlegung in andere und immer fernere Welten. Die tiefenpsychologische Erfahrung bestätigt diesen Prozeß der Reifungsschritte. Sie lehrt die elementare Bereitschaft des Konfliktwesens Mensch, sich vorgegebenen dramatischen Mustern unbewußt zu überlassen und projektivem Spiel hinzugeben. Konkret gesprochen: Die Kette der Muttergestalten führt nicht nur in die innere, phantasmatische Wirklichkeit von Wald und Wildnis, sondern auch über die Grenze des großen Stromes in den Jenseitsbereich. Und gleichzeitig wandeln sich die Mutterbeziehungen zu naiven und schließlich souveränen Verinnerlichungen. Die Antwort auf die Fragen erfährt man in sich selbst, in der nunmehr erreichten Integration.

Doch das Thema lautet Kindermärchen, und das ist, wie ich in meiner *Herausforderung des Dämons* (1987) gezeigt habe, ein hinreichend genau bestimmbarer Teil des Bereiches Märchen für Kinder. Das freilich ist eine Bezeichnung, hinter die man meist ein Fragezeichen zu setzen pflegt. Aber Kinder haben (in der geschichtlich überschaubaren Zeit) sich sowieso der meisten Märchen bemächtigt, auch der Zaubermärchen mit einer ausführlich dargestellten Adoleszenzthematik. Das zeigt bereits ein Blick in die ersten ausdrücklich für die Hand der Kinder bestimmten Auswahlen aus dem etwa um die Mitte des vorigen Jahrhunderts bekannten internationalen Märchenschatz oder, weiter zurück, in die vielbändige *Blaue Bibliothek aller Nationen* (Gotha/Weimar 1790–1800). Der Grund ist nur allzu selbstverständlich: Kinder greifen in ihren Vorstellungen viel früher und viel tiefer in die Konfliktwelt der Erwachsenen aus, als es Erwachsenen lieb ist. Sie müssen es aber. Die Zuversicht ihrer Zielsetzung, ja ihre Lebenskraft schlechthin hängt von den Vorgriffen und der Unermüdlichkeit ihrer Auseinandersetzungen mit allen Herausforderungen des Lebens zusammen. Zwanghafte Bewahrpädagogik ist ein schlimmer Irrweg, weil sie den Optimismus des phantasmatischen Spiels lahmlegt und den Kindern das Handwerkszeug der Störungsverarbeitung aus der Hand nimmt (Klein 1971; Winnicott 1976). Im Sündenregister des Pestalozzi-Fröbel-Hauses Nr. 1 in Berlin stehen u. a. die von Else Fromm herausgegebenen *Lieder und Bewegungsspiele* von 1905, in denen nicht nur wilde Dämonenfangspiele bis zur Unkenntlichkeit gezähmt wurden, sondern auch das bereits recht brav stilisierte Grimmsche *Sneewittchen*-

Märchen zu einer Sentimentalitätsgroteske ohnegleichen umgebastelt worden ist (Fromm 1948, Nr. 161). Dieses Gartenzwerg-Singspiel führt in des kleinen Mädchens häusliche Verrichtungen ein und versteigt sich beispielsweise zu dem folgenden Vierzeiler: ›Wusch das Hemd, die Höschen / Für die Zwergelein, / Tiegelchen und Döschen / Spült es klar und rein.‹ Die neunte Strophe mündet in die Polonaise der mit ihren Laternen ins Bergwerk abziehenden Zwerge und endet mit dem Ruf: Glück auf! Die bis heute nicht umzubringende *Dornröschen*-Verarbeitung hat Frau Fromm ebenfalls dem deutschen Kindergarten beschert. Was ist bloß gewonnen, wenn auf eine solche Weise domestiziert wird? Eines ist jedenfalls erreicht: Die in zahlreichen Aufzeichnungen mündlicher Überlieferung zentral ausgespielte Motivik der geschwisterlichen Übergangszeit ist bis zur völligen Unkenntlichkeit verfälscht. In dem gewiß ebenfalls erheblich stilisierten Afanas'ev-Buchmärchen *Der Zauberspiegel* (Afanasjew 1985, 478–490) sind es immerhin zwei Recken, welche das verfolgte Mädchen ausdrücklich als Brüder aufnehmen und sich gegenseitig den Tod androhen, falls einer das Mädchen begehren sollte. In Felix Karlingers italoalbanischer Aufzeichnung von 1966, *Der Zauberring* (Karlinger 1973, Nr. 31), sind die üblichen Räuber und Dämonen des phantasmatischen Unterschlupfes durch eine auch sonst häufige Verschmelzung mit dem *Sieben-Raben*-Märchen zu den (aus dem Elternhaus geflüchteten) leiblichen Brüdern geworden. Wie folgerichtig das *Schneewittchen*-Märchen die Übergangsrolle der Brüder zwischen Ablösung und Partnerfindung ausspielt, zeigen Aleksandr N. Afanas'evs Recken, als es ihnen selbst nicht mehr möglich ist, ihrer Schwester aus der Totenstarre zu helfen: Sie geben sich den Tod, sie stürzen sich in einen Abgrund. Mit anderen Worten: Die meisten nicht domestizierten Fassungen des *Schneewittchen*-Märchens (das heutzutage immer wieder als ein die Listen mit anführendes Lieblingsmärchen genannt wird) hätten eigentlich die Aufgabe, in die Dramatisierung der Ablösungsprozesse und geschwisterlichen Übergangsbeziehungen einzuführen und den Weg zur letztgültigen Partnerfindung zu zeigen.

Aber man braucht gar nicht bis zu den kindlich verkürzten und anderwärts auch in ihrer voll ausgebauten Zweigliedrigkeit zugänglichen Märchen vom Schlage *Schneewittchen, Dornröschen* oder *Froschkönig* vorauszugreifen. Das Musterstück des eingliedrigen Kindermärchens, *Hänsel und Gretel,* zeigt in seinem internationalen Variantenschatz alle erdenklichen Ausprägungen nicht nur der extremisierten Sohn-Mutter-Ablösungskonflikte, die über die Stationen Verführ-, Überversorgungs-, ja Mästhexe bis zur schwesterlichen Übergangshilfe verarbeitet werden. Bereits in der Grimmschen Fassung (KHM

15) bietet sich dem sich selbst einbringenden Zuhörer oder Leser mit gleicher Anziehungskraft der Ablösungsweg der Tochter an (aus der Triangulationslage zwischen Mutter und Vater), die Konfliktverarbeitung in der geschwisterlichen Übergangskonstellation bis hin zur Heimkehr in das Elternhaus, in dem es keine schlimme Mutter mehr gibt, das Mädchen, die Schwester, sich also in einer neuen Souveränität wiederfindet. Genau diese Identifikation mitzuerleben hat Lisbeth Zwerger ihre eindrucksvolle Bilderbuchillustration zu *Hänsel und Gretel* (Hannover 1978) angelegt.

Welches Gewicht gerade im *Hänsel-und-Gretel*-Märchen, diesem Kindermärchen par excellence, der Verarbeitung geschwisterlicher Übergangsbeziehungen zukommt, prägt sich unmißverständlich in einer ganzen Reihe von Verschmelzungen aus mit dem scheinbar so kindlichen *Brüderchen-und-Schwesterchen*-Märchen (Ortutay 1966, Nr. 10). So wird in einer (keineswegs alleinstehenden) mordwinischen Fassung erzählt (Paasonen 1941, 230–236), daß der Knabe nach der Befreiung durch die Schwester sich nicht abhalten läßt, noch einmal zu dem Ofen zurückzukehren, in dem die Burljaga schmort. Er hat, wie er behauptet, ausgerechnet beim Ofen das Andenken an seine Mutter daheim vergessen. Dabei leckt er, gegen die Warnung der (wissenden) Schwester, das aus dem Ofen rinnende Fett der Dämonin – und wird zum Tier.

Es bedarf kaum der Erwähnung, daß es ein ganzes Bündel von Fassungen gibt, in denen ausschließlich die Sohn/Mutter-Konflikte im Haus der Dämonin oder des Dämonenpaares ausgespielt werden – und daß es selbstverständlich ebenso eine Gruppe ausschließlich der Tochter/Mutter- und der Tochter/Elternpaar-Auseinandersetzungen gibt, männliche und weibliche Ausprägung also. Diese Spielform hat ihr literarisches Flaggschiff, es überführt den Konflikt ins *Aschenputtel*-Märchen: Madame d'Aulnoy mit ihrer beherzten *Finette Cendron* von 1696/97 (Nr. 11).

Zumindest eines läßt sich aus diesem Variantenvergleich lernen: daß nämlich die scheinbar so eindeutig bestimmbaren Erzähltypen jeweils eine beachtliche Variationsbreite an Konfliktverarbeitungsangeboten aufweisen. Das hinwiederum ist gar nicht so verwunderlich, wenn man den Erzähler und den etwaigen Wechsel seiner Zuhörerschaft im Auge behält. Man braucht sich nur an Linda Déghs Bemerkungen zum Repertoire ihrer Gewährsleute, zum Übersetzen für kindliche Zuhörer, zur Rollenverteilung zwischen Mann und Frau zu erinnern (Dégh 1962) – und an Bengt Holbeks eindrucksvolle Repertoire-Darstellungen und Vergleiche der besten männlichen und weiblichen Erzähler Evald Tang Kristensens (Holbek 1987, 499–597). Doch ehe die Identifikationsfrage noch einmal aufgegriffen wird, ein letztes Beispiel zur Domestizierung und gleichzeitigen Extremisierung des *Hänsel-und-Gretel*-Märchens. Es wurde 1888/89 in Brugge in dem Lehr- und Leseblatt *Rond den Heerd* (149f., Nr. 66) veröffentlicht: Die beiden Kinder einer armen, kranken Witwe müssen im kalten Winter Holz suchen (Feuer erloschen). Sie verirren sich im Schneetreiben, setzen sich auf ihr Bündel (Feuer nicht mehr anzündbar) und wärmen sich gegenseitig. In der Frühe des folgenden Tages findet die kranke Mutter ihre Kinder erfroren, das Mädchen in des Knaben Jacke. Die Kirchgänger indessen sehen zwei blanke Engel zum Himmel fliegen. Die nüchterne Analyse zeigt eine schlüssige Kette von drei Befindlichkeiten: ein kalt gewordenes Zuhause bei der Mutter, ein geschwisterliches Übergangs-Aufgehobensein ohne wärmendes Feuer und als letztgültiges das himmlische Aufgehobensein. Das aber ist – und die Überbetonung der Sozialanklage zusammen mit dem Fehlen der Selbstfindung weist darauf hin – phantasmatische Weltflucht als Regression.

Das eigentliche Kindermärchen beginnt im Elternhaus und endet wieder dort. Aber der Weg, den der Mitspieler am Ende zurückgelegt hat, besteht aus einer Kette von Reifungsschritten. Rückkehrend ist er ein anderer geworden. Die Schätze, die er gewonnen hat, sind sein innerer Reifungszuwachs in der Auseinandersetzung mit weiblichen und männlichen Vernichtungsdämonen, sind die Frucht der bestandenen phantasmatischen Zusammenstöße mit den seine Entwicklung gefährdenden Ansprüchen. Diese Ansprüche werden vom Märchen als frei verfügbare Dämonen auf das imaginative Theater gebracht. Doch es wäre eine schlimme Verkürzung, und eine Irreführung von uns selbst, wenn wir diese personifizierten und dämonisierten Ansprüche ausschließlich als Abspaltungen der Eltern sähen: als Rabenmutter, als drohender Vaterpopanz. Auch diese Angelegenheit hat, wie so manches, ihre zwei Seiten. Die überbehütende Mutter ist deshalb so gefährlich, weil wir selbst den tödlichen Hang in uns haben, uns, mehr als gut ist, verwöhnen, behüten, überfüttern zu lassen. Die Abspaltungen und Deckfiguren sehen stets so aus, als handle es sich um die unerträglichen, ja mörderischen Anteile der Eltern. Wer das annimmt, geht sich selbst auf den Leim, dem trickreichen Kind in sich, unserer eigenen Meisterschaft in der Schuldzuschiebung an andere. Glücklicherweise gibt es ein paar Erzähltypen, in denen die Dämonisierung des Mitspielers Kind augenfällig wird. So im Märchen vom *Däumling*. Es ist ein Lehrstück in mancherlei Hinsicht:

Zunächst fällt das Ausspielen kindlich naiver und phantastischer Empfängnisvorstellungen auf. Sie sind mit dem geradezu zwanghaften

Wunsch verbunden, stets winzig, also verwöhnbar und dem Zugriff der Erwachsenenwelt entziehbar zu bleiben. Dabei ist die probateste Waffe zur Durchsetzung frühkindlicher Ansprüche, wie bekannt, das Geschrei. So lauten die Eingänge entweder, daß der Däumling unter unzähligen Geschwistern geboren wird, daß er jedoch der einzige wird. Isidor Levin hat aus dem Kaukasus eine kabardische Fassung mitgeteilt, in der die Mutter eine ganze Schüssel von Winzlingen gebiert und sie zum Verhungern aufs Dach wirft (Levin 1978, Nr. 32). Oder es ist von der schrecklichen Sehnsucht eines kinderlosen Paares die Rede, dem auf magische Weise geholfen wird, etwa der Rat erteilt werden muß, im Butterfaß zu stampfen oder ein Glas Bier ins Ofenrohr zu stellen, Teig zu rühren, auch Kniegeburten kommen vor. Als Mitspieler wird uns jedenfalls die wunderbare Herkunft, die Einzigartigkeit und, mittels Winzlingsgestalt und Stimmkraft, die Unverantwortlichkeit und die sofortige Wegschiebemöglichkeit aller Ansprüche, die an uns gestellt werden können, bestätigt. Verfolgt man den dramatischen Verlauf dieses Winzlingslebens, so fällt einem das manische Bestreben auf, aus einem Verschlingungsabenteuer in das nächste zu stürzen, die Zeugen dieser Ereignisse zu foppen und die Verschlinger in panischen Schrecken zu versetzen oder gar zu Tode zu hetzen. Wilhelm Wissers ostholsteinischer Hans Dünk ist ein Musterstück (Wisser 1914, 177–181). »Awer wat deit he, de Muscheblix?« fragt sein Erzähler, der Wilhelm Wisser wohl selbst ist. »He kümmt bi un krüppt lingelank dör den Voß hendör.« Und dann trommelt er dem entsetzten Verschlinger auf den Achtersten und hetzt ihn mit dem Jägerschrei »Attäh, de Voß!« buchstäblich zu Tode. Am Märchen vom *Däumling* mit seinen Literarisierungen, Popularisierungen, Zähmungen und Vermarktungen ließe sich ein herausragendes Exempel unserer Sehnsucht nach einseitig aufgereihten, aber fruchtlos bleibenden Konfliktdurchgängen frühkindlicher Verhaltensweisen statuieren. Material an Bilderbögen und Chapbooks, Laterna-magica-Streifen, Sammelbildern, Kunstfiguren und was dergleichen mehr ist, steht ausreichend zur Verfügung. Doch nicht genug damit. Das Wiederaufgreifen sowohl in der Kinderliteratur (etwa bei Carlo Collodi), vor allem aber in Jonathan Swifts unversöhnlicher Gesellschaftssatire und der bedenkenlosen Rückverwertung Swifts für den kindlichen Leser bis hin zur Sinnentleerung, wäre eine Monographie wert. Daß Verschlingungsketten ihrer Eigengesetzlichkeit gelegentlich bis zur Groteske die Zügel schießen lassen, ist bekannt. Dafür zeugen die sogenannten Formelmärchen vom Schlage des Allesfressers (AaTh 2027) und des alles verschlingenden Wolfes (AaTh 2028; s. Rumpf 1987). Womit die Nähe zum Dämonenkinderspiel immer deutlicher wird. Es kommt nicht von ungefähr, daß insbesondere die auf ständig erneutes Durchspielen eingerichteten, angeblich tragisch endenden Verschlingungsmärchen ihre unmittelbare Parallele in den Kinderspielen vom dämonischen Fänger haben (Scherf, Kinderspiele, 1987). Die klassischen Spielsammlungen von Lady Gomme, Alfons de Cock und Isidor Teirlinck, Bernt Støylen oder Tvermose Thyregod bis hin zu Adalbert Riedl und Karl M. Klier oder Gertrud Züricher sind voll von Material, das erst in neuester Zeit wieder beachtet wird und mit Uta Schiers *Hex im Keller* (1986) eine erste monographische Untersuchung gezeitigt hat. Die Gleichläufigkeit von Spiel und Kindermärchen bricht aber auch mitten im Erzählen hervor. Es sind Märchenfassungen genug überliefert, etwa im Typ vom *Haushalt der Hexe* (AaTh 334), in denen der Erzähler am Ende das Phantasma handgreiflich in Spielrealität umsetzt, initiationsweise. Davon leben insbesondere die hanebüchenen Spielmärchen-Typen vom goldenen Bein oder der dicken Nonne, deren Schinken die Mutter verzehrt hat (Woeste 1875, 487–489; AaTh 366: *Mann vom Galgen*). Bei der Neuausgabe der Märchen aus der alten Grafschaft Mark hat man auf die Aufnahme dieses einmaligen Glanzstückes der Wohlanständigkeit halber verzichtet. Eine vorläufige Untergliederung eigentlicher Kindermärchen könnte, sehen wir von den exzessiven Spielausweitungen einmal ab, folgendermaßen aussehen: Kindermärchen der Trennungsangst im eigenen Zuhause (KHM 45: *Der Wolf und die sieben jungen Geißlein*); Kindermärchen von der glücklichen Heimkehr (*Hans Törfsoden;* Meyer 1929, 88–91; oder das mit Augenzwinkern in feinsten englischen Verhaltensformen ablaufende Märchen von Mr. Miacca; Jacobs 1898, 164–166); Kindermärchen mit dem Versuch, ein eigenes Zuhause im Dämonenland einzurichten (*Drei Schweinchen* [AaTh 124: *Wolf im Schornstein*], KHM 27: *Die Bremer Stadtmusikanten*); Kindermärchen mit Vernichtungsausgang, der jedoch das Wiederholverlangen herausfordert *(Haushalt der Hexe);* schließlich Kindermärchen mit weiblicher Reifungsthematik und glücklicher Heimkehr in das Haus des Vaters (KHM 46: *Fitchers Vogel*). Doch hier dürften wir, genaugenommen, nicht haltmachen, denn das Kindermärchen lebt nicht nur vom Rückgriff auf unaufgearbeitete frühe Beziehungskonflikte, sondern auch vom Vorgriff auf die künftigen Beziehungsentwicklungen. Ob die Auseinandersetzung zwischen der Identifikationsgestalt und der dämonischen Seite des zukünftigen Partners mit der Rückkehr ins vaterbestimmte Elternhaus endet oder, eher illusionär anmutend, im Schloß des entdämonisierten Partners, muß keinen grundsätzlichen Unterschied ausmachen, wenn nur die Verarbeitungsleistung realistisch ist. Einen aufschlußreichen Vergleich, könnte das obersorbische Märchen vom Walddämon Kosmatej mit dem vermutlich aus dem Eichsfeld stammenden Grimmschen *Waldhaus* (KHM 169) einerseits bieten und dem auffällig überfrommen paderbörnischen Kinderlegendchen *Der Heilige Joseph im Walde* (KHM 201). Doch dieser Vergleich kann hier ebensowenig angefügt werden wie die Untersuchung, ob es nicht auch männliche Reifungsschritte vom Kindermärchen über kurzschlüssige Partnerfindungen zu voll ausgebauter Adoleszenzthematik gibt. Diese Linie, so scheint mir, wäre vom Däumling über den Dreißgerl, Corvetto oder Hemmed, den Haschischfresser zu suchen, erforderte aber eine erste Grundlegung des Komplexes der Trickster- und Schelmenmärchen überhaupt. Zielvorstellung: beim voll ausgebauten *Pervonto*-Märchen Basiles (1, 3) – oder, niederdeutsch, bei Wilhelm Wissers *Fuldowat* (Wisser 1914, 192–196).

Ich habe versucht, die Gleichläufigkeit der Bauweise des Erzählens und der Miterlebensweise des Zuhörens zu skizzieren, die wechselseitige Bedingtheit von Form und Funktion, die Grundlage für eine dualistische Strukturanalyse. Die Strukturanalyse der Form ist für die Märchenforschung selbstverständlich – die Strukturanalyse der Funktion, nach den Erkenntnissen der Psychoanalyse früher Ambivalenzkonflikte, also nach der Arbeitsweise der sogenannten britischen und französischen Schule, ist hingegen bisher wenig beachtet worden. Ich hoffe, daß sich nicht über Nacht eine kurzgeschlossene Märchentherapie der Interaktion in Gruppen daraus entwickelt, aber man muß auf alles gefaßt sein.

Es war die Frage nach Funktion und Bedeutung gestellt worden. Funktion der Kindermärchen ist nach meiner Erfahrung das Sich-Einbringen in die unbewußten Angst-, Haß- und Liebeserlebnisse der frühen Beziehungsauseinandersetzungen und ihre projektive Verarbeitung. Die Bedeutung der Kindermärchen heute sehe ich in ihrem außerordentlichen Potential zur schöpferischen Auseinandersetzung in einer gesellschaftlichen Phase, die nichts als Intellekt, Kognition, Konditionierung und Leistung zu fordern scheint und zur Rekreation einen Verbrauch und Verschleiß anbietet, der in seiner Massenhaftigkeit wenig Spielraum läßt zum ungestörten, zielgerichteten Verarbeiten menschlicher Grund- und Individualkonflikte. Kindermärchen und Kinderspiel sind in ihrer Naivität jedoch als gesellschaftliche Elementarinstitutionen zu begreifen. Ich hoffe, sie bleiben uns noch eine Weile erhalten.

Literatur und Textsammlungen

Afanasjew, A. N.: Russische Volksmärchen. In neuer Übersetzung von S. Geier. München 1985.

Dégh, L.: Märchen, Erzähler und Erzählgemeinschaft. Berlin 1962.

Fink, G.-L.: Naissance et apogée du conte merveilleux en Allemagne. Paris 1966.

Fromm, E.: Lieder und Bewegungsspiele. Leipzig/Berlin ^{5}1918.

Grätz, M.: Das Märchen in der deutschen Aufklärung. Stuttgart 1988.

Holbek, B.: Interpretation of Fairy Tales (FFC 239). Helsinki 1987.

Ingarden, R.: Das literarische Kunstwerk. Tübingen ^{4}1972.

Jacobs, J.: English Fairy Tales. London 1898.

Jahn, U.: Volksmärchen aus Pommern und Rügen. Norden/Leipzig 1891.

Karlinger, F.: Italienische Volksmärchen. Düsseldorf/Köln 1973.

Kerbelytė, B.: Haushalt der Hexe. In: Enzyklopädie des Märchens 6, 2–3. Berlin/New York 1989, 617–620.

Klein, M.: Die Psychoanalyse des Kindes. München/Basel ^{2}1971.

Lämmert, E.: Bauformen des Erzählens. Stuttgart ^{4}1970.

Levin, I.: Märchen aus dem Kaukasus. Düsseldorf/Köln 1978.

Meyer, G. F.: Wunnern un Wünschen. Neumünster 1929.

Ortutay, G.: Ungarische Volksmärchen. Budapest ^{3}1966.

Paasonen, H.: Mordwinische Volksdichtung 3. ed. P. Ravila. Helsinki 1941.

Rond den Heerd 24 (1888/89).

Rumpf, M.: Fressermärchen (AaTh 2027, 2027 A, 2028). In: Enzyklopädie des Märchens 5. Berlin/New York 1987, 258–266.

Scherf, W.: Family Conflicts and Emancipation in Fairy Tales. In: Children's Literature, the Great Excluded 3. Storrs, Conn. 1974, 77–93.

Scherf, W.: Hänsel und Gretel. In: Enzyklopädie des Märchens 6, 2–3. Berlin/New York 1989, 498–509.

Scherf, W.: Die Herausforderung des Dämons. München/New York/London/Oxford/Paris 1987.

Scherf, W.: Kinderspiele als Provokation des Grausigen. In: Baumgärtner, A. C./Maier, K. E.: Mythen, Märchen und moderne Zeit. Würzburg 1987, 57–77.

Scherf, W.: Psychologische Funktion und innerer Aufbau des Zaubermärchens. In: Wehse, R. (ed.): Märchenerzählen – Erzählgemeinschaft. Kassel 1983, 162–174.

Schier-Oberdorffer, U.: Hex im Keller. München 1986.

Steinlein, R.: Die domestizierte Phantasie. Studien zur Kinderliteratur, Kinderlektüre und Literaturpädagogik des 18. und frühen 19. Jahrhunderts. Heidelberg 1987.

Stork, J.: Das Märchen – ein Märchen? Stuttgart/Bad Cannstatt 1987.

Winnicott, D. W.: Von der Kinderheilkunde zur Psychoanalyse. München 1976.

Wisser, W.: Plattdeutsche Volksmärchen 1. Jena 1914.

Woeste, J. F. L.: Märkische Schreckmärchen. In: Monatsschrift für rheinisch-westfälische Geschichtsforschung und Alterthumskunde 1 (1875).

Kurzbiographien

WILLI HÖFIG (*1937), Dr. phil., Bibliotheksoberrat an der Staatsbibliothek Preußischer Kulturbesitz in Berlin (West). Arbeitsgebiete: Bibliothekswesen und Medien. Zahlreiche Veröffentlichungen und Vorträge über bibliothekarische Themen und zur Terminologie von Information und Dokumentation. Arbeitet an einem Buch über den Märchenfilm und an einer Studie zur Medienvolkskunde.

BENGT HOLBEK (*1933), Associate Professor am Institut für Folkloristik der Universität Kopenhagen, zuvor Archivar am dänischen Folklore-Archiv und Direktor des Nordic Institute of Folklore (NIF). Zahlreiche Veröffentlichungen auf dem Gebiet der Erzählforschung (Erzähltheorie, Fabel, Sprichwort, Interpretationen unter Einbeziehung psychologischer Fragestellungen), u. a. *Æsops levned og fabler* (1961/62), *Fabeldyr og sagnfolk* (1967, mit I. Piø), *Ordsprog i Danmark* (mit I. Kjær), *Interpretation of Fairy Tales* (1987).

KATALIN HORN, Bibliothekarin und Erzählforscherin, studierte Bibliothekswissenschaft an der Budapester Universität (ELTE) und an der London University. Lebt seit 1957 in Basel mit Unterbrechungen in London und Bloomington, Indiana. Veröffentlichungen: *Der aktive und der passive Märchenheld* (1983), zahlreiche Artikel und Aufsätze, u. a. in Ethnologie française, Schweizerisches Archiv für Volkskunde, Fabula, Österreichische Zeitschrift für Volkskunde, Orbis litterarum, Acta ethnographica, Enzyklopädie des Märchens und in verschiedenen Sammelbänden der Europäischen Märchengesellschaft.

JAROMÍR JECH (*1918), Dr. phil., Gymnasiallehrer (1942–53), wissenschaftlicher Mitarbeiter des Instituts für Ethnographie und Folkloristik der ČSAV, Prag, Direktor des Instituts 1964–72, Erzählforscher, Kinderbuchautor. Veröffentlichungen: rund 300 Artikel und Beiträge in der Tschechoslowakei und im Ausland, darunter die Sammlungen *Lidová vyprávění z Kladska* (Volkserzählungen aus der Glatzer Berglandschaft, 1959), *Tschechische Volksmärchen* (1961, 2. Aufl. 1984). Herausgeber des folkloristischen Werks J. S. Kubíns.

DIETZ-RÜDIGER MOSER (*1939), Dr. phil., Professor für Bayerische Literaturgeschichte an der Universität München. Zahlreiche Veröffentlichungen zu Themen der Literaturgeschichte und Volkskunde, speziell zu Lied, Märchen, Fastnacht, u. a. *Die Tannhäuser-Legende. Eine Studie über Intentionalität und Rezeption katechetischer Volkserzählungen zum Buß-Sakrament* (1977), *Verkündigung durch Volksgesang. Studien zur Liedpropaganda und -katechese der Gegenreformation* (1981), *Fastnacht–Fasching–Karneval. Das Fest der »verkehrten Welt«* (1986), *Maskeraden auf Schlitten. Studentische Faschings-Schlittenfahrten im Zeitalter der Aufklärung* (1988). Herausgeber der Zeitschrift »Literatur in Bayern« (seit 1985) sowie der Schriftenreihen »Kulturgeschichtliche Forschungen« (seit 1984) und »Literatur aus Bayern und Österreich«.

Siegfried Neumann (*1934), Dr. phil., Forschungsgruppenleiter an der Akademie der Wissenschaften der DDR, Berlin, Leiter des Wossidlo-Archivs, Rostock. Zahlreiche Veröffentlichungen und Ausgaben auf dem Gebiet der Erzählforschung, u. a. *Der mecklenburgische Volksschwank. Sein sozialer Gehalt und seine soziale Funktion* (1964), *Mecklenburgische Volksmärchen* (1971, 2. Aufl. 1973), *Plattdeutsche Legenden und Legendenmärchen* (1973, 2. Aufl. 1974), *Den Spott zum Schaden. Prosaschwänke aus fünf Jahrhunderten* (1976), *Es war einmal ... Volksmärchen aus fünf Jahrhunderten* (2 Bände, 1982), *Volksmärchen aus dem hist. Vorpommern* (1983).

Dieter Richter (*1938), Dr. phil., Professor für Germanistik und Kulturgeschichte an der Universität Bremen. Arbeitsgebiete: Popular- und Kinderkultur. Zahlreiche Veröffentlichungen auf dem Gebiet der Erzählforschung, u. a. *Märchen, Phantasie und soziales Lernen* (mit J. Merkel, 1974), *Schlaraffenland. Geschichte einer populären Phantasie* (1984), *Das fremde Kind. Zur Entstehung der Kindheitsbilder des bürgerlichen Zeitalters* (1987).

Lutz Röhrich (*1922), Dr. phil., Professor für Volkskunde an der Universität Freiburg im Breisgau, Direktor des Deutschen Volksliedarchivs. Zahlreiche Veröffentlichungen auf dem Gebiet der Erzählforschung, u. a. *Märchen und Wirklichkeit* (1956, 4. Aufl. 1979), *Erzählungen des späten Mittelalters und ihr Weiterleben in Literatur und Volksdichtung bis zur Gegenwart* (1962/67), *Sage und Märchen. Erzählforschung heute* (1976), *Lexikon der sprichwörtlichen Redensarten* (1977, 6. Aufl. 1988), *Der Witz. Figuren, Formen, Funktionen* (1977, 2. Aufl. 1980), *Sprichwort* (mit W. Mieder, 1977), *Wage es, den Frosch zu küssen. Das Grimmsche Märchen Nummer Eins in seinen Wandlungen* (1987). Mitherausgeber der »Enzyklopädie des Märchens«. Ehrungen: Chicago Folklore Prize 1974, Oberrheinischer Kulturpreis (Basel 1984), Brüder-Grimm-Preis (Marburg 1985), Preis Pitrè (Palermo 1985).

Heinz Rölleke (*1936), Dr. phil., Professor für Germanistik und Volkskunde an der Universität Wuppertal. Zahlreiche Veröffentlichungen auf dem Gebiet der Erzählforschung, u. a. *Der wahre Butt. Die wundersamen Wandlungen des Märchens vom Fischer und seiner Frau* (1978), *Nebeninschriften. Brüder Grimm, Arnim und Brentano, Droste-Hülshoff. Literarhistorische Studien* (1980), *Wo das Wünschen noch geholfen hat. Gesammelte Aufsätze zu den Kinder- und Hausmärchen der Brüder Grimm* (1985); Herausgeber mehrerer kritischer und kommentierter Ausgaben der »Kinder- und Hausmärchen« der Brüder Grimm und »Des Knaben Wunderhorn« von Achim von Arnim und Clemens Brentano. Ehrungen: Hessischer Staatspreis 1985 für die Grimm-Forschung, Großer Preis der Akademie für Kinder- und Jugendliteratur für die Märchenforschung 1985.

Walter Scherf (*1920), Dr. phil., 1957–82 Direktor der Internationalen Jugendbibliothek, München, seit 1982 Lehrbeauftragter an der Universität München. Zahlreiche Veröffentlichungen auf dem Gebiet der Erzählforschung, speziell auch der Kinder- und Jugendliteratur, u. a. *Ludwig Bechstein, Sämtliche Märchen* (1965, überarbeitete Aufl. 1988), *Strukturanalyse der Kinder- und Jugendliteratur* (1978), *Räuber- und Landsknechtslieder* (1981), *Lexikon der Zaubermärchen* (1982), *Die Herausforderung des Dämons. Form und Funktion grausiger Kindermärchen* (1987).

Dorota Simonides, Dr. phil., Professorin für Folklore und Ethnographie an der Universität in Wrocław, Direktorin des Seminars für Volksdichtung an der Pädagogischen Hochschule in Opole. Zahlreiche Veröffentlichungen auf dem Gebiet der Erzählforschung und Sachkultur, darunter *Współczesny folklor słowny dzieci i nastolat-*

ków (Gegenwärtige Folklore der Kinder und Jugendlichen, 1976), *Skarb w garncu. Humor ludowy Słowian Zachodnich* (1979, 2. Aufl. 1988), *Ksiega humoru ludowego* (Das Buch des Volkshumors, 1980), *Śląskie beranie czyli humor Górnego Śląska* (Schlesische Sammlung oder der Humor der Oberschlesier, 1988), *Folklor górnego śląska* (Oberschlesische Folklore, 1989).

Hans-Jörg Uther (*1944), Dr. phil., Mitglied des Herausgeber- und Redaktionsstabes der »Enzyklopädie des Märchens«, Göttingen. Zahlreiche Veröffentlichungen auf dem Gebiet der historischen und komparatistischen Erzählforschung, darunter *Behinderte in populären Erzählungen* (1981), *Katalog zur Volkserzählung* (1987). Mitherausgeber der internationalen Zeitschrift für Erzählforschung »Fabula«, Herausgeber der Reihe »Die Märchen der Weltliteratur«.

Annemarie Verweyen, Dozentin in der Erwachsenenbildung für Kunst und künstlerisches Gestalten, lebt in Mönchengladbach. Durchführung von Ausstellungen und Gestaltung von Katalogen. Veröffentlichungen zu den Themen »Bilderbuch«, »Comics« und »Illustrationen zu den Kinder- und Hausmärchen von 1945–1984«, u. a. in Brüder-Grimm Gedenken und in den Sammelbänden der Europäischen Märchengesellschaft. Weitere Publikationen: *Komm mit ins Museum*, Bd. 1 und 2; *Bilderbuchkunst in der DDR*, Bd. 1 und 2; *Weihnachten im Bilderbuch; König Drosselbart, Rotkäppchen, Mädchen im Bilderbuch. Buchillustrationen aus acht Jahrhunderten* (1989), *Das Bild der Hll. Drei Könige* (1989).

Namen- und Sachregister